AF537110

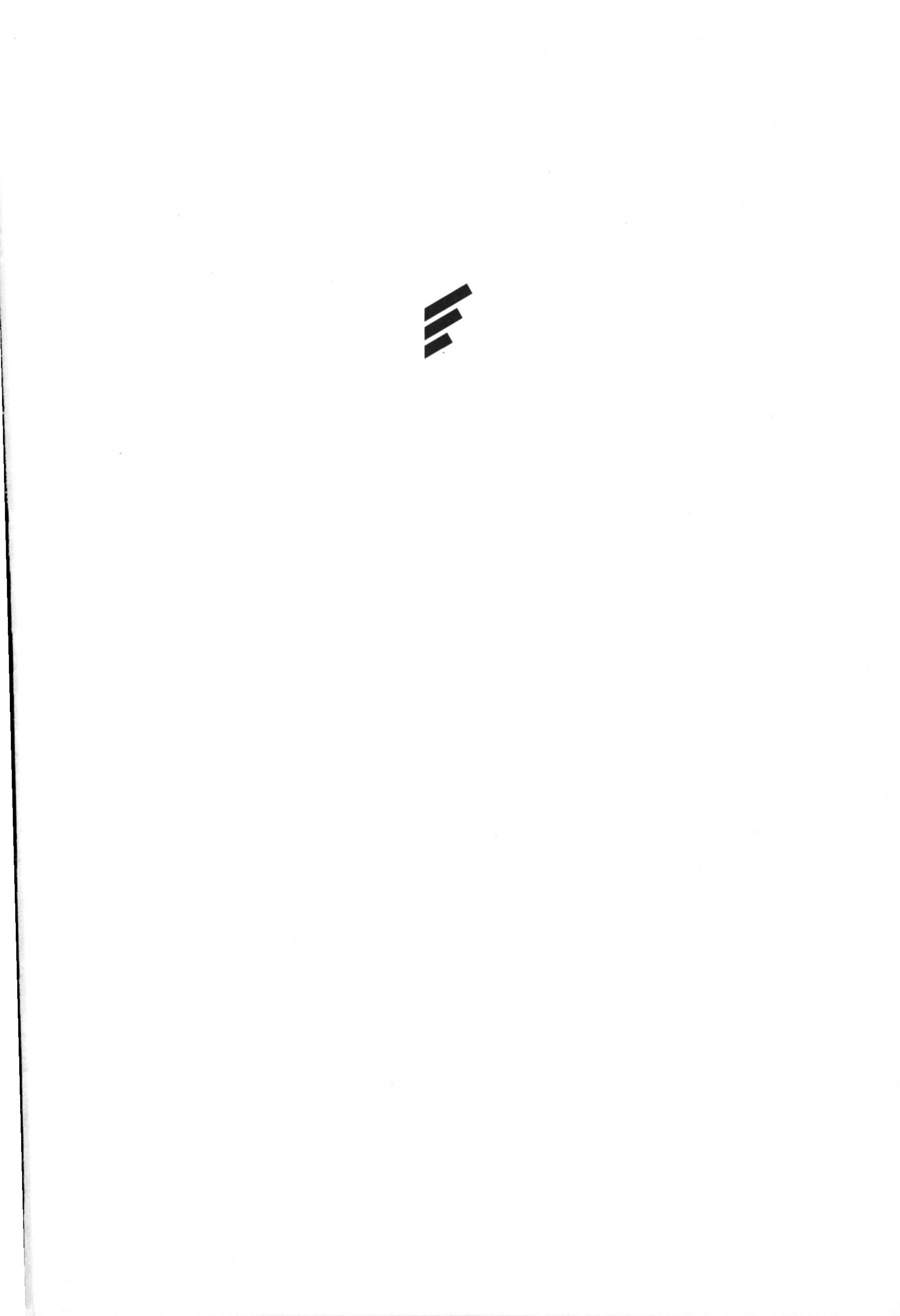

HUNGER & EKSTASE

ARMIN FUHRER

BERLIN 1922/23

EINLEITUNG

ilhelm Kollhoff war der Erste. Am 31. Oktober 1923, zwei Tage nach der ersten Übertragung einer Unterhaltungssendung im Radio aus dem Vox-Haus am Potsdamer Platz, meldete Kollhoff offiziell sein Radiogerät an. Damit hatte der Zigarrenhändler aus der Turmstraße 47 in Berlin-Moabit in Deutschland die Nase vorn, denn seitdem konnte er sich damit rühmen, Deutschlands Rundfunkempfängerlizenz Nr. 1 ausgehändigt bekommen zu haben. Die Rundfunkgebühr für ein Jahr wirkt auf den ersten Blick ziemlich happig: Satte 350 Milliarden Mark musste der Mann nämlich dafür hinblättern, dass er technisch mit der Zeit ging. Tatsächlich war die Gebühr aber ziemlich niedrig, denn an jenem 31. Oktober 1923 hatte die Mark als Währung nach einer rasanten Talfahrt jeglichen Wert verloren. Der Dollar stand an diesem Tag bei 72,5 Milliarden Mark, sodass Kollhoff tatsächlich für ein ganzes Jahr Radiohören nur etwa fünf Dollar zahlen musste. Doch der Sturz der Mark verlief in diesen Wochen des Herbstes 1923 so rasant, dass er schon wenige Tage später praktisch umsonst dem Radioprogramm lauschen konnte. Und zwar ganz legal.

Auf dem Höhepunkt der Inflation ist das Geld das Papier nicht wert, auf dem es gedruckt wurde – eine Frau heizt den Herd mit Banknoten.

Wirklich freuen konnte sich Wilhelm Kollhoff über das Schnäppchen aber wohl kaum. Denn der Besitzer eines kleinen Ladens gehörte zu den Millionen Berlinern, die unter dem rasanten Absturz der Mark ins Bodenlose schwer litten. Leid, Hunger, Elend, Krankheit, Wohnungsnot und Arbeitslosigkeit gehörten zu den alltäglichen Erscheinungen in Berlin und ganz Deutschland. Betroffen davon waren vor allem der Mittelstand, die Rentner, die Arbeiter und alle, die ihr Vermögen in Geld angelegt hatten. Im Herbst 1923 hatten viele Menschen ihre Existenzgrundlage längst verloren, denn der Wertverlust der Mark hatte schon viel früher, nämlich gleich nach dem verlorenen Krieg eingesetzt.

Dieses Buch soll die Geschichte der Inflationsjahre 1919 bis 1923 in Berlin erzählen. Die Hauptstadt, eine der wichtigsten Industrieregionen Deutschlands, in der Armut ganzer Bevölkerungskreise ohnehin ein weitverbreitetes Problem war, wurde wie wohl kaum eine andere Stadt von den Ereignissen dieser Krise erfasst. Vielleicht einmal abgesehen von der ab Januar 1923 von den Franzosen und Belgiern besetzten Zone im Ruhrgebiet. Natürlich kommt man, wenn man die Geschichte dieser Inflation erzählen möchte, nicht darum herum, an manchen Stellen des Buches ein paar Zahlen zu bringen, denn sie bilden den Hintergrund und die Basis dessen, was die Menschen erlebten und durchlitten. Ziel ist es aber, genau das zu zeigen: Was bedeuteten diese Zahlen konkret für die Menschen, was machte das Erlebte mit ihnen; unter welchen Umständen durchlebten sie diese Jahre, die sich so tief in das Bewusstsein der Deutschen eingeprägt haben wie nur wenige andere Ereignisse der Geschichte? Daher ist es erstaunlich und ein schweres Versäumnis, dass sich die Geschichtswissenschaft bis auf wenige Ausnahmen damit begnügt, ein paar Zahlen zum dramatischen Werteverlust der Mark, zu den rasanten Preisanstiegen bis hin zu den absurden Preisen für Eier, Milch und Brot, Straßenbahnbilletts oder Kinokarten aufzulisten und kurz zu erwähnen, dass es sehr vielen Menschen zu dieser Zeit sehr schlecht ging. Und dass die Geschichtsbücher gewöhnlich lediglich einen kurzen Überblick über den Absturz der Mark geben, von der man schließlich auf dem Höhepunkt der Hyperinflation im Herbst 1923 4,2 Billionen hinblättern musste, um auch nur einen einzigen Dollar dafür zu kaufen. Und wohl jeder Leser und jede Leserin erinnert sich an die Bilder aus dem Schulbuch, auf denen Menschen mit Koffern oder Schubkarren voll mit Papiergeld zu sehen sind, die sich auf dem Weg zum nächsten Lebensmittelgeschäft befinden – die Koffer hatten das Portemonnaie ersetzt.

Die Inflationszeit war eine sehr ambivalente Erscheinung.

Das Buch wirft viel stärker einen Blick auf die Lebenswirklichkeit der Berlinerinnen und Berliner unter den krisenhaften Bedingungen der damaligen Zeit. Es versucht zu zeigen, was Markverfall und Preisanstieg, Wohnungsnot und Arbeitslosigkeit konkret in dieser besonderen, sehr speziellen Situation bedeuteten.

Dabei ist sehr wichtig zu erkennen, dass sich die dramatischen Ereignisse und ihre Folgen keineswegs auf die Monate der Hyperinflation im Jahre 1923 reduzieren lassen, wie das in den meisten Darstellungen geschieht. Die Inflation setzte bereits im Ersten Weltkrieg ein, wie ein kurzer historischer Abriss zeigt. Bemerkbar für die Menschen machte sie sich aber erst nach der Novemberrevolution, aber dann wirkte sie wie ein unheimliches, sich eher schleichend ausbreitendes Virus, das die Menschen befiel und sie schwächte, peu à peu. Bis Mitte 1922 war die Entwicklung uneinheitlich, es gab Aufs und Abs; aber immer mehr Kreise der Bevölkerung wurden unerbittlich von ihr erfasst. Zuerst traf es den Mittelstand, der sich stets selbstbewusst als wichtigste Säule der Gesellschaft gesehen hatte und schon bald nach dem Krieg in den Abgrund blickte.

Ziel ist es aber auch zu zeigen, dass diese Inflationszeit eine sehr ambivalente Erscheinung war. Denn es gab nicht nur den Hunger und das Elend, die Menschen, die binnen kürzester Zeit in völlige Armut stürzten. Es gab auch das Gegenteil: die „Raffkes", die Inflationsgewinner, die aus der Situation mit Geschick und Chuzpe Profit schlugen und zu märchenhaftem Reichtum kamen. An dieser Stelle sei nur der Name des rheinischen Industriellen Hugo Stinnes genannt, aber solche Inflationsgewinnler gab es auch in Berlin, wenn auch keiner mit dem Industriellen vom Rhein mithalten konnte.

Doch die Inflation gebar noch ganz andere Erscheinungen, die, wenn man sie zusammen betrachtet, deutlich machen, was für „tolle" Jahre die Zeit von 1919 bis 1923 waren. Denn die Berliner warfen wie überall in Deutschland, aber sicher erheblich extremer, alte Konventionen der Kaiserzeit über Bord. Zunächst wollte man einfach nur leben, die neue Freiheit genießen und den Anschluss an die moderne amerikanische und westeuropäische Musik und Mode feiern. Aber bald wurde unter dem ständigen Druck und der zunehmenden Perspektivlosigkeit aus der Freiheit eine Art Zwang – man wollte vergessen, einfach nur leben, so gut und so lange es noch ging. Und zwar extrem und wild. Der Tanz der Milliarden ging einher mit der Tanzwut vieler Berlinerinnen und Berliner, die Spielwut machte sich breit und bald die Nacktkultur, die zu einer wahren Sexwut wurde. Sex in allen Variationen war an jeder Straßenecke zu haben und wurde zur alltäglichen Ware; Nackttänzerinnen wie Anita Berber wurden zu Stars und Modevorbildern. Und nicht zuletzt versank das mehr und mehr exaltierende Berliner Nachtleben im Rausch der Drogen, der viele mit sich in die Tiefe riss. Alle Werte verloren ihren Wert, alles musste immer extremer werden, denn was nicht extrem war, war nicht aufregend und spannend. Berlin wurde, so meinten viele, zur „Hure", und das lange bevor es zu dem „Babylon" der letzten Jahre vor Hitler avancierte, das sich heute einer so romantisierenden und wohlig-gruseligen Faszination in Deutschland und der Welt erfreut. Das Berlin der Inflation mit seinem Tanz der Milliarden war in vielem extremer als das Berlin der Jahre 1930 bis Anfang 1933 und seinem Tanz auf dem Vulkan. Hunger und Ekstase waren zwei Seiten derselben Medaille.

Dass vor diesem Hintergrund die inflationsbedingte Kriminalität ebenfalls zum Berliner Alltag gehörte, erscheint da schon fast müßig zu erwähnen. Und dass in einer solchen Zeit der extremen Orientierungslosigkeit Menschen nach Erlösung suchten und nach Licht im

Dunklen, das ihnen die „Inflationsheiligen" versprachen, kann nicht verwundern. Ebenso wenig, dass Zehntausende einem Hochstapler wie Max Klante hinterherliefen, der ihnen mit seinem Wettkonzern riesige Geldgewinne versprach – und sie tatsächlich doch nur um ihr Erspartes brachte.

Die Einwirkungen auf die Menschen von außen, der permanente Stress, die schwindende Hoffnung auf ein besseres Morgen, hatten massive Folgen. „Alle Werte waren verändert und nicht nur im Materiellen; die Verordnungen des Staates wurden verlacht, keine Sitte, keine Moral respektiert, Berlin verwandelte sich in das Babel der Welt", erinnerte sich Stefan Zweig, der die Hauptstadt zu dieser Zeit besuchte, in seinen Erinnerungen *Die Welt von Gestern*. Und der jugendliche Klaus Mann, der sich fasziniert und abgestoßen zugleich fühlte, als er sich als 17-Jähriger erstmals in Berlin herumtrieb, schrieb: „Die Kolossalorgie des Hasses und der Zerstörung ist vorüber! Genießen wir die zweifelhaften Amüsements des sogenannten Friedens! Nach der blutigen Ausschweifung des Krieges kam der makabre Jux der Inflation! Welch atembeklemmende Lustbarkeit, die Welt aus den Fugen gehen zu sehen! Haben einsame Denker einst von der ‚Umwertung aller Werte' geträumt? Stattdessen erlebten wir nun die totale Entwertung des einzigen Wertes, an den eine entgötterte Epoche wahrhaft geglaubt hatte, des Geldes."

Manche der in diesem Buch beschrieben Erscheinungen und Entwicklungen gab es schon vor der Inflation, bildeten aber erst jetzt ihre extreme Seite heraus. Andere entstanden in dieser Zeit, kamen aber erst später an die Oberfläche und in das Bewusstsein der Zeitungen, der Politik und der Massen. Wieder andere verschwanden nach dem Abflauen der Inflation ab 1924 für ein paar Jahre in der Versenkung und schwappten erneut an die Oberfläche, als nach dem Börsencrash in den USA im Oktober 1929 die Wirtschaft und das Sozialsystem wieder in den Abgrund stürzten und erneut viele Menschen mitrissen. Viele dieser Menschen hatten panische Furcht, all das noch einmal durchleben zu müssen und ließen sich von einem Mann namens Adolf Hitler und seiner „Bewegung" verführen. Die Wurzeln dafür wurden auch in den Inflationsjahren gelegt.

Für uns heute sind die Ereignisse dieser Inflationsjahre schwer begreifbar, kaum nachzuvollziehen. Das war auch schon manchem Zeitgenossen klar, wie dem Schriftsteller Herbert Brandt, der 1930 rückblickend in seinem Zeitroman *Achtung, das neue Jahrtausend* schrieb: „Weshalb vergeude ich kümmerliche Worte darum, um denen diesen Winter begreiflich zu machen, die ihn nicht miterlebt haben? Es sind und bleiben Worte nur, und doch umspannen sie den ganzen tragischen Zusammenbruch unausgeträumter Hoffnungen ungezählter, namenloser Helden und Märtyrer. Die Nachwelt wird wenig verständnisvoll dieser Zeit gegenüberstehen und doch stellt sie ohne jeden Zweifel zugleich Höhepunkt und bedauerlichen Tiefstand des 20. Jahrhunderts dar.“ Nun, Brandt konnte nicht ahnen, dass der Tiefpunkt erst mit dem Holocaust und dem Krieg, in den die Nationalsozialisten die Welt stürzen sollten, erreicht werden würde, aber gleichwohl zeigt das Zitat, dass den Zeitgenossen sehr bewusst war, welche außergewöhnliche Krise sie durchlebt hatten – und dass sie wohl glaubten, noch Schlimmeres könne ihnen nicht mehr widerfahren.

Dieses Buch stellt den Versuch dar, seinen Leserinnen und Lesern all dies fast Unvorstellbare näherzubringen und nutzt dafür viele Zitate, Berichte und Reportagen aus der Zeit, die es beschreibt. Es konzentriert sich bewusst auf die inflationstypischen Ereignisse und Erscheinungen. Das Buch ist somit keine allgemeine Geschichte

Mitten in der Krise eröffnet am 24. September 1921 die Avus.

Tanzfieber
Two Step
von
J. Lindsay-Theimer
Klavier M 2.–
Klavier und Violine
Violine solo
Salon Orchester
Orchester
Infanterie Musik
Cavallerie Musik
Eigentum des Verlegers
Richard Birnbach
Musik Verlag
Berlin

Berlins der Jahre 1919 bis 1923. Das Leben ging ja auch zu dieser Zeit weiter, und auch wenn die Berliner Politik zunehmend aller Möglichkeiten beraubt wurde, auch nur halbwegs aktiv zu agieren statt auf die Krise zu reagieren und das Leben der Bürgerinnen und Bürger zu verbessern (so lag beispielsweise der äußerst dringliche Bau neuer Wohnungen nahezu brach): Es gab selbst in dieser Katastrophenzeit auch Erfolge wie die Eröffnung der Avus am 24. September 1921 oder des Westhafens am 3. September 1923, also mitten in den dunkelsten Tagen der Hyperinflation. Das Theater- und Musikleben ging weiter, die Kinos spielten von morgens bis nachts Filme, und die Tatsache, dass im Januar 1923 eine Schokoladenmesse mit Angeboten für Ostern stattfand, mutet schon fast absurd an. Immerhin stellte sie sich, wenige Tage nach dem Einmarsch der französischen und belgischen Soldaten ins Ruhrgebiet, in den Dienst der nationalen Sache, wie die *B.Z. am Mittag* zu berichten wusste: „Aus einer großen Schokoladenkohlengrube starren verrußte Gesichter. Davor steht ein kleiner Franzmann mit einem Gewehr." Für ein kleines Osterei aus Schokolade mussten 3000 Mark gezahlt werden, für anspruchsvollere Kreationen bis zu 50 000. Und das auch nur bei sofortiger Bestellung und Bezahlung, ansonsten waren sie „freibleibend". Denn die Anbieter hatten inzwischen gelernt, dass ihre Ware stark an Wert verlieren konnte, wenn sie auch nur wenige Tage nach der Bestellung bezahlt würden.

Der Name des Stückes von John Lindsay-Theimer ist Programm in der Nachkriegszeit.

Auch Wilhelm Kollhoff, der in die Geschichte einging als Deutschlands erster Beitragszahler für den Radioempfang, wird als kleiner Ladenbesitzer schwer unter den Ereignissen der Inflation gelitten haben. Immerhin konnte er sein Geschäft durch die schwierige Zeit bringen – es existierte 30 Jahre später immer noch an derselben Stelle in der Moabiter Turmstraße. Als die Währung Ende 1923 stabilisiert und zunächst die neue Rentenmark eingeführt wurde, änderte sich die Rundfunkgebühr von 350 Milliarden auf 60 Mark. Später mussten die Empfänger dann noch zwei Reichsmark zahlen, pro Jahr. Die Mark war stabilisiert, die Republik gerettet, die Jahre, die heute so gerne wie fälschlich die „Goldenen Zwanziger" genannt werden, brachen an. All das Extreme, das die Inflationszeit, diese „tollen" Jahre, hervorgebracht hatten, begann die Menschen zu langweilen oder wurde, wie die Revuen mit halbnackten Tänzerinnen, zum Mainstream.

Im Juni 1922 konnte davon allerdings noch keine Rede sein. Richten wir zunächst den Scheinwerfer auf ein Ereignis aus diesem Monat, das einen wichtigen Meilenstein auf dem Weg von der Krise als Alltag in den totalen Absturz bildete.

EIN MORD ALS AUFTAKT ZUM ABSTURZ

„... UND HÖRTE IM SELBEN AUGENBLICK EINE DETONATION“

Walther Rathenau auf der Konferenz von Genua, einen Monat vor seiner Ermordung

Die Berliner Luft lag schwül über der Reichshauptstadt, und kaum ein Windhauch lockerte die Schwere auf, als Walther Rathenau gegen 10.45 Uhr seine Villa in der Koenigsallee 65 im feinen Grunewald verließ. Der Außenminister war an diesem Morgen etwas später dran als gewöhnlich. Am Abend zuvor hatte er eine Einladung zu einer Gesellschaft in der amerikanischen Botschaft gehabt und dort lange mit dem Industriellen Hugo Stinnes diskutiert. Die beiden Männer hatten nicht viele Gemeinsamkeiten, was ihre Einschätzung der aktuellen Lage, vor allem der Inflation, die Deutschland fest im Griff hatte, betraf. Aber das Gespräch war so anregend gewesen, dass sie es noch bis vier Uhr in der Früh im Hause von Rathenau weitergeführt hatten. Jetzt, am Morgen danach, ließ es der Minister daher etwas ruhiger angehen, zumal dieser 24. Juni 1922 ein Sonnabend war und ein sommerliches Wochenende bevorstand. Aber auch an einem solchen Tag riefen die Amtspflichten, und so war Rathenau an diesem Vormittag auf dem Weg ins Auswärtige Amt in der Wilhelmstraße. Der Chauffeur Josef Prozeller steuerte den offenen Wagen durch die langgestreckte Koenigsallee in Richtung Halensee. Als das Auto nach wenigen Metern eine Querstraße passierte, setzte sich ein dort wartender großer Wagen, ebenfalls mit offenem Verdeck, in Bewegung und folgte Rathenaus Auto. Weder dem vielleicht in Gedanken versunkenen, auf der Rückbank sitzenden Minister, der eine Zigarre rauchte und einen Arm auf seinen Gehstock stützte, noch seinem Fahrer fiel das Gefährt auf.

In dem Tourenwagen, der sich stetig näherte, saßen drei Männer. Um 10.50 Uhr erreichte Rathenaus Auto eine unübersichtliche S-Kurve, in der zwei Nebenstraßen von der Koenigsallee abgehen, die Erdener und die Wallotstraße. An der Ecke Koenigsallee/Erdener Straße werkelte der Bauarbeiter Walter Krischbin auf einem Gerüst und wurde auf die beiden Wagen aufmerksam. Was er beobachtete, berichtete er kurz darauf der *Vossischen Zeitung* und auch der Polizei:

„In dem vorderen, langsamer fahrenden Wagen, der etwa in der Mitte der Straße hielt, saß auf dem linken Rücksitz ein Herr, man konnte ihn genau erkennen, da der Wagen ganz offen, auch ohne Sommerverdeck, war. In dem hinteren, ebenfalls ganz offenen Wagen, einem großen sechssitzigen, dunkelfeldgrau gestrichenen starkmotorigem Tourenwagen, saßen zwei Herren in langen nagelneuen Ledermänteln mit ebensolchen Lederkappen, die nur eben noch das Gesichtsoval freiließen." Ein anderer Zeuge beobachtete die Szene ebenfalls und berichtete: „Der Wagen des Ministers fuhr scharf rechts, und da es kurz vor der Kurve war, langsam. In demselben Moment sah ich einen zweiten Kraftwagen in einem schnelleren Tempo hinter dem Wagen des Ministers ankommen und sah mich unwillkürlich um, um zu sehen, ob dieser Wagen den Kraftwagen des Ministers überholen wollte."

Geschichte spielt sich manchmal in Windeseile ab, und so war es auch an diesem Tag. Denn binnen weniger Sekunden geschah jetzt das, was die junge Weimarer Republik schwer erschüttern sollte. Ein dritter Augenzeuge sah, dass der hintere Wagen den vorderen einholte und zum Überholen ansetzte, dann aber etwa einen Dreiviertelmeter direkt neben ihm in gleicher Geschwindigkeit fuhr. Auch der Bauarbeiter Krischbin beobachtete das merkwürdige Gebaren des Fahrers des zweiten Wagens: „Als der große Wagen etwa um eine halbe Wagenlänge voraus war, und der einzelne Insasse des zweiten Wagens ... herüber sah, ob es wohl einen Zusammenstoß geben würde, bückte sich der eine Herr in dem feinen Ledermantel nach vorn, ergriff eine lange Pistole, deren Kolben er in die Achselhöhle einzog und legte auf den Herrn im anderen Wagen an." Der Schütze habe, so ergänzte Krischbin, gar nicht zielen müssen, weil er sich in unmittelbarer Entfernung zu Rathenau befand. „Da krachten auch schon die Schüsse, ganz schnell, so schnell wie bei einem Maschinengewehr." Nachdem der Schütze fertig war, sei der zweite aufgestanden und habe eine Eierhandgranate in den anderen Wagen geworfen. Rathenau sei schon vorher zusammengesunken und habe auf der Seite gelegen. In diesem Augenblick habe sein Chauffeur den Wagen gestoppt und nach Hilfe geschrien. Der andere Wagen sei mit Vollgas auf der Wallotstraße davongerast.

Geschichte spielt sich manchmal in Windeseile ab, und so war es auch an diesem Tag.

Prozeller bestätigte diese Angaben in seiner Aussage bei der Kriminalpolizei, die der Historiker Martin Sabrow in einer profunden Untersuchung des Mordes und seiner Hintergründe wiedergibt: „Ich hielt mich vorschriftsmäßig auf der rechten Seite der Straße. Plötzlich hörte ich hinter mir mehrere Schüsse, ich drehte mich um, sah den Minister zusammensinken, wobei er mich groß ansah, bemerkte im selben Moment einen links vorbeifahrenden Wagen … und hörte im selben Augenblick eine Detonation. Inzwischen war mein Wagen vollends zum Stehen gekommen, weil ich auf die Schüsse hin die Bremse scharf angezogen hatte.“

In diesem Augenblick eilte eine junge Frau herbei, die den Anschlag ebenfalls beobachtet hatte. Helene Kaiser hatte sofort erkannt, dass der Angeschossene schwer verletzt war, und da sie Krankenschwester war, wollte sie helfen. Doch sie kam zu spät. Rathenau blutete stark im Gesicht und an den unteren Gliedmaßen, auf dem Boden des Wagens hatte sich bereits eine große Blutlache gebildet. Prozeller raste zurück zur Villa Rathenaus, wo er einen Arzt rief. Aber der Außenminister verstarb während der Fahrt in den Armen der Krankenschwester. Prozeller benachrichtigte die Polizei, deren Ermittlungen am Tatort zeigten, dass der Schütze neun Schüsse aus einer Maschinenpistole abgegeben hatte, von denen fünf den Körper des Opfers getroffen hatten. Die Obduktion ergab, dass bereits die erste Kugel tödlich gewesen war. Sie war am linken Schulterblatt eingedrungen und hatte die Wirbelsäule, die Brusthöhle und den rechten Lungenflügel durchbohrt. Ein Freund des Ermordeten, der Dichter Hermann Sudermann, der zur Tatzeit in der Nähe und von Passanten informiert worden war, eilte zum Haus Rathenaus und ließ sich von dessen Diener die Leiche zeigen, die im Arbeitszimmer verhüllt auf den Boden abgelegt worden war. Sudermann durchzuckte ein großer Schreck, als er Rathenaus Zustand sah: „Sein Gesicht, der rechte Unterkiefer durch eine drei Finger breit klaffende Wunde gespalten, der weißgewordene Spitzbart durch darüber geronnenes Blut wieder braun.“

Als einer der Ersten erfuhr, nur wenige Minuten nach der Tat, Reichskanzler Joseph Wirth von dem Ereignis. An diesem Vormittag tagten im Reichstagsgebäude mehrere Ausschüsse. Im Steuerausschuss berieten die Mitglieder gerade über die Frage neuer Steuererhebungen, die angesichts der grassierenden Inflation, die rasante Steuerausfälle zur Folge hatte, notwendig schienen. Das war ein heikles Thema, zumal zugleich auch eine Erhöhung der Brotpreise diskutiert wurde, von der gerade diejenigen, die ohnehin schon unter der Krise litten, besonders betroffen sein würden. Wirth selbst nahm an einer

Mitglieder der Fahndungskommission vernehmen einen mutmaßlichen Augenzeugen in Tatortnähe im Berliner Grunewald.

Sitzung des Fraktionsvorstandes seiner katholischen Zentrumspartei teil. Um 11.25 Uhr, kaum 35 Minuten nach den tödlichen Schüssen vom Grunewald, wurde er an das Telefon gerufen. Niemand dachte sich etwas dabei, als er den Saal verließ. Doch als er kurz darauf zurückkehrte, wirkte der junge, gerade erst 41 Jahre alte Kanzler völlig erschüttert. Mit tonloser Stimme teilte er seinen Fraktionskollegen die grausame Nachricht mit: „Mir wird eben gemeldet, dass Minister Rathenau erschossen worden ist." Dann sank er auf einen Stuhl und blieb wie versteinert sitzen.

Schnell sprach sich die Neuigkeit im Reichstag herum. Unter den Abgeordneten der republikfreundlichen Parteien SPD, USPD, DDP und Zentrum machten sich große Bestürzung, Fassungslosigkeit und Trauer breit. Aber auch Wut, eine geradezu rasende Wut. Sie traf die Abgeordneten der rechten Parteien, die den DDP-Politiker Rathenau in den vergangenen Monaten so heftig als „Erfüllungspolitiker" angegriffen hatten. Für sie war klar, dass diese hemmungslose

Hetze der Grund für die blutige Tat vom Grunewald war. Es kam zu Tumulten und Handgreiflichkeiten im Eingangsbereich des Reichstagsgebäudes und im Plenarsaal, wo mittags eine Sitzung des Parlaments angesetzt war. Ein Mann stand besonders im Mittelpunkt: Karl Helfferich. Der deutschnationale Reichstagsabgeordnete hatte Rathenau immer wieder mit heftigen Angriffen überzogen, die auch vor antisemitischen Ausfällen nicht zurückschreckten. Denn Rathenau war Jude und den Rechten damit per se ein Dorn im Auge. Der Schmähruf „Knallt ab den Walther Rathenau, die gottverdammte Judensau“ hallte durch das Land und vergiftete die Atmosphäre. Seine Politik der „Erfüllung“, die er gemeinsam mit Wirth trug, sollte den Alliierten durch penible Erfüllung der hohen Reparationsleistungen, die Deutschland im Versailler Vertrag auferlegt waren, klarmachen, dass das Land auf Dauer unter dieser Last zusammenbrechen würde. Für die Nationalisten auf der rechten Seite war das ein Unding. Sie bekämpften diese Politik bis aufs Messer, und ihr scharfes Vorgehen war schon für andere Mordanschläge auf republikanische Politiker schuld gewesen – den sozialdemokratischen Ex-Kanzler Philip Scheidemann und den früheren Reichsfinanzminister Matthias Erzberger. Während der erste überlebt hatte, war der zweite bei dem Angriff ums Leben gekommen.

Im Reichstag war die Erregung nach dem Bekanntwerden der Tat groß. Nachdem ein DNVP-Abgeordneter sich despektierlich über Rathenau geäußert hatte, wurde er im Plenarsaal von linken Abgeordneten angegriffen und musste sich hinter die Stenografentische flüchten. Als ein Blumenstrauß für Helfferich abgegeben wurde, ein Akt, den die demokratischen Abgeordneten in dieser Situation als besonders verwerflich empfanden, kam es zu weiteren Tumulten. Im Mittelpunkt stand dieser Vertreter der rechten DNVP, dem schließlich nichts anderes übrigblieb, als sich zurückzuziehen. Unruhe gab es aber auch innerhalb der linken USPD-Fraktion, als weibliche Abgeordnete ihren männlichen Kollegen Vorwürfe machten, dass es überhaupt zu der Mordtat hatte kommen können: „Ihr wollt Männer sein? Schämt ihr euch nicht eurer Feigheit?“ Dem Parlamentspräsidenten Paul Löbe von der SPD gelang es über Stunden nicht, die Ruhe im Hohen Haus wiederherzustellen. Zu vergleichbaren Tumulten kam es auch im gerade tagenden Preußischen Landtag, wo linke Abgeordnete mit dem Ruf „Hinaus mit den Mordbuben, hinaus die Mörder“ DNVP-Mitglieder angriffen, die von ihren Parteifreunden geschützt werden mussten. Die Mehrheit der Abgeordneten hinderte die Vertreter der DNVP daran, wie gewünscht das Wort zu ergreifen, und drängte sie stattdessen aus dem Saal.

Georg Bernhard, Chefredakteur der *Vossischen Zeitung* und einer der führenden Journalisten der Republik, griff empört und erschüttert noch am Nachmittag des Mordtages zur Feder und schrieb in seinem außergewöhnlich langen Leitartikel das, was alle Demokraten dachten: dass Helfferich den Mord an Rathenau propagandistisch vorbereitet habe. Seine Rede vom Vortag habe die Attentäter genauso zu ihrem Handeln animiert wie auch schon früher die rechtsradikalen Mörder des Zentrumpolitikers Matthias Erzberger, der ein Jahr zuvor ebenfalls heimtückisch hingemeuchelt worden war. Hinter Helfferichs Auftreten vermutete Bernhard kaltes Kalkül, auch wenn er sich häufig spontan erregt zeige: „Seine Erregungen sind klug berechnet. Und wie man Champagner vorher in Eiskübel setzt, um ihn gut frappiert zur Tafel zu bringen, so legt sich der Abgeordnete Helfferich vorher in der Studierstube jeden seiner Gefühlsausbrüche zurecht. Was sich bei ihm dann auf der Reichstagstribüne wie Sprudelköpfigkeit ausnimmt, ist nichts weiter als ein besonders gutes Moussieren des richtig und lange genug vorher gekühlten Champagners."

„Man hatte ein Gefühl, als wiche der Boden unter den Füßen, und dies Gefühl verstärkte sich, wenn man las, wie überaus leicht, mühelos und geradezu selbstverständlich die Tat vonstattengegangen war", schrieb 17 Jahre später Sebastian Haffner, der den Tag als Jugendlicher in der Hauptstadt erlebte. Die Nachricht von der Ermordung des wohl umstrittensten Politikers der Republik verbreitete sich in der Hauptstadt wie ein Lauffeuer. Mit einer selbst in unserer rasenden Zeit des Internets beeindruckenden Schnelligkeit druckte die *B.Z. am Mittag* nur kurze Zeit später die Sensationsmeldung und damit machte das Boulevardblatt aus dem Hause Ullstein seiner Eigenwerbung, die „schnellste Zeitung der Welt" zu sein, alle Ehre. Die übrigen Hauptstadtblätter berichteten in ihren Abendausgaben, während die Zeitungen, die außerhalb Berlins erschienen, am nächsten Tag, einem Sonntag, die Sensation ins Land trugen. Radio gab es noch nicht als Massenmedium, aber die Mundpropaganda sorgte dafür, dass in Berlin in Windeseile bekannt wurde, was auf der Koenigsallee geschehen war. Sobald sie davon erfuhren, strömten Hunderttausende Arbeiter aus den Berliner Fabriken auf die Straßen.

Die ersten Jahre der Weimarer Republik waren eine fast dauerhafte politische Krise.

UNRUHIGE ZEITEN

„Nie vorher und nie nachher hat die deutsche Republik einen Politiker hervorgebracht, der so auf die Phantasie der Massen und der Jugend wirkte ... Höchstens Hitler kann im bestimmten Sinn zum Vergleich herangezogen werden, und auch mit einer Einschränkung: Um ihn ist seit langem soviel bewußt gelenkte Publicity, daß es heute kaum mehr möglich ist, die echte Wirkung der Person von der Mache zu unterscheiden", so Sebastian Haffner 1939. Klar ist: Wenn der wichtigste Minister einer demokratisch gewählten Regierung auf offener Straße von Terroristen ermordet wird, ist das zu jeder Zeit ein Ereignis, das das Land erschüttert. Das gilt selbst für gefestigte Republiken, die sich in den Grundfragen ihrer demokratischen und rechtsstaatlichen Ordnung einig sind. Doch von einer solchen Einheit konnte im Deutschland des Sommers 1922 keine Rede sein, ganz im Gegenteil. Die ersten Jahre der Weimarer Republik waren zugleich auch eine fast dauerhafte politische Krise, die viele Deutsche an Republik, Demokratie und Parteien verzweifeln ließ. Die Weimarer Republik, entstanden aus der Revolution 1918/19, war zwar nicht, wie oft behauptet wurde, ein totgeborenes Kind, das niemals eine Chance hatte, sich zu einem kräftigen, lebensfähigen Wesen zu entwickeln. Aber sie war eine Frühgeburt, denn die Deutschen und vor allem ihre politischen Parteien waren noch nicht bereit, selbst Verantwortung für ihr eigenes Schicksal zu tragen. Sie hatten das im Kaiserreich nicht gelernt, und das gilt insbesondere für die Parteien bis hin zu den Sozialdemokraten, die zu Kaisers Zeiten nach Herzenslust Opposition treiben konnten, ohne für die Folgen geradestehen zu müssen. Die Niederlage von 1918, so überraschend sie für das ahnungslose Volk auch kam, war zwar deprimierend, aber keineswegs so total wie die von 1945 sein sollte. Selbst der verhasste Versailler Vertrag, das „Schanddiktat", der Anfang 1920 in Kraft trat und zweifellos harte Bedingungen enthielt, war bei weitem nicht so dramatisch, wie nahezu alle verantwortlichen Politiker und die Zeitungen ihn darstellten. Sicher: Die Verpflichtung Deutschlands, Reparationsleistungen an die Siegerstaaten zu zahlen, die Abtretung von Elsass-Lothringen, des größten Teils Westpreußens, die Übergabe der Kolonien an Mandatsstaaten, die Unterstellung des Saarlandes mit seinen wichtigen Kohlevorkommen, die von Frankreich ausgebeutet werden durften, unter den Völkerbund, die Besetzung des Rheinlandes, die Reduzierung der Armee auf 100 000 Mann bei gleichzeitigem Verbot einer Luftwaffe und strengen Restriktionen für die Marine – das waren einschneidende Bedingungen. Gänzlich ungeschickt war die

Bestimmung, nach der die deutschen „Kriegsverbrecher" vom Kaiser an abwärts ausgeliefert werden sollten; das war eine ungewöhnliche Bestimmung, die bei den Verlierern zu größtem Unmut führte.

Aber bei einer zurückgelehnten Betrachtung hätte man feststellen können, dass die Vertragsbestimmungen Deutschland genug Luft zum Leben ließen, genug Möglichkeiten, bald wieder seinen angestammten Platz im Konzert der Großmächte einzunehmen; nur diesmal am besten in einem europäischen Konzertsaal, in dem die Mächte harmonisch zusammenspielten, nicht wie vor dem Krieg sich gegenseitig zu übertönen versuchten. Aber eine ruhige Betrachtung war in den aufgeregten, ja geradezu hysterischen Nachkriegszeiten unmöglich. Als die Bedingungen der Siegermächte im Mai 1919 bekannt gegeben wurden, ging ein Aufschrei des Entsetzens durch die gerade gegründete Republik. „Welche Hand müsse nicht verdorren, die sich und uns diese Fessel legt", tönte vollmundig der sozialdemokratische Reichskanzler Philipp Scheidemann und trat mannhaft zurück. Den schweren Gang nach Versailles musste dann sein Parteifreund, Außenminister Hermann Müller, antreten. Die Aufgabe, den Waffenstillstandsvertrag zu unterzeichnen, hatte im November 1918 der Zentrumspolitiker Matthias Erzberger anstatt der eigentlich verantwortlichen Militärs, die sich in die Büsche geschlagen hatten, übernommen. Er sollte dafür mit dem Tod bezahlen.

Selbst eine überzeugte Linke wie die Bildhauerin Käthe Kollwitz hatte im November 1918 in ihr Tagebuch geschrieben: „Deutschland steht vor dem Ende. Widersprechendste Gefühle. Deutschland verliert den Krieg. Was kommt nun? Wird das patriotische Gefühl noch einmal so aufflammen, dass eine Verteidigung bis zum Letzten einsetzt? Nicht einen Tag weiter Krieg, wenn man verloren hat. Freilich, bis sich das wirklich entscheidet, Kampf. Damit, wenn möglich, ein erträglicher Friede zustande kommt." Es gab wohl nur wenige Deutsche, die diesen Frieden „erträglich" fanden, aber auch wenn manche Hitzköpfe das forderten: Ein Wiederaufnehmen der Kampfhandlungen war nicht möglich oder zumindest nur dann, wenn man sehenden Auges die Besetzung Deutschland durch die übermächtigen Gegner in Kauf nahm.

Zur Wahrheit gehört natürlich auch, dass die Reparationen, die Deutschland auferlegt wurden, eine große Belastung für den wirtschaftlichen Wiederaufstieg des Landes in der Mitte Europas bedeuteten und damit auch für die Wirtschaft anderer Länder. Es dauerte nicht lange, bis die Briten das grundsätzlich einsahen, aber sie scheiterten an der starren Haltung Frankreichs und seines Ministerpräsidenten Raymond Poincaré, der nach der deutschen Kapitulation lauthals getönt hatte: „Deutschland muss zahlen." Deutscherseits hatte man in diesen ersten Jahren nach dem Krieg nicht die französischen Sicherheitsinteressen im Blick; man verstand nicht, dass die Angst der Franzosen vor der Rache des potenziell überlegenen östlichen Nachbarn echt war. Richtig ist aber auch, dass die Franzosen aus der deutschen Schwäche herauszuholen versuchten, was irgend ging. Ungeschicklichkeiten gab es zuhauf auf beiden Seiten, wie beispielsweise der durchaus deutschfreundliche und Frankreich gegenüber kritisch eingestellte britische Botschafter in Berlin Viscount d'Abernon in seinem Tagebuch immer wieder festhielt.

Vor allem die Frage der Reparationen, die Deutschland an die ehemaligen Kriegsgegner zahlen sollte, wurde zum großen Streitpunkt, und eine Lösung wurde in den ersten Jahren trotz mehrfacher Anläufe und Konferenzen nicht gefunden. Die Summen, die durch die Luft schwirrten, mal festgelegt, dann wieder verändert wurden, waren atemberaubend, und jedem Beobachter, der nur einigermaßen bei Trost war, musste verständlich sein, dass Deutschland sie niemals würde zahlen können. Der französische Vorwurf, die deutsche Regie-

Französische Soldaten auf dem Marktplatz von Ratingen nach der alliierten Rheinlandbesetzung, 1921

Kapp-Putsch: Putschisten fahren am 13. März 1920 über den Potsdamer Platz.

rung lasse die Inflation treiben, um zu zeigen, dass die Zahlung der Summen unmöglich sei, traf durchaus zu, zumindest bis zum Beginn der Hyperinflation 1923. Dann entglitt der Regierung in Berlin aber völlig die Kontrolle. Eine für die nächste Zeit einigermaßen verträgliche Lösung der Reparationsfrage wurde erst 1924 mit dem Dawes-Plan gefunden. Wohl weitgehend unbestritten ist heute, dass der Versailler Vertrag genauso ein Grund von mehreren für den Aufstieg der Nationalisten war, wie der Absturz des Mittelstandes während der Inflation ihnen den Weg ebnete, auch wenn man sich unbedingt vor linearen Deutungen hüten sollte.

So hatten sich die Deutschen den lang ersehnten Frieden jedenfalls nicht vorgestellt. War der Krieg ein Krieg der Illusionen gewesen, so galt das genauso für den Frieden. Man hatte auf den amerikanischen Präsidenten Woodrow Wilson und seine 14 Punkte vertraut, die auf eine sicher harte, aber faire Behandlung hoffen ließen. Nun, es kam anders: Wilson konnte sich in Versailles gegen die Hardliner nicht durchsetzen und zog sich resigniert in die Isolation zurück.

Außenpolitisch war die Lage bedrückend, innenpolitisch aber war sie nicht besser. Die junge Republik wurde von linken und rechten Aufständen erschüttert. Der zunächst letzte war der dilettantische Putschversuch von rechten Militärs, der unter dem Namen Kapp-Putsch bekannt wurde und nach wenigen Tagen aufgrund eines Generalstreiks zusammenbrach. Aber immerhin mussten die SPD-Mitglieder der Regierung für kurze Zeit erst nach Dresden, dann nach Stuttgart ausweichen, weil die Lage in Berlin zu unruhig schien. Auch politisch war die Lage nicht stabil. Allein zwischen dem 13. Februar 1919 und dem 22. November 1922 gab es sechs verschiedene Reichsregierungen, und bei den Reichstagswahlen 1920 mussten die republikbejahenden Parteien SPD und DDP im Vergleich zur Wahl zur Verfassungsgebenden Nationalversammlung vom Januar 1919 starke Verluste hinnehmen, das katholische Zentrum leichte. Die sogenannte Weimarer Koalition aus diesen drei Parteien verlor ihre Mehrheit. Und nicht zuletzt erschütterten die Mordanschläge auf Erzberger und Scheidemann das Land und ließen die junge Republik in den Augen vieler Menschen als schwach erscheinen.

Das alles waren einschneidende Ereignisse, die die Deutschen erregten und empörten. Andererseits gelang es den Regierungen zunächst, die Wirtschaft nicht nur wieder zum Laufen, sondern sogar auf einen echten Erfolgskurs zu bringen. Mit der positiven Folge, dass die Zahl der Arbeitslosen nach einem kurzen drastischen Anstieg eine Weile auf einem erfreulich niedrigen Niveau verharrte. Für den sozialen Frieden war das wichtig – wäre da nur nicht das eine Problem gewesen: die mal rasante, dann wieder schleichende Entwertung des Geldes. Sie betraf umso mehr Menschen, je länger sie dauerte, und sie wirkte wie eine Krankheit, die immer weiter fortschritt und mal für einen leichten, dann wieder für einen pochenden Schmerz sorgte.

„… ALLES WIRFT DIE GLIEDER IN GRAUSIGER EUPHORIE“

Dass sich gerade die unteren Schichten nicht gegen die politischen und sozialen Bedrohungen wehren würden, hatte beispielsweise der linksliberale Publizist Kurt Tucholsky in der Zeitschrift *Weltbühne* beklagt. Das Entsetzen über die Bluttat vom Grunewald schien die Anhänger der Republik aber im Sommer 1922 endlich aufzurütteln. Als der Reichstag am Sonntag, dem Tag nach dem Attentat auf Rathenau, zur erneuten Sitzung zusammentrat und sich die Rechten gegen den Vorwurf, sie seien schuld an dem Mord, zur Wehr setzten, schleuderte Kanzler Wirth ihnen den Satz entgegen, der zurecht in die

Annalen des deutschen Parlamentarismus eingegangen ist. Nach der rechten Seite des Saales, wo die Deutschnationalen saßen, zeigend, rief er: „Da steht der Feind, der sein Gift in die Wunden eines Volkes träufelt. Da steht der Feind, und darüber ist kein Zweifel: Dieser Feind steht rechts!" Die Abgeordneten der Mitteparteien und der Linken applaudierten stürmisch, und selbst anwesende Journalisten spendeten enthusiastisch Beifall. Harry Graf Kessler, der bis dahin mit dem linken Zentrumsmann Wirth nicht wirklich warm geworden war, revidierte sein Urteil: „Man fühlt, es kommt eben wirklich aus der Tiefe seiner Überzeugung. Ich habe dem Mann unrecht getan, er ist doch jemand."

Für den 27. Juni vereinbarten die Gewerkschaften und die drei Arbeiterparteien SPD, USPD und KPD einen landesweiten Protesttag – vom Mittag bis zum nächsten Morgen sollte das Leben in ganz Deutschland weitgehend stillstehen. So sollte den Arbeitern und Angestellten ermöglicht werden, an den Protestveranstaltungen am Tage von Rathenaus Beerdigung teilzunehmen, und der Staat gab auch seinen Beamten frei. In vielen deutschen Städten strömten die Menschen zusammen, um gegen den völkischen Mordterror zu demonstrieren. In Berlin waren es wohl eine Million, die die Gegend um das Brandenburger Tor und den Tiergarten fluteten oder sich am Rande der Straßen, durch die der Sarg zur Familiengrabstätte auf dem einst im Auftrag von Rathenaus Vater Emil angelegten Waldfriedhof in Oberschöneweide überführt wurde, zur letzten Ehre aufstellten. Die Menschen hatten begriffen, dass der feige Mord am Außenminister ein Anschlag auf die Republik war, den sie nicht widerspruchslos hinnehmen wollten. Reichspräsident Friedrich Ebert, ein aufrechter, aber etwas biederer Sozialdemokrat, sagte in seiner Grabrede: „Die verruchte Tat traf nicht den Menschen Rathenau allein, sie traf Deutschland in seiner Gesamtheit." Der Schriftsteller Emil Ludwig, der mit Rathenau befreundet war, schrieb in einem seiner Nachrufe, der Mord habe „Deutschland um einen der wenigen Männer gebracht, die zugleich handeln und denken konnten".

Ludwig, ein unermüdlicher Republikaner, konnte dem Mord immerhin eine gute Seite abgewinnen, wenn er optimistisch schrieb, dass Rathenau „von heute an der Märtyrer einer großen Sache, die Fahne, um die sich morgen alle Anständigen in Deutschland scharen werden, Symbol des demokratischen Gedankens" sei. Das war allerdings zu viel des Optimismus, denn tatsächlich waren die Rechten eine kurze Weile in der Defensive, aber das sollte sich bald wieder ändern. Und unter der Decke war das Bekenntnis der Massen zur Republik ohnedies vom ersten Tag an brüchig. Das zeigte unter anderem

Gedenkfeier für den am Vortag ermordeten Walther Rathenau im Reichstag. Am Rednerpult steht Reichskanzler Joseph Wirth.

die Tatsache, dass der Rektor der Berliner Friedrich-Wilhelms-Universität, Walther Nernst, der selbst kein Gegner Rathenaus war, eine zunächst genehmigte Trauerfeier wieder verbot, weil er befürchtete, die zahlreichen Republikgegner in der Studentenschaft würden sich dadurch provoziert fühlen und gewalttätige Gegenmaßnahmen ergreifen. Der Geist eines großen Teils der akademischen Jugend stand rechts. Und dass auch in den Behörden republikanische Gesinnung nicht vorherrschend war, zeigte die Tatsache, dass an vielen öffentlichen Gebäuden die schwarz-rot-goldene Fahne erst nach massiver Kritik an diesem Versäumnis aufgezogen und auf halbmast gesetzt wurde. Die *Vossische Zeitung* sah ein „Volk ohne Fahnen“, der sozialdemokratische *Vorwärts* listete detailliert auf, welche öffentlichen Gebäude Berlins am Tag des Staatsaktes nicht beflaggt waren, und die *Berliner Morgenpost* berichtete mit Empörung, dass selbst die französische Botschaft früher halbmast geflaggt hatte als manche deutschen Behörden.

Die Regierung ergriff Maßnahmen gegen den rechten Terror, sie antwortete auf die Mordtat nicht nur mit Worten, sondern auch mit Taten. Schon wenige Tage später wurde ein Republikschutzgesetz erlassen. Die konkreten polizeilichen Ermittlungen nach den Tätern verlief aber schleppend und waren auch von manchem Versäumnis begleitet. Doch die Polizei fand heraus, dass es sich bei dem Fahrer des Tatwagens um den 20 Jahre alten Studenten Ernst Werner Techow handelte, der 23-jährige Student Erwin Kern mit der Maschinenpistole auf Rathenau geschossen und der drei Jahre ältere Maschinenbauingenieur Hermann Fischer die Handgranate geworfen hatte. Alle drei waren Mitglieder der völkischen Organisation Consul (O. C.), die bereits für die Attentate auf Scheidemann und Erzberger verantwortlich gewesen war. Daraufhin wurde eine Reihe von Mitgliedern der O. C. festgenommen, ebenso gelang es, Techow zu ergreifen. Kern und Fischer aber konnten zunächst untertauchen und versteckten sich auf der Burg Saaleck in Sachsen-Anhalt. Nachdem ihr Versteck von Einheimischen an die Polizei gemeldet worden war, wurde Kern bei einem Schusswechsel tödlich getroffen, Fischer erschoss sich daraufhin selbst. Der neu eingerichtete Staatsgerichtshof verurteilte zehn Mitglieder der O. C., und man kann nicht behaupten, dass die Urteile mild ausfielen. Lediglich das Urteil für Techow erregte Aufsehen, weil er nicht wie erwartet zum Tode, sondern nur zu einer 15-jährigen Zuchthausstrafe wegen Beihilfe zum Mord verurteilt wurde.

Stefan Zweig, auch er ein guter Bekannter des Mordopfers, das er noch kurz zuvor in Berlin getroffen hatte, erfuhr von der Tat während eines Urlaubs auf Sylt. Als ihn die Nachricht von dem Mord wie alle Menschen außerhalb Berlins einen Tag später erreichte, fühlte er sich an jene Stunden fast auf den Tag genau acht Jahre zuvor erinnert, als am 28. Juni 1914 der österreichische Thronfolger Franz Ferdinand von einem bosnisch-serbischen Terroristen ermordet wurde. Es war der Auftakt für ein diplomatisches Ringen überforderter Staatsmänner, das schließlich fünf Wochen später in den Ersten Weltkrieg mündete. Jetzt, mit dem 24. Juni 1922, sah Zweig wieder einen solchen schicksalhaften Tag. Im Rückblick schrieb er: „Ich war an diesem Tage schon in Westerland, Hunderte und Aberhunderte Kurgäste badeten heiter am Strand. Wieder spielte eine Musikkapelle wie an jenem Tage, da Franz Ferdinands Ermordung gemeldet wurde, vor sorglos sommerlichen Menschen, als wie weiße Sturmvögel die Zeitungsausträger über die Promenade stürmten: ‚Walther Rathenau ermordet!' Eine Panik brach aus, und sie erschütterte das ganze Reich. Mit einem Ruck stürzte die Mark, und es gab kein Halten mehr, ehe nicht die phantastischen Irrsinnszahlen von Billionen erreicht waren. Nun erst begann der wahre Hexensabbat von Inflation … Sie zu erzählen mit ihren Einzelheiten, ihren Unglaublichkeiten würde

Zum Jahrestag von Rathenaus Ermordung halten republikanische Verbände eine Demonstration ab.

ein Buch fordern, und dieses Buch würde auf die Menschen von heute wie ein Märchen wirken.“

Stefan Zweig hatte recht, als er fast 20 Jahre später seine Erinnerungen im Exil, in das er von den Nationalsozialisten gezwungen wurde, verfasste: Die Erzählung der Inflation wirkt stellenweise wie ein Märchen, und zwar eins von der grausamen Art, das man kleinen Kindern besser nicht erzählt. Für die Menschen, die das Chaos vor allem der Jahre 1922 und 1923 miterlebten, war es aber kein Märchen, sondern brutale Wirklichkeit. Und obwohl Deutschland schon seit geraumer Zeit mit einer Inflation, wie sie uns heute Angst und Bange machen würde, leben musste, begann der katastrophale Absturz der Reichsmark ins Bodenlose an jenem 24. Juni 1922, als Walther Rathenau ermordet wurde. Das wurde aber erst im Rückblick klar. An diesem Tag war den Zeitungen die Entwicklung der Mark gegenüber dem US-Dollar angesichts der sich überschlagenden Nachrichten nur eine sehr kleine Randnotiz wert. Binnen eines Tages stieg die US-Währung von 332 auf 355 Mark.

Preise der Plätze
Um mit der Teuerung Schritt
zu halten, ohne das Publikum zu
übervorteilen, kosten:
der billigste Platz = 2 Eier
der teuerste Platz = 1 ℔ Butter
lt. Tagespreis.
Schloßparktheater
Die Direktion
Preise

DER TANZ DER MILLIONEN UND MILLIARDEN – DIE INFLATION

DIE INFLATION BIS 1922

1923 zahlte man im Schlosspark Theater die Eintrittskarten in Naturalien.

Der Mord an Walther Rathenau war der Beginn des endgültigen Absturzes Deutschlands in eine Zeit der Wirren und der Not – und zwar politisch, sozial, wirtschaftlich und nicht zuletzt auch mental und moralisch. Die Schuld gaben die meisten Menschen den demokratischen Politikern, und wie wir noch sehen werden, war diese Schuldzuschreibung auch nicht ganz falsch. Aber der Grund für die Misere war viel früher zu suchen, und zwar bei dem System, das für mehr und mehr Deutsche nur knapp vier Jahre nach den revolutionären Ereignissen des Herbstes 1918 wieder zu einem Sehnsuchtsort wurde: dem alten Kaiserreich.

Der Grundstein für den dramatischen Wertverfall der Mark wurde acht Jahre zuvor gelegt. Am 4. August des Jahres 1914 war Deutschland im Taumel. Das Kaiserreich befand sich Seite an Seite mit seinem Verbündeten Österreich-Ungarn im Kriegszustand mit Russland, Frankreich und England. Nach der Ermordung des österreichischen Kronprinzen Franz Ferdinand und seiner Frau in Sarajewo durch einen bosnisch-serbischen Attentäter am 28. Juni waren die verantwortlichen Politiker in Berlin, Wien, Paris, Sankt Petersburg und London halb willentlich, halb fahrlässig, in den Krieg geschliddert, der mit der deutschen Kriegserklärung an Russland am 1. August begonnen hatte. Was folgte, war ein mehr als vierjähriges Abschlachten, der erste industriell geführte Krieg der Geschichte, der schließlich globale Ausmaße annahm. Mehr als neun Millionen Soldaten blieben auf den Schlachtfeldern zurück, der Krieg sorgte für Leid und Elend in den Gegenden, in denen er ausgetragen wurde, und ebenso in deutschen Städten, die von den eigentlichen Kriegshandlungen verschont blieben. Gerade auch die Reichshauptstadt Berlin war davon schwer betroffen. Streiks, Hunger, Krankheiten, verwahrloste Jugendliche gehörten zu den Folgen an der sogenannten Heimatfront.

Doch in den ersten Wochen sorgte das „Augusterlebnis“ 1914 bei vielen Deutschen, wenn auch längst nicht bei allen, für große

Euphorie. Man war begeistert vom Ausbruch des Krieges, glaubte, bis Weihnachten sei der Sieg unter Dach und Fach, und manch einer erhoffte sich eine Art Befreiungserlebnis durch diesen Krieg. Die Geschehnisse am Sonnabend, dem 1. August, nachmittags um 17 Uhr schilderte die *Frankfurter Zeitung* so: „Unter den Linden und vor dem königlichen Schloss versammelten sich bald nach der Bekanntgabe der Mobilmachung viele Hunderttausende Menschen. Jeder Wagenverkehr hörte auf. Der Lustgarten und der freie Platz vor dem Schloss waren dicht angefüllt von den Menschenmassen, die patriotische Lieder sangen und wie auf Kommando gleichmäßig immer wieder den Ruf erneuerten: ‚Wir wollen den Kaiser sehen!‘ Gegen halb 7 Uhr erschien der Kaiser am mittleren Fenster der ersten Etage, von einem unbeschreiblichen Jubel und von Hurrarufen begrüßt. Patriotische Lieder wurden angestimmt. Nach einiger Zeit trat in der Menge Ruhe ein. Die Kaiserin trat an die Seite des Kaisers, der den Massen zuwinkte, dass er sprechen wolle. Unter tiefstem Schweigen sprach der Kaiser dann ungefähr mit weithin vernehmbarer langsam stärker werdender Stimme: ‚Wenn es zum Krieg kommen soll, hört jede Partei auf, wir sind nur noch deutsche Brüder. In Friedenszeiten hat mich zwar die eine oder andere Partei angegriffen, das verzeihe ich ihr aber jetzt von ganzem Herzen. Wenn uns unsere Nachbarn den Frieden nicht gönnen, dann hoffen und wünschen wir, dass unser gutes deutsches Schwert siegreich aus dem Kampf hervorgehen wird.‘ An diese Worte des Kaisers schloss sich ein Jubel, wie er wohl noch nie niemals in Berlin erklungen ist. Die Menge stimmte begeistert erneut patriotische Lieder an.“

Auch der Schriftsteller und Journalist Emil Ludwig, der gerade erst aus London, wo er als Korrespondent für das *Berliner Tageblatt* gearbeitet hatte, an die Spree zurückgekommen war, ließ sich von dem Taumel mitreißen. Ludwig, der eigentlich ein großer Liebhaber Englands war, beschrieb seine Gefühle später wie folgt und drückte damit aus, was viele andere Menschen in diesen Tagen und Wochen fühlten und dachten: „Und nun stürzte ich mich mit einem Mal ins Meer eines gemeinsamen Fühlens, erschrak, entzückte mich und schwamm im Strom der Menge.“ Vom Balkon des Café Bauer Unter den Linden/Ecke Friedrichstraße erlebte der 33-Jährige den Aufmarsch der Massen am 1. August: „Diese Nacht im Gedränge Unter den Linden eröffnete in mir Stauwehre und Schleusen, die allzu lange verschlossen waren: Mit einem Gefühl des Glücks tauchte ich in diesen Tagen in den Tausenden unter, entdeckte neue, brüderliche Gefühle zu meinem Nächsten auf der Trambahn, fing jedes allgemeine Gespräch auf und suchte eigentlich zum ersten Mal etwas vom

Volk als einer Totalität zu erlauschen ... ." Allein: Dieses Gefühl hielt nicht lange. Ludwig, der die kommenden Jahre als Korrespondent vom Balkan und der Türkei aus berichtete, verlor schneller als die meisten Deutschen dieses Gefühl des Rausches. Später schrieb er, der Krieg habe für ihn zwei Phasen gehabt: die ersten vier Wochen und die letzten vier Jahre.

Umarmt und an die kaiserliche Brust gedrückt, wollten auch die Sozialdemokraten nicht zurückstehen mit ihrer nationalen Begeisterung. Vergessen waren alle Bekundungen zur Solidarität der internationalen Arbeiterklasse – jetzt ging es in den Krieg, und da hatte jeder und auch jede Deutsche seinen beziehungsweise ihren Beitrag zu leisten. Zugutehalten muss man den Menschen, dass sie von ihrer Regierung irregeführt wurden. Denn unabhängig von der bis heute nicht entschiedene Diskussion um die Schuld am Ausbruch dieses Kriegs glaubten viele Deutsche, ihr Land werde von aggressiven Nachbarn angegriffen – ein ebenso geschickter wie gelungener Schachzug der deutschen Propaganda, die dann im Krieg allerdings

Kriegsbegeisterung: Junge Männer feiern am 1. August 1914 auf dem Pariser Platz die Mobilmachung.

Ein Plakat wirbt 1914 für Kriegsanleihen.

weniger erfolgreich wirken sollte. Drei Tage nach dem patriotischen Gefühlsausbruch in Berlin und anderen Städten im Deutschen Reich trat der Reichstag zusammen und beschwor ebenfalls eindrücklich die Einheit der Nation. Beflügelt von den Worten Kaiser Wilhelms in seiner Eröffnungsrede: „Ich kenne keine Parteien mehr, Ich kenne nur noch Deutsche", stimmten die Abgeordneten einstimmig für die von der Regierung geforderten Kredite zur Finanzierung dieses Krieges.

Diese weit verbreitete Kriegsbegeisterung war die Grundlage für eine Entscheidung zu diesem sehr frühen Zeitpunkt, die sich in den folgenden Jahren als ein fataler Fehler herausstellen, der später katastrophale Auswirkungen haben und direkt in die Hyperinflation des Jahres 1923 führen sollte: Die Kriegshandlungen sollten ausschließlich durch Kredite ermöglicht werden, an Steuererhöhungen dachten Regierung und Parlament nicht. Anders als in Großbritannien, wo die Kriegsausgaben zu einem Fünftel durch die Erhöhung von Steuern finanziert wurden. In Berlin (wie auch in Paris) trauten sich die Verantwortlichen jedoch nicht, diesen eigentlich dringend notwendigen und vernünftigen Schritt zur Steigerung der Staatseinnahmen zu gehen. Mit Blick auf die Entwicklung der Mark war das eine unheilvolle Entscheidung, wie wir bald sehen werden, aber praktisch niemand fand dafür kritische Worte. Ihre arglose Kriegsbegeisterung sollte die Deutschen

Jahre später, als der Krieg schon vorbei war, teuer zu stehen kommen, denn dem Absturz aus dem Frieden folgte der Absturz der Mark. Doch daran dachte jetzt, im nationalen Taumel, niemand. Und wenn doch, so war man ohnedies der festen Überzeugung, der Sieg gehöre dem Vaterland und bezahlen würden ihn die anderen.

Nach gut vier Jahren Ringen um diesen Sieg beliefen sich die Kriegsausgaben auf mehr als 160 Milliarden Mark, und damit sind nur die kriegsbedingten Ausgaben für das Reich, nicht aber die für die Länder und Kommunen beziffert. Aber allein diese Summe bedeutete mehr als das Dreifache des deutschen Volkseinkommens im Jahre 1913. Von dieser gigantischen Summe wurden lediglich 21,8 Milliarden durch ordentliche Einnahmen, also Steuern und Zölle, aufgebracht. Nur 7,3 Milliarden kamen aus einer erst 1916 eingeführten Kriegsgewinnsteuer zusammen. Zum größten Teil wurde der Krieg durch Anleihen, die 97 Milliarden einbrachten, und durch die Erhöhung der schwebenden Schuld finanziert. 1916 hatte die Steigerung der ordentlichen Einnahmen gerade noch ausgereicht, um den wachsenden Schuldendienst zu erfüllen. Die Regierung ließ Geld drucken, um die Ausgaben bewältigen zu können. Zugleich war das Güterangebot infolge der alliierten Blockade, die Deutschland vom Weltmarkt weitgehend ausschloss, ebenso wie das Angebot wichtiger Güter wie zum Beispiel Saatgut, Futter- und Düngemittel um mehr als ein Drittel geschrumpft. „Tatsächlich war der Wert der Mark sowohl auf dem unkontrollierten inländischen Markt als auch im Verhältnis zu den wichtigsten ausländischen Währungen bei Kriegsende auf etwa die Hälfte gesunken", schreibt die Historikerin Ursula Büttner.

Hinzu kam, dass die kaiserliche Regierung am 4. November 1914 einen wichtigen, althergebrachten Grundsatz aufgegeben hatte: die Verpflichtung der Reichsbank, die Reichsbanknoten jederzeit gegen Gold eintauschen zu können. Und schon im ersten Kriegsjahr mussten die öffentlichen Kassen, darunter auch die Reichspost und die Eisenbahn, alle eingehenden Goldmünzen an die Reichsbank abliefern. Zudem setzte die Regierung eine Werbekampagne in Gang, um die Bürger zu animieren, ebenfalls ihre Goldmünzen an das Reich abzugeben. Mit großem Erfolg, denn 1914 floss eine Milliarde Mark in Goldmünzen an die Reichsbank. Die oft aufgrund ihrer patriotischen Gefühle freudig gebenden Bürger bekamen dafür Geldnoten in Papierform zurück. Der Umlauf an Zahlungsmitteln stieg während des Krieges rasant an, und zwar von 10,5 Milliarden Mark Ende 1915 über 12,3 Milliarden Ende 1916 und 18,7 Milliarden 1917 auf schließlich 28,5 Milliarden zum Ende des Krieges. Der Zahlungsmittelumlauf war damit von etwa 110 auf 430 Mark pro Kopf der Bevölkerung gestiegen. Der Wert der Mark fiel, und die halbherzigen Versuche der Regierung, dieser Entwicklung entgegenzutreten, schlugen fehl.

Um die Hintergründe dessen, was in diesem Buch erzählt wird, zu verstehen, muss kurz die weitere Entwicklung der Mark, zunächst bis zum Sommer 1922, nacherzählt werden, auch wenn das eine Aneinanderreihung von Zahlen bedeutet, die es einem im Kopf schwindelig werden lassen können. Der Dollarkurs lag im Januar 1919 bei 7,95 Mark und steigerte sich im Verlauf des Jahres kontinuierlich auf 48,43 Mark. Im folgenden Januar kam es zu einem sprunghaften Anstieg auf 103,75 Mark am 9. Februar 1920, dann sank der Kurs des Dollars aber bis Ende Mai um fast zwei Drittel auf 37,25 Mark. Im zweiten Halbjahr stieg er erneut an, diesmal auf 73,37 Mark. In den ersten fünf Monaten des Jahres 1921 kam es nur zu leichten Schwankungen. Dann zog der Kurs wieder an. Im September 1921 lag der Dollar bei 115,50 Mark, einen Monat später bei 180,50. Am 8. November waren es 310, bevor er bis zum Jahresende wieder auf 184 Mark sank.

Um ihren Verpflichtungen nachzukommen, zum Beispiel mussten die Kriegsreparationen an die Alliierten gezahlt und die Versorgung der Bevölkerung sichergestellt werden, ließ die Regierung weiter Geldscheine drucken. Es kam zu einem Zyklus, der sich bald zu einem Teufelskreis entwickelte: Um die wachsenden Haushaltslöcher zu stopfen, warf die Regierung die Notenpresse an und ließ sie immer schneller rotieren. Der dadurch verursachte erhöhte Geldumlauf sorgte für einen Anstieg der Preise und weiter sinkende Einnahmen des Staates, durch die das Handelsdefizit noch vergrößert wurde. Und um das weiter steigende Haushaltsdefizit ausgleichen zu können, wurden wiederum Papiermark gedruckt. Der Staat hing an der Notenpresse wie der Junkie an der Nadel, und da viele Politiker in einer Art Dauerrausch waren, sahen sie auch gar keinen Grund, von ihrer Sucht wegzukommen. Es gab Experten, die dieses Gebaren scharf, aber erfolglos kritisierten. So notierte der britische Botschafter Viscount d'Abernon am 10. Juli 1922 in seinem Tagebuch: „Die Unbekümmertheit, mit der sie die Notenpresse arbeiten ließen, war der hellste Wahnsinn. Und selbst heute wären Handschellen notwendig, um die Hand, die an der Notenpresse dreht, aufzuhalten." Doch der Staat entledigte sich auf diese Weise durch die Geldentwertung ganz nebenbei seiner Schulden bei den Bürgern, die

Es kam zu einem Zyklus, der sich bald zu einem Teufelskreis entwickelte.

er während des Krieges mit Anleihen gemacht hatte, und so sahen die Verantwortlichen keinen Grund, die Situation zu beenden.

Der Umlauf an Banknoten stieg unaufhörlich bis Ende 1921 auf 113,639 Milliarden Mark. Er stieg und stieg auch im folgenden Jahr, und Ende Juli 1922 lag er bei 169,212 Milliarden. Wie kam es aber zu den Schwankungen des Dollarkurses? Die zwei wichtigsten Gründe waren die Zahlungen von Reparationen an die Siegerstaaten und die Debatten mit den Entente-Staaten über die Höhe dieser Reparationen. Während die Reichsregierung die Notenpresse anwarf, um die Reparationen finanzieren zu können, spiegeln die starken Dollarsprünge und die Phasen relativer Stabilität auf sehr hohem Niveau den jeweiligen Debattenstand wider.

Lange wurde die Inflation in dieser Phase bis zum Sommer 1922 von Historikern ausschließlich kritisch gesehen. Und für viele Menschen wirkte sie sich auch äußerst negativ aus, wie wir zeigen werden. Tatsächlich aber brachte sie auch einige Vorteile mit sich. Vor allem ermöglichte sie ein beachtliches Wirtschaftswachstum, auf das Länder wie England und Frankreich nur neidisch schielen konnten. Denn deutsche Waren konnten im Ausland geradezu zu Dumpingpreisen verkauft werden, da konnte die jeweilige heimische Industrie nicht mithalten, und auch hohe Schutzzölle halfen wenig. Unternehmen wurden durch den Rückgang von Löhnen, Steuern, Abgaben, Mieten, Zinsen und Gebühren das Investieren leicht gemacht, und dass angesichts des Wertverlusts beim Geld ohnedies eine Flucht in Investitionen und in Sachwerte stattfand, liegt auf der Hand. Die positive Folge war, dass manche Industrieunternehmen bald auf dem neuesten Stand waren und sich zum Beispiel neue Labore einrichten konnten. Negativ fiel allerdings ins Gewicht, dass durch den regelrechten Boom manche Unternehmen Anpassungen, die auf mittelfristige Sicht unausweichlich waren, nicht vornahmen und in der Folge später in große Schwierigkeiten kamen oder ganz untergingen. Aber diese Entwicklung machte sich erst ab 1924 bemerkbar. Die insgesamt positive Entwicklung entledigte die Politik von der Sorge um eine hohe Arbeitslosigkeit, denn immerhin mussten Millionen zurückkehrender Soldaten in Lohn und Brot gebracht und die Industrie wieder auf die Produktion von Friedenswaren umgestellt werden. Das gelang bis Ende 1922 erstaunlich gut, war aber auch dem Umstand geschuldet, dass viele Frauen, die während des Krieges an die Arbeitsplätze der Männer gerückt waren, diese wieder räumen mussten. Viele taten das nur sehr ungern, denn Selbstverständnis und Selbstbild vieler, vor allem junger Frauen in den Städten, hatten sich während des Krieges geändert.

POLITISCHES CHAOS – DAS KATASTROPHENJAHR 1923

Trotzdem war die Stimmung in Deutschland düster, und weil ab Herbst 1922 auch die Arbeitslosenzahlen wieder stiegen, herrschte unter vielen Politikern die Furcht – unter manchen auch die Hoffnung –, dass es zu sozialen Unruhen kommen könnte. Doch für all das, was Deutschland bis Ende 1922 schon erlebt hatte, gab es noch eine Steigerung. Und dramatischer als es 1923 der Fall werden sollte, konnte die politische Lage Deutschlands kaum sein. Die Regierung hatte an vielen Fronten zu kämpfen, die Währung stürzte ins Bodenlose und riss viele Menschen mit in den Abgrund, und die Wirtschaft, die lange von der Inflation profitiert hatte, bekam nun ihre Schattenseiten zu spüren. Dass die Deutschen ein zerrissenes Volk waren, hatten die Monate und Jahre seit der Revolution eindringlich gezeigt. Doch als französische und belgische Truppen Anfang Januar im Ruhrgebiet einmarschierten, vereinte die Empörung und Wut über diesen als Willkür und Bruch des Versailler Vertrages wahrgenommenen Akt die Menschen vom rechten bis zum linken Spektrum. Selbst die Kommunisten reihten sich in einem Anfall nationalistischer Erregung in die Phalanx ein. Frankreichs starrsinniger Ministerpräsident Raymond Ponicaré hatte schon länger nach einem Vorwand gesucht, um zum Sprung über die Grenze ansetzen zu können. Die Reparationsfrage, die nach wie vor ebenso umstritten wie ungeklärt war, bot ihm den Anlass. Als Deutschland tatsächlich mit seinen Holz- und Kohlelieferungen ein wenig in Rückstand geriet und als Grund seine desaströse Finanz- und Währungsfrage angab, besetzten französische und belgische Truppen Teile des Ruhrge-

Boykottaufruf anlässlich der Besetzung des Ruhrgebiets durch französische und belgische Truppen am 11. Januar 1923

biets. Die deutsche Regierung unter Reichskanzler Wilhelm Cuno rief einen passiven Widerstand aus. Sie verbot allen Staatsbediensteten, Anweisungen der Besatzungsmächte zu folgen. Es steht außer Zweifel, dass sie damit nach dem Willen einer überwiegenden Mehrheit in Deutschland handelte. Die Sache hatte nur einen Haken: Sie konnte den Widerstand nicht ewig durchhalten, denn sie musste für die nunmehr arbeitslosen Menschen die Löhne und Gehälter übernehmen. Die demokratische Regierung tat das, was die kaiserliche schon seit dem Beginn des Krieges getan hatte: Sie ließ die Druckmaschinen rotieren und Geldscheine drucken.

Die Besatzungsmächte reagierten hart, ließen unbotmäßige Unternehmer verhaften, schossen auf aufmüpfige Arbeiter, sperrten die Belegschaften aus und wiesen Beamte aus dem besetzten Gebiet aus. Sie organisierten Kohlelieferungen nach Frankreich und Belgien und verhinderten solche nach Deutschland. Das bedeutete für die deutsche Regierung, dass sie gegen teure Devisen Kohlen in England kaufen musste. Außerdem wurde das besetzte Gebiet wirtschaftlich vom restlichen Reich abgetrennt, weil die Besatzer die Zollgrenzen verlegten. Bei gewalttätigen Aktionen gegen die Besatzer kam es zu Toten, Verletzten und zahlreichen Inhaftierungen. Die Franzosen hatten sicher nicht mit einem solch massiven Widerstand gerechnet, und ihr Versuch, die Kohlegruben an der Ruhr als „produktive Pfänder" auszubeuten, misslang. Nach sechs Monaten mussten sie feststellen, dass in dieser Zeit weniger Kohlen nach Frankreich und Belgien transportiert worden waren als in den letzten zehn Tagen vor dem Truppeneinmarsch. Gleichwohl saßen sie am längeren Hebel. Nachdem die Regierung Cuno im August gestürzt worden war und der Vorsitzende der DVP, Gustav Stresemann eine Große Koalition von der SPD bis zur rechten DNVP gebildet hatte, blies er den passiven Widerstand schließlich am 26. September ab.

Das war ein vernünftiger Schritt, aber bei den Rechten stieß er auf schärfsten Widerstand. Wieder einmal, so krakeelten sie, habe Deutschland seinen Gegnern schwächlich nachgegeben. Unter den Rechten rumorte es schon länger, vor allem in Bayern machte sich eine neue Kraft bemerkbar: die NSDAP. Ihr gelang es unter ihrem Vorsitzenden Adolf Hitler, mehr und mehr völkische Kräfte in Bayern und im restlichen süddeutschen Raum hinter sich zu versammeln. Zwischen Ende 1921 und November 1923 wuchs die Partei von 3000 auf 55 000 Mitglieder. Ihre Anhängerschaft bestand aus deklassierten Mittelständlern, von denen es ja während der Inflation wahrlich genug gab, kleinen Handwerkern, Einzelhändlern, Angestellten und auch Arbeitern sowie im Herbst, als die Arbeitslosenzahlen hochschnellten, auch aus vielen beschäftigungslosen jungen Männern. Geschützt wurde sie wie auch andere nationalistische Kräfte von der bayerischen Landesregierung, die sich mehr und mehr in offenen Widerstand gegen die Reichsregierung in Berlin setzte.

Der Frust und die Wut auf die „Novemberrepublik" wurde immer größer, aber die führenden Köpfe der Rechten waren der Ansicht, dass die Zeit für einen Aufstand, einen „Marsch nach Berlin" nach dem Vorbild Benito Mussolinis in Italien, erst gekommen sei, wenn die Extremen auf der anderen Seite des politischen Spektrums den Aufstand probten – den man dann mithilfe der Reichswehr niederschlagen könne. Anschließend wäre der Weg frei, endlich Schluss zu machen mit der Republik. Tatsächlich glaubte die Führung der KPD, die katastrophale politische und soziale Situation in Deutschland spiele ihr in die Hände. Die Arbeitslosigkeit stieg ab Herbst 1922 rasant an und stürzte immer mehr Menschen tiefer und tiefer ins Elend. Mit der materiellen Not wuchs auch die Hoffnungslosigkeit. Auf Anordnung aus Moskau bereitete sich die Führung der KPD auf Aufstände vor, doch wurden diese sehr kurzfristig wieder abgeblasen. Nur in Hamburg probten sie unter Leitung des späteren Parteivorsitzenden Ernst Thälmann schließlich im Oktober 1923 den

Putschversuch der NSDAP am 8./9. November 1923: ein Stoßtrupp der Putschisten

bewaffneten Aufstand. Thälmann schickte seine Mitstreiter sehenden Auges in einen Kampf, den sie nicht gewinnen konnten, und manche auch in den Tod. Aber ihm war das Symbol, das von dem Aufstand ausgehen sollte, wichtiger als das Leben seiner Leute. Der Aufstand scheiterte kläglich, weil er schlecht vorbereitet war und vor allem, weil ihm jegliche Unterstützung aus der Bevölkerung fehlte.

Auch in München wurde ein Mann immer ungeduldiger: Adolf Hitler. Am Abend des 8. November 1923 versuchte er schließlich mit einer absurden Schmierenkomödie, die Macht an sich zu reißen. Auch dieser Versuch scheiterte kläglich. Hitler und einige seiner Mitstreiter wurden verhaftet und ins Gefängnis gesteckt, die NSDAP wurde verboten. Allerdings waren die Strafen gering, denn das Gericht und selbst die Staatsanwaltschaft hegten kaum verdeckte Sympathien für den gescheiterten Putschisten. Schließlich wurde Hitler bereits Ende 1924 wieder entlassen. Obwohl die überaus zuvorkommende Behandlung dieses antisemitischen, völkischen und rücksichtslosen Feindes der Demokratie ein Menetekel für die Republik war, schien sich der Staat von Weimar nach dem denkbar unruhigen Jahr 1923 zu erholen, als es der Regierung gelang, die Währung zu stabilisieren.

Dieser sehr kurze Überblick über die dramatischen politischen Ereignisse des Jahres 1923 muss genügen. Aber sie dürfen nicht unerwähnt bleiben, weil sie die Kulisse des Bühnenstücks bildeten, das im Jahr 1923 in Deutschland aufgeführt wurde und das „Hyperinflation" heißt. Viele Berlinerinnen und Berliner interessierten sich weit mehr für dieses Stück, als für das, was im fernen Ruhrgebiet, in München oder auch in Hamburg passierte. Denn in diesem Stück spielten sie selbst als Darsteller mit, sie waren ganz persönlich davon betroffen, und deshalb berührte sie sein Fortgang viel stärker als alles andere. 1923 sollte in Deutschland zum Jahr der Hyperinflation werden, die alles bis dahin Dagewesene in den Schatten stellte und weit in die Zukunft wirken sollte. Nun begann der Tanz der Milliarden, und er riss alles und jeden mit: die Politik, die Wirtschaft und vor allem die Menschen.

BETTELARME MILLIARDÄRE – DIE HYPERINFLATION

Ein Wirtschaftsexperte hat einmal das, was jetzt mit Deutschlands Währung passierte, mit einer Schneelawine verglichen, die ins Tal stürzte, alles mit sich riss, alles niederriss und dabei immer größer wurde – ein stimmiges Bild. Der Dollarkurs stieg in den ersten sechs Monaten des Jahres 1923 von 7260 auf 74 750 Mark, verzehnfachte sich also. Im August wurde die Million erreicht, im Oktober die Milliarde, im November die Billion – als Preis für einen einzigen Dollar. Die Preise überschlugen sich, auch die Löhne und Gehälter. Aber dass sie trotzdem immer weniger mit den Preisen mithalten konnten, sollte viele Menschen in existenzielle Nöte stürzen, wie wir noch zeigen werden. Die Reichsbank gab immer neue Scheine mit immer mehr Nullen aus. Die Mark hörte auf, ein Zahlungsmittel zu sein. Die Menschen wollten sie so schnell wie möglich loswerden. Viele hatten sich bis dahin von den vielen Nullen auf den Banknoten blenden lassen und geglaubt, sie seien reich, doch jetzt begriff wirklich auch der Letzte, dass er als Millionär nicht reich war, sondern bettelarm. Versuche der Reichsbank, durch Interventionskäufe die Mark zu stützen, schlugen vollkommen fehl, wenn man nicht die Drückung und Stabilisierung des Kurses auf 20 000 bis 30 000 in den Monaten März bis Mai als Erfolg betrachten möchte. Anfang Juli lag der Dollarkurs bei 160 000 Mark, einen Monat später bei 1,1 Millionen, im September bei 9,7 Millionen. Im Oktober waren die täglichen Steigerungen schwindelerregend. Am Ersten des Monats lag der Kurs des Dollar bei 242 Millionen Mark, am 19. Oktober bei zwölf Milliarden, am letzten Tag des Monats bei 72,5 Milliarden. Der Sturz der Mark kannte keine Grenze mehr. Am 1. November waren es 130 Milliarden, zehn Tage später 630 Milliarden und nochmals zehn Tage später, am 20. November, 4,2 Billionen. In der Folge stieg der Banknotenumlauf rasant an, von 1 984 496 auf die unfassbare Summe von 496 507 424 771 974 Mark. Es war für die allermeisten Menschen das erste Mal in ihrem Leben, dass sie den Begriff Trillionen hörten.

Das waren Summen, die sich die meisten gar nicht mehr vorstellen konnten, mit denen sie aber jetzt täglich umgehen mussten, denn natürlich zogen auch die Preise mit. Anfang Juli kostete in Berlin das Kilo Roggenbrot 7937 Mark, ein Kilo Schweinefleisch 52 000, ein Kilo Margarine 42 000, ein Kilo Butter 72 000, ein Liter Milch 2960 und ein Ei 2200 Mark. Wenig später lagen die Preise noch ungleich höher. Was dieser Anstieg für die Menschen bedeutete, werden wir noch zeigen, denn Löhne und Gehälter wurden zwar ebenfalls massiv erhöht, hinkten aber dennoch hinter der Preisentwicklung hinterher. Das bedeutete neben den täglichen Entbehrungen auch täglich puren Stress, wie der Berliner Journalist Friedrich Kroner Ende August 1923 berichtete: „Es nervt täglich: der Wahnsinn der Zahlen, die ungewisse Zukunft ... Eine Epidemie der Angst, der nackten Not: Vor den Läden bilden sich wieder Reihen von Käufern, zuerst vor einem, dann vor allen. Keine Krankheit, die so ansteckend ist wie diese. Die Linien haben etwas Andeutendes: die Blicke der Frauen, ihre hastig angezogenen Küchenkleider, ihre abgenutzten, geduldigen Gesichter. Die Linien senden immer das gleiche Signal: Die Stadt, die große Steinstadt wird wieder leer gekauft. Reis, gestern 80 000 Mark pro Pfund, kostet heute und morgen 160 000 Mark, vielleicht doppelt so viel. Am Tag danach zuckt der Mann hinterm Tresen mit den Schultern: ‚Kein Reis mehr da.' Na dann, Nudeln? ‚Keine Nudeln mehr.' Gerste, Grütze, Bohnen, Linsen, immer gleich, kaufen, kaufen, kaufen. Das Stück Papier die brandneue Notiz, die noch feucht von den Druckern ist und heute als Wochenlohn ausgezahlt wird, verliert auf dem Weg zum Lebensmittelgeschäft an Wert. Die Nullen, die multiplizierenden Nullen! Sie steigen mit dem Zeichen: Hass, Verzweiflung und Not – tägliche Emotionen wie tägliche Wechselkurse. Das aufsteigende Mal bringt Spott und Lachen: ‚Billigere Butter! Statt 1,6 Millionen Mark nur 1,4 Millionen.'" Bei solchen Zahlen mussten sich viele Menschen in den Arm kneifen, um sich bewusst zu machen, dass sie nicht in einem Albtraum waren: „Das ist kein Scherz, das ist Realität, ernsthaft mit einem Bleistift geschrieben, im Schaufenster aufgehängt und ernsthaft gelesen. Es steigt mit dem Mal, der Eile, dieses Stück Papier in etwas zu verwandeln, das man schlucken kann, etwas Füllendes. Die Wochenendmärkte sind voller Menschen. Die Stadtpolizei regelt den Verkehr … ‚Ich werde zwei Dutzend Rüben haben.' ‚Es gibt nur ein Dutzend.' Der nächste drängt von hinten vorwärts: ‚Zwei Dutzend Rüben.' ‚Es gibt nur einen … nächsten!' Irgendwo explodiert die Geduld. ‚Komm schon, wann bekomme ich meine Butter', schreit eine Frau. ‚Deine Butter?' Es ist bei weitem nicht deine Butter. Wenn Sie ganz vorne mit dabei sind, ist ihre Butter schon weg.' Und dann kommt der Schirmgriff, eine Reaktion, die durch die Glasabdeckung des Frischkäses kracht. Und der Polizist, der draußen Wache steht, zieht eine schluchzende Frau aus dem Laden und Anklage wird erhoben."

> „Es nervt täglich: der Wahnsinn der Zahlen, die ungewisse Zukunft …"

Immerhin: Man konnte auch kleine Erfolgserlebnisse haben, selbst in dieser düsteren Lage. Das zeigt eine kleine, fast schon tragikomische Anekdote, die ein Reporter des *Berliner Börsen-Couriers* erzählte: „Als ich vorgestern ins Kino ging und schon an der Kasse stand, erschrak ich über die hohen Eintrittspreise, und meine Hand zuckte im letzten Augenblick zurück. Aber es half nichts. Ich hatte schon ‚einen Sessel' gefordert. ‚Zwei bitte", sagte die Kassiererin. In

Körbeweise wird Geld zu einer Berliner Bank transportiert.

der heutigen Sprache heißt das: 200 Milliarden. Ich versuchte mir den (aussichtslosen) Gedanken zu suggerieren, daß es morgen Geld gäbe und legte einen 500-Milliardenschein hin. Es entstand eine kleine Sensation. Die Dame an der Kasse hatte natürlich gerade die letzte Billion gewechselt und besaß keinen Pfennig Kleingeld mehr (wie man sich immer noch so sinnig ausdrückt) ... Ich hätte eigentlich auf das Kinobillett verzichten können. Der Preis war mir doch so wie so zu hoch. Mein (hochentwickelter) Geschäftsinstinkt bewahrte mich vor dieser Dummheit. Die Kassiererin gab mir nach langem Zögern die 300 Milliarden in Form von vier Goldanleihestücken zurück. Ich nahm sie mit tiefem Mißtrauen und mit dem bestimmten Gefühl, daß ich der Reingefallene sei, das man jetzt immer hat, wenn man von einem anderen Geld bekommt. Heute steht die Goldanleihe über 500 Milliarden. Ich habe die vier Stücke verkauft, den Film umsonst gesehen und über 1,5 Billionen verdient. Ich werde jetzt öfter in dieses Kino gehen; aber den Namen sage ich nicht. Man soll in heutiger Zeit seine geschäftlichen Beziehungen für sich behalten."

Mit dem Umtausch in die Goldanleihestücke hatte der gute Mann wirklich ein seltenes Glück. Wenn wir heute Berichte über diese Wochen und Monate der Hyperinflation sehen, dann sehen wir Güterzüge der Reichsbank, vollgestopft mit Geld, LKW, die durch die Straßen jagen, um möglichst schnell ihre Berge von Papiergeld loszuwerden, und Menschen, die mit Schubkarren voll Banknoten, auf denen viele Nullen gedruckt sind, zum Einkaufen gehen. Jeder wollte das Geld schnell loswerden, denn es war wenige Stunden nach der Auszahlung oft nur noch die Hälfte wert. Frauen holten den Lohn ihrer Männer täglich an den Fabriktoren ab und rannten damit zum Fleischer, zum Bäcker oder zum Lebensmittelladen, um irgendetwas für die wertlosen Scheine kaufen zu können. Angst vor Dieben musste niemand mehr haben, denn welcher Räuber wäre so dumm gewesen, die Scheine ohne jeden Wert zu stehlen? Kinder spielten mit Bergen von Geldscheinen, die wenige Jahre zuvor ein Vermögen wert gewesen wären, in den schmutzigen Hinterhöfen der Mietskasernen. Selbst Bettler baten um Sachwerte und verschmähten Scheine mit Milliardenaufdruck, für die sie ja doch nichts kaufen konnten.

Das Problem hatten auch viele Hausfrauen, denn im Oktober schlossen immer mehr Lebensmittelgeschäfte, weil sie keine Waren mehr anzubieten hatten. „Heute hat eine Reihe von ihnen in Berlin einfach ihre Pforten geschlossen, und in anderen Geschäften wird erklärt, daß die gewünschten Waren nicht mehr zu haben seien", berichtete am 23. Oktober das *Berliner Tageblatt* in seiner Abendausgabe. „Die Polonäsen der Hausfrauen auf der Straße werden immer länger, und Verzweiflungsstimmung ergreift die Massen. Ganz besonders schlimm ist es um die Beschaffung des Brotes für den täglichen Hausbedarf bestellt. Die meisten Bäcker erklären, kein Mehl mehr zu haben und sehen sich deshalb genötigt, die Brotproduktion einzustellen. Andere lassen sich im Voraus das Mehl von der Kundschaft bezahlen, um es sich dann erst umständlich auf dem Lande zu besorgen." Die Menschen, darüber werden wir berichten, waren zu diesem Zeitpunkt längst am Ende mit ihren Nerven, mit ihrem Mut; nur der pure Überlebenswille hielt sie noch aufrecht. Alles war jetzt knapp, vor allem die Dinge, die man zum Leben dringend benötigte.

Doch schließlich wurde selbst das knapp, was es scheinbar im Überfluss gab: das Papiergeld. Ende Oktober berichtete das *Berliner Tageblatt*, allein in der vergangenen Woche habe die Reichsbank ungefähr 300 000 Billionen Mark dem Verkehr übergeben. Menschen und Maschinen hätten alles gegeben, was nur zu leisten sei, aber eine Steigerung der Geldproduktion sei einfach nicht mehr möglich. Bei einer Besichtigung der Reichsbankräume wurde der Reporter geradezu poetisch: „Ein Gang durch die Räume und Anlagen der Reichsbank, die sonst den Blicken der Profanen verschlossen bleiben, zeigt, wie die Papiermark zu Tode gehetzt ist und daliegt wie ein sterbender

Koloß, vor dem die Ärzte an ihren Bemühungen verzweifelt dastehen und das fliehende Leben durch immer neue Kampferspritzen anzufachen suchen ..." Die „kleineren" Scheine waren inzwischen nutzlos und überflüssig, und so ließen die Verantwortlichen sie vernichten und einer neuen Bestimmung zuführen: „Die weite Schlucht der Tresore, die ehemals mit Geld gefüllt waren, enthalten jetzt Berge von Papiergeld, das verschmutzt und zerschlissen ist oder im Umlauf keine Kaufkraft mehr hat. Dieses Geld wandert in die Mühle, die Tag und Nacht arbeitet. In kochendem Wasser wird es zermahlen und dann abgefahren, um sich in Pappe zu verwandeln."

Als die Entwertung der Mark immer dramatischer wurde, gingen Kommunen und auch große Unternehmen dazu über, ihr eigenes Geld, genannt Notgeld, zu drucken und auszugeben, mit dem Waren gekauft werden konnte, sofern es sie noch gab. Noch heute können Sammler diese Notgeldscheine erstehen. Aber natürlich war das kein Zustand, der dauerhaft anhalten konnte. Schon seit dem Beginn der Inflation hatten Wissenschaftler und Finanzexperten sich Gedanken darüber gemacht, wie die Mark stabilisiert werden könnte. Vorschläge gab es viele, und sie sahen häufig eine Rückkehr zur Goldmark vor. Andere schlugen eine neue Währung auf der Basis von Sachwerten vor, und als Ende 1922 die Lage immer schlimmer wurde, ergriffen die zwei landwirtschaftlich geprägten Länder Oldenburg und Mecklenburg-Schwerin die Initiative und gaben Anleihen auf der Basis des Roggenwertes aus. In Oldenburg wurde sogar eine eigene Roggenrentenbank gegründet. Das machte Schule, und auch andere Sachgüter wie Kohle und Kali wurden zur Basis von Anleihen und Papieren. Auch für Immobilien wurde ein solcher Weg vorgeschlagen, aber Bankleute wie Max Warburg warnten vor einem solchen Schritt.

Im Herbst 1923 war eine Situation erreicht, die ebenso wahnwitzig wie unerträglich war. Millionen Menschen in Deutschland litten Hunger und Elend, waren demoralisiert, missachteten herkömmliche Vorstellungen von Moral und Sitte, von Ordnung und Recht, verachteten den demokratischen Staat. Die Berlinerinnen und Berliner hatten aber zusätzlich noch ein weiteres Problem: Sie lebten in einer Stadt, die gerade erst aus vielen Einzelteilen zusammengesetzt wurde. Ihr Herz musste erst einmal regelmäßig schlagen, sie musste laufen lernen, um ihre Bewohnerinnen und Bewohner schützen und versorgen zu können. Doch alle diese krisenhaften Erscheinungen trafen Berlin so brutal wie keine andere deutsche Stadt unvorbereitet und mit voller Wucht – vielleicht abgesehen von den Großstädten in dem ab Januar 1923 von französischen und belgischen Truppen besetzten Ruhrgebiet.

GROSS-BERLIN – EIN NEUER GIGANT ENTSTEHT MITTEN IN DER KRISE

Die Hauptstadt des Deutschen Reiches war nicht auf den Ausbruch einer langjährigen, sich zuspitzenden Krise vorbereitet. Sie befand sich während dieser epochalen Krise mitten im Selbstfindungsprozess und im Aufbau einer neuen Verwaltung. Denn das neue Berlin wurde erst 1920 gegründet. Berlin wurde weniger aus der Not als vielmehr in der Not geboren. Während die Inflation tobte und die Menschen davon auf vielfältige Art mitgerissen und niedergedrückt wurden, musste sich das neue Stadtgebilde überhaupt erst einmal selbst finden – eine ungünstigere Zeit hätte es dafür gar nicht geben können.

Stürmische Entwicklungen war Berlin allerdings schon lange gewohnt. Seit 1871 Hauptstadt des neugegründeten Deutschen Reiches, hatte es bis zum Beginn des Weltkrieges eine heftige Bevölkerungsexplosion durchlebt. Alleine in den 20 Jahren zwischen 1860 und 1880 hatte sich die Einwohnerzahl von 500 000 auf eine Million verdoppelt, nur neun Jahre später waren es bereits 1,5 Millionen, und 1914 war die Grenze von zwei Millionen überschritten. Tatsächlich lebten in und um Berlin noch erheblich mehr Menschen, denn diese Zahlen betreffen nur das Stadtgebiet, während sich um Berlin herum ein Kranz von selbstständigen Städten entwickelt hatte. Von diesen waren 1919 Charlottenburg mit 322 000, Neukölln mit 262 000 und Schöneberg mit 175 000 die größten, aber zu ihnen gehörten auch Lichtenberg, Wilmersdorf, Spandau und Köpenick als selbstständige Städte sowie eine Reihe weiterer Kommunen wie Steglitz, Pankow, Groß-Lichterfelde, Weißensee, Friedenau, Reinickendorf und Tempelhof. Ab etwa 1890 wuchsen Berlin und sein Umland mehr und mehr zu einer geschlossenen Stadtlandschaft zusammen, sodass häufig gar nicht mehr zu erkennen war, ob man sich noch auf Berliner Stadtgebiet befand oder nicht. Die rasante Entwicklung war vor allem auf die Industrialisierung zurückzuführen, aber auch der ständige Strom von Zuwanderern sorgte für steigende Einwohnerzahlen. Waren die Industrieunternehmen zunächst hauptsächlich an der Köpenicker und der Chausseestraße angesiedelt, so zogen sie im Laufe der Jahre an den Rand, wo zum Beispiel die Siemensstadt

Im Herbst 1923 war die Situation ebenso wahnwitzig wie unerträglich.

entstand. Die Berliner Bezirke und die Städte nahmen derweil ganz unterschiedliche soziale und wirtschaftliche Entwicklungen, es gab die Arbeiterviertel wie Prenzlauer Berg im Nordosten und die Villenkolonien wie Zehlendorf im Südwesten.

Die Tatsache, dass Berlin und sein Umfeld nicht zu einem Gebilde vereint waren, stellte sich mehr und mehr als Problem heraus. Denn alle Städte pflegten ihr Eigenleben und achteten eifersüchtig darauf, dass ihre Kompetenzen nicht angetastet wurden. Diese Tendenz zur Abgrenzung äußerte sich beispielsweise im Bau eigener Rathäuser und U-Bahnen, und es entstand ein immenses Verwaltungswirrwarr; eine gemeinsame Planung zum Beispiel des Verkehrs oder der Versorgung der Bevölkerung war schon deshalb schwierig, weil jede Kommune stets ihre eigenen Interessen verfolgte. Das Ergebnis war, dass es 60 verschiedene Kanalisations- und 40 Gasbetriebe gab, 17 Wasser- und 15 Elektrizitätsversorger, dass eine einheitliche Schulverwaltung und ein einheitlicher Nahverkehr ebenso wenig existierte wie ein Finanzausgleich zwischen den verschiedenen Kommunen.

Es gab aber nicht nur eifersüchtige Lokalpolitiker und auf ihren Lokalpatriotismus bedachte Einwohner, sondern auch vernünftige Politiker und Experten, die ein Ende dieses unsinnigen Zustands forderten, der Kraft und Geld kostete und faktisch eigentlich keine Vorteile hatte. Sie fanden sich vor allem unter den im Kaiserreich von der Macht ausgeschlossenen Sozialdemokraten und auch in den Reihen der Liberalen. 1912 kam es nach schwierigen und langen Diskussionen immerhin zur Gründung eines Zweckverbandes Groß-Berlin, dessen Aufgabe es war, über die bestehenden Gemeindegrenzen hinweg Bebauungspläne zu erarbeiten und ein gemeinsames Straßenbahnnetz durchzusetzen. Dieses wurde immer wichtiger, weil die Entfernung zwischen den Wohnungen der Arbeiter und den Fabriken immer größer wurde und sie im zunehmenden Maße auf die Vorortbahnen angewiesen waren. Einen weiteren Schritt hin zur Vereinheitlichung brachte dann der Krieg, denn die preußische Regierung wollte unbedingt in allen Kommunen gleiche Bedingungen für die Menschen schaffen, um Missgunst zu vermeiden. Dass bedeutete vor allem, dass überall die gleiche Brotkarte eingeführt wurde. Auf diese Weise wurde die administrative Zusammenarbeit geprobt.

Nach dem Ende des Krieges und durch die Revolution, die neue Machtverhältnisse brachte, stiegen die Chancen auf einen Zusammenschluss. Vorangetrieben wurde er vor allem von zwei Männern: dem Berliner Oberbürgermeister Adolf Wermuth und seinem Schöneberger Kollegen Alexander Dominicus. Die Widerstände waren nach wie vor beachtlich; vor allem, weil die reicheren Städte wie Charlottenburg, das als reichste Stadt Preußens galt, befürchteten, dass sie zukünftig die ärmeren Teile der vereinten Stadt mitfinanzieren müssten. Und trotzdem konnte schließlich ein Gesetz über die Bildung Groß-Berlins verabschiedet werden. Nach zähen Verhandlungen schlossen sich 94 Gemeinden zusammen – neben Berlin die sieben erwähnten Städte, 59 Landgemeinden und 27 Gutsbezirke. Mit dem Inkrafttreten des Gesetzes am 1. Oktober 1920 war ein neuer Gigant entstanden. Berlin wurde mit einem Schlag mit seinen 3,8 Millionen Einwohnern nach New York und London bevölkerungsmäßig zur drittgrößten Stadt (bis 1933 sollte die Zahl auf 4,2 Millionen weiterwachsen) und flächenmäßig nach Los Angeles zur zweitgrößten Stadt der Welt. Viele Augen blickten nun auf die Stadt an der Spree, und diese wollte trotz aller sozialen und politischen Probleme ihre neue Rolle als Weltstadt auch annehmen.

Das Gebilde, das entstand, war eine dezentralisierte Einheitsgemeinde mit einem Magistrat (heute: Senat) und einer Stadtverordne-

Die gemeinsame Brotkarte für „Berlin und Nachbarorte“ war ein Schritt in Richtung eines vereinten Groß-Berlin.

tenversammlung (heute: Abgeordnetenhaus) an der Spitze. Der Oberbürgermeister war indes nur Gleicher unter Gleichen, und da auch die nunmehr 20 Bezirke eine ganze Reihe von Kompetenzen behielten, war ein schlichtes Durchregieren von oben nach unten undenkbar. Die sozialen Probleme dieser neuen Metropole waren lokal sehr unterschiedlich ausgeprägt, in ihrer Gesamtheit aber riesig. Doch die katastrophale Lage der öffentlichen Kassen in den Inflationsjahren machte unterstützende staatliche und städtische Maßnahmen zum großen Teil unmöglich. Das galt zum Beispiel für den so dringend notwendigen Bau neuer Wohnungen, denn die Wohnungsnot war eines der drängendsten Probleme. Doch für den Wohnungsbau fehlte das Geld, und so entstanden zwischen 1919 und 1923 lediglich 4000 neue Wohnungen. Erst nach der Inflation stieg die Zahl, von den Behörden gefördert, rapide an und erreichte zwischen 1924 und 1933 immerhin 160 000.

Die Politik machte sich das Leben zusätzlich schwer, denn neben den sozialen Nöten und den normalen Startschwierigkeiten, die ein solches Megaprojekt wie die Schaffung von Groß-Berlin unweigerlich zutage fördern und zur Folge haben musste, kam es zu politischen Verwerfungen. Bei den Wahlen vom 20. Juni 1920 schnitten die Unabhängigen Sozialdemokraten (USPD) mit 38,4 Prozent als deutlich stärkste Kraft vor der SPD mit 17,2 und der rechtsliberalen Deutschen Volkspartei (DVP) mit 16,9 Prozent ab. Die linksliberale DDP kam auf 7,1 Prozent. Doch die DVP focht die Wahlen vor Gericht erfolgreich an, und bei der Wiederholung im Oktober 1921 zeigte das Ergebnis, dass sich der politische Wind in Deutschland und seiner Hauptstadt inzwischen deutlich gedreht hatte. Die USPD kam nur noch auf 19,1 Prozent, die SPD jetzt auf 20,5, die erstmals angetretenen Kommunisten erhielten 9,5 Prozent der Stimmen. In der Mitte kamen die DDP auf 7,4 und das katholische Zentrum auf 3,7 Prozent, während die DVP auf 15,3 und die rechtskonservative Deutsch-Nationale Volkspartei (DNVP) auf 17,3 Prozent kamen. Aufgrund dieses indifferenten Wahlergebnisses wurde es schwierig für den Magistrat, eine durchgängige Politik zu betreiben, denn er musste sich für jede Entscheidung eine neue Mehrheit suchen. Oberbürgermeister Wermuth war bereits wenige

> Die sozialen Probleme dieser neuen Metropole waren lokal unterschiedlich, in ihrer Gesamtheit aber riesig.

Tage nach seiner Wiederwahl im November 1920 zurückgetreten. Ihm folgte der parteilose Gustav Böß, der später in die DDP eintrat und sich bis Ende 1929 im Amt halten konnte.

Erschwert wurde die Lage in Berlin durch den Zuzug von rund 360 000 Flüchtlingen aus Russland. Berlin hatte auf russische Literaten und Bürgerliche auch schon zu Kaisers Zeiten einen großen Reiz ausgeübt, doch jetzt kamen viele dieser Menschen gar nicht, um dauerhaft zu bleiben. Sie lebten in der Hoffnung, dass die rote Schreckensherrschaft seit der Oktoberrevolution in ihrer Heimat bald wieder zusammenbrechen würde. Die Zeit bis dahin wollten sie in Berlin überwintern. Rund um den Wittenbergplatz schossen russische Geschäfte aus dem Boden, überall auf den Klingelschildern las man russische Namen, auch prominente. Viele Bekannte trafen sich hier wieder, und es etablierte sich binnen kurzer Zeit ein russisches Viertel, das die Berliner Charlottengrad (eine Wortschöpfung aus Charlottenburg und Petrograd) und die Russen Sankt Petersburg nannten. Ein ganz wesentlicher Grund, warum die Migranten, die über Devisen verfügten, sich für die Spreemetropole entschieden, war die zunehmende Inflation, denn sie machte das Leben hier billig. Berlin war aber ein Asyl-, kein Sehnsuchtsort. Viele russische Emigranten sehnten sich nach der Heimat. Und viele klagten über das Leben an der Spree. „Ich weiß nicht, warum alle diese Leute in Berlin leben … Jedenfalls sind sie alle mit Berlin unzufrieden und lassen sich keine Gelegenheit entgehen, darauf zu schimpfen. Besonders die Russen." So empfand es der russische Schriftsteller Ilja Ehrenburg, der selbst allerdings nur zu Besuch herkam.

Unter diesen Emigranten waren auch Zehntausende Juden, die entweder ebenfalls vor den Bolschewisten geflohen waren oder vor den Pogromen, zu denen es in Russland und im wiedergegründeten Polen kam. Deutschland und Berlin zumal galten, was die Stellung der Juden anbetraf, als liberal; die deutsche Hauptstadt schien ihnen kein schlechter Ort zum Leben zu sein. Und es gilt für die sogenannten Ostjuden das, was auch für die anderen russischen Emigranten galt: Das Leben hier war billig, wenn man Zugang zu anderen Währungen hatte. So konnten frisch zugewanderte Russen und Juden kleine Geschäfte eröffnen oder Zeitungsverlage gründen. Als die Mark sich stabilisierte, brachen die meisten dieser Geschäfte und Unternehmen aber schnell zusammen und verschwanden wieder. Berlin wurde für viele dieser Menschen nicht zur Heimat, sondern neben Paris zur wichtigsten Drehscheibe für die jüdische Emigration in die USA und andere Länder. Die Juden aus dem Osten waren ziemlich heterogen zusammengesetzt; es gab die gutsituierten, die sich im Berliner Westen niederließen,

Zahlreiche Juden aus dem Osten siedelten sich in Berlin an und eröffneten Geschäfte. Jüdische Buchhandlung in der Grenadierstraße, 1920

und viele arme, die sich vorzugsweise dort ansiedelten, wo schon viele arme Juden lebten: im Scheunenviertel, rund um die Grenadierstraße (die heutige Almstadtstraße) nahe dem Alexanderplatz.

Je länger die Inflation und die damit verbundene Krise der öffentlichen Finanzen andauerte, umso geringer wurden die Möglichkeiten der städtischen Behörden, gegen die dramatischen sozialen Folgen anzugehen. Es fehlten an allen Enden Geld, sei es für die Unterstützung der Armen, für Schulspeisung, Krankenhäuser, die Erhaltung der öffentlichen Infrastruktur und eigentlich alles, für das Kommunen gemeinhin Geld ausgeben. Berlins Stadtväter – und wenige -mütter – bemühten sich verzweifelt, an neue Steuereinnahmen zu kommen. Den Vorschlag vom Januar 1921, eine Steuer für Hausangestellte zu erheben, fand nur den Applaus der Linken, erwartungsgemäß nicht aber der Bürgerlichen, deren Klientel natürlich von einer solchen Maßnahme unmittelbar betroffen gewesen wäre. Außerdem, so befürchtete der sozialdemokratische Stadtsyndikus Friedrich C. A. Lange, würde es bei der Einführung einer solchen Steuer dermaßen viele Ausnahmen geben, dass dabei nicht viel herauskommen würde außer einer Erhöhung der Arbeitslosigkeit, weil viele Arbeitgeber ihre Angestellten entlassen würden. Ebenso erhoffte Lange sich kaum Einnahmen durch eine vom Magistrat neu eingeführte Wohnungsluxussteuer für Wohnräume, die den Eigenbedarf überstiegen, denn die Verwaltungskosten würden die Einnahmen wieder auffressen. Auf die Jungfernsteuer, die es unter Friedrich dem Großen gegeben habe, oder eine Perückensteuer könne man leider auch nicht zurückgreifen, notierte er halb verzweifelt, halb ironisch in seinem Tagebuch, das er 30 Jahre später veröffentlichte.

Der Jurist sah die Versuche zu Steuererhöhungen grundsätzlich skeptisch. Im Sommer 1921 kritisierte er eine neu eingeführte Kraftdroschkensteuer und ergänzte: „Dazu kommt noch eine Besteuerung der Personenbeförderung durch ‚tierische Kraft', die zwar Hunde und Ziegen wohlwollend verschont, nicht aber Maulesel und Maultiere. Katzenfeinde hatten an eine Katzensteuer gedacht, die man aber doch fallen ließ." Im Herbst 1922 schlugen die Innen- und Finanzminister auf Reichsebene allen Ernstes eine Steuer auf „übermäßigen Verzehr" in Gast- und Schankwirtschaften vor, die besonders Badeorte und Großstädte erheben sollten. Als „übermäßig" sollte in Berlin ein Verzehr gelten, der vom Magistrat als solcher festgelegt werde. Wann „übermäßiger" Verzehr festzustellen gewesen wäre und von wem im konkreten Fall, das bleibt im Unklaren. Aber allein diese Diskussion macht klar, wie verzweifelt die städtischen Behörden waren. Einige Monate später, bereits im Katastrophenjahr 1923, wurde auch das Halten von Wasserfahrzeugen mit Motorantrieb besteuert.

Die Einnahmen durch solche neuen Steuern konnten das Problem, dass die Steuereinnahmen mit der galoppierenden Geldentwertung nicht mehr mitkamen, auch nicht ansatzweise beseitigen. Und noch ein anderes Problem gab es: Die Vertreter der Parteien berieten im Steuerausschuss selbst die geplante Verordnung zur Vergnügungssteuer, die allgemein als vordringlich angesehen wurde, weil sie immerhin für ein paar neue Einnahmen sorgen konnte, so schleppend, dass die Zahlen längst überholt waren, wenn sie verabschiedet wurden. Und dann konnte es wiederum Monate dauern, bis die Aufsichtsbehörden sie genehmigten. Der Stadt gingen dadurch Millionen verloren, klagte Stadtsyndikus Lange – und zwar Goldmark, nicht wertlose Papiermark. Geld, das sehr dringend benötigt wurde.

Und dann war da auch noch die Steuermoral, oder besser: das fast gänzliche Fehlen einer solchen. Die Zahlungen der Steuerpflichtigen erfolgten stets erst zu einem Zeitpunkt, an dem diese Zahlung längst entwertet war. Das war eine günstige und nicht illegale Art und Weise, sich der lästigen Steuerzahlungen zu entledigen. „Was soll da noch eine Gebührenordnung für die Wohnungsvermittlung durch die Wohnungsämter helfen, die der Magistrat jetzt den Stadtverordneten vorlegt", fragte sich Stadtsyndikus Lange. Und er führte ein charakteristisches Beispiel an: Die Schlüsselzahl des Börsenvereins der Deutschen Buchhändler, die am 15. Januar 1923 noch 700 betrug, war nur vier Wochen später auf 2000 gestiegen, das heißt, ein Werk mit einem Verkaufspreis von zehn Mark im Jahre 1914 kostete jetzt 20 000. Berlins Stadtkämmerer forderte deshalb, die Gebühr für die Jahreskarte in den Stadtbüchereien zum 1. April von 20 auf 400 Mark zu erhöhen. „Wenn der Dollarkurs weiter steigt wie bisher, kann man sich die Wirkung dieser Gebührenerhöhung vorstellen", notierte Lange aber lakonisch. Die städtischen Einrichtungen hatten das Problem, dass sie irgendwie die Entwicklung ihrer Gebühren an die Entwertung des Geldes anpassen mussten. Dafür erdachten sie sich Wertklauseln. Einäscherungen wurden beispielsweise nach der Koksklausel berechnet. Da der Kokspreis im Verhältnis 1:6 zur Einäscherungsgebühr festgesetzt wurde, kostete eine Einäscherung einen Zentner Lichtenberger Schmelzkoks frei Krematorium.

Längst nahmen die Behörden nur noch eine Einteilung in zwei Steuerarten vor: diejenigen, die mit der Entwicklung des Geldwertes mithalten konnten und solche, die ihm hinterherhinkten und damit wertlos waren. Erstaunt stellte Lange fest: „Dass die Beherbergungssteuer und die Lustbarkeitssteuer jede einmal so viel einbringen könnten wie die Grund- und Gebäudesteuer, hätte niemand für möglich gehalten." Ebenso verhalte es sich mit der Umsatz- und der Einkommenssteuer, soweit sie durch Lohnabzug erhoben würden, seit diese auf eine Vorauszahlung umgestellt worden seien. „Daß aber von dem Gesamtaufkommen der Einkommenssteuer über 90 % auf den Lohnabzug entfallen und kaum 10 % auf diejenigen Einkommen, die früher den größeren Teil der Steuer aufgebracht haben, ist für die Steuermoral bezeichnend."

1923 überschlugen sich die Vorschläge für neue Steuern. So forderten Vertreter der rechten DNVP ganz ernsthaft, Steuern auf

Werbeplakate in Fremdsprachen zu erheben. Das wirkte mehr als hilflos. Auch durch Gebühren sollten Einnahmen erhöht werden. Manche Ideen wirken auf uns heute kurios, waren damals aber ernst gemeint. Dass das gerade bei dem sensiblen Thema des Beerdigungswesens geschah, empörte aber selbst damals viele Beobachter. Um Kosten für den Transport von Särgen zu sparen, wurden vier Särge auf einmal befördert statt nur einer. Außerdem wurden die Särge verkleinert. Der neue Normalsarg, der 50 Zentimeter hoch war und von der sprichwörtlichen Berliner Schnauze „Nasenquetscher" genannt wurde, wurde sogar im Sitzungssaal der Stadtverordneten ausgestellt, damit diese sich ein Bild machen konnten. Höhere Särge kosteten das Zwei- bis Dreifache. Doch tatsächliche Auswirkungen auf die Haushaltsführung hatten solche Maßnahmen schon lange nicht mehr. Der Haushalt von Berlin war in diesem Jahr der Hyperinflation nur noch eine Karikatur seriöser Finanzplanungen. Bei der nun rasanten täglichen Geldentwertung war jegliche Planung Makulatur. Der Magistrat des gerade erst geschaffenen Groß-Berlin musste Tausende städtische Angestellte entlassen, was natürlich nicht zu einer höheren Akzeptanz des nach wie vor bei vielen Berlinerinnen und Berlinern ungeliebten neuen Stadtgebildes führte.

Stadtsyndikus Friedrich C. A. Lange beschrieb die Situation in Berlin während der Inflationszeit später in einem Buch.

DIE VERLIERER DER INFLATION

DER ABSTURZ DES MITTELSTANDES

Eine in wertlosen Geldscheinen versunkene Mutter hält ihr verhungerndes Kind hoch. Zeichnung von 1923

Die Inflation ging zunächst schleichend und stockend voran, wenn auch im Nachhinein betrachtet im Ergebnis doch kontinuierlich. Übersehen konnte die Geldentwertung aber schon in der Frühphase niemand. „Schon 1920 hatte die erste Zigarette, die ich heimlich geraucht habe, fünfzig Pfennig gekostet. Bis Ende 1922 hatten sich die Preise allmählich auf das Zehn- bis Hundertfache des Vorkriegsniveaus erhöht, und der Dollar stand bei etwa 500 Mark", so Sebastian Haffner aus eigenem Erleben. Ab dem Sommer und Herbst 1922 nahm die Inflation dann so richtig Fahrt auf, und für die Mark gab es von nun an nur noch eine Richtung: in den Abgrund. Sie riss Millionen Menschen mit. Viele spürten am eigenen Leib, dass es ihnen zunehmend schlechter ging, aber die Arbeiter hatten mit den Gewerkschaften starke Organisationen, die zunächst einigermaßen erfolgreich dafür sorgten, dass die Einkommensverluste ihrer Mitglieder zwar nicht voll ausgeglichen wurden, aber sich doch immerhin so weit im Rahmen hielten, dass sie noch nicht den Absturz erlebten, von dem große Teile des Mittelstandes längst erfasst wurden. Katastrophal waren die Auswirkungen für alle, deren Vermögen oder Einkommen sich aus Geldkapital speiste, ohne dass sie starke Organisationen im Rücken hatten, die ihre Interessen vertraten. Das betraf freie Berufe wie Ärzte, Juristen und Akademiker und mittelständische Angestellte, die regelmäßige Lohnzahlungen erhielten, die jedoch beständig an Wert verloren. Auch Publizisten und Schriftstellern ging es zunehmend schlechter. Autoren hatten das Problem, dass ihre Honorare lange vor dem Erscheinen ihrer Werke ausgehandelt worden waren – und dann, wenn ihr geistiges Produkt endlich auf den Markt kam und sie von den Verlagen ausbezahlt wurden, praktisch nichts mehr wert waren.

Auch viele Journalisten waren betroffen, selbst die, die noch zu den besser bezahlten gehörten. „Smoking ausgeschlossen", stand auf der Einladung zum Berliner Presseball im Januar 1922, denn niemand konnte sich einen solchen noch leisten. „Im nächsten Jahre werden wir uns mit den Anzügen, die wir heute eben noch tragen können, und mit unserer defekten Wäsche in der sogenannten Gesellschaft nicht mehr sehen lassen dürfen", jammerte *Die Deutsche Presse,* das Fachorgan des Reichsverbandes der deutschen Presse. Ein Besucher des Balls hatte gezählt: Nur zehn der anwesenden Redakteure sollen demnach einen Smoking getragen haben. Viele Journalisten in der Zeitungsstadt Berlin mussten sich zu dieser Zeit einen Nebenberuf suchen, denn die Honorare sanken im Vergleich zur Vorkriegszeit real auf die Hälfte, und so mag das Smoking-Problem an sich lässlich gewesen sein. Es war aber ein Ausdruck der Misere, in der sich die schreibende Zunft befand – tatsächlich nagte manch ein Journalist am Hungertuch, und die Einnahmen des Presseballs wurden als Nothilfe für diese Kollegen verwendet. Immerhin kam wohl einiges zusammen, denn unter den Erschienenen bemerkte man „Minister und heimliche und unheimliche Politiker und jene sanften Schiebericher, denen man zu viel der Ehre antut, wenn man ihr Gemache mit dem Ehrennamen ‚Korruption' bezeichnet", schrieb Kurt Tucholsky. Und er ergänzte: „Ich war nicht da. Aber ich habe mich prachtvoll amüsiert!" Sein Bekannter, der Schriftsteller Emil Ludwig, amüsierte sich weniger auf dem Ball: „Zu viel Seeckt und Selters", notierte er sich in seinem Tagebuch mit Blick auf die Besucher, zu denen der Chef der Heeresleitung der Reichswehr, Hans von Seeckt, gehörte, wie auch mit Blick auf die Getränke, die sich viele nur noch leisten konnten. Überhaupt empfand Ludwig, der eigentlich im schweizerischen Ascona lebte, das Berlin der Inflationsjahre als „Untergangsgesellschaft". Auch Ludwig, der immerhin zum Teil kostbare Dollar und ausländische Währungen als Honorare bekam, lebte zwar in einem großen Haus am Lago Maggiore, war aber zu dieser Zeit wie viele seiner Kollegen ständig pleite, denn auch seine Einnahmen setzten sich größtenteils aus wertlosen Mark zusammen. Kurt Tucholsky bedachte, diesmal als „Theobald Tiger" seine schreibenden Leidensgenossen mit einem Gedicht. Darin hieß es unter anderem:

> Viele Journalisten in der Zeitungsstadt Berlin mussten sich einen Nebenberuf suchen.

Blickt her!
Ihr kamt ins leise Gleiten –
Die alte Zeit, sie winkt und winkt ...
Ihr dürft euch über Stile streiten,
indes Ihr immer tiefer sinkt. (...)

Und immer kleiner wird die Wohnung,
und immer kleiner wird der Kreis.
Uns alle fleddert ohne Schonung
Des Unternehmers Hungerpreis. (...)

Der starke Händler sitzt am Ruder,
die Finger dick, den Nacken feist.
Du bist ein, bleibst ein armes Luder,
auch wenn du hübsch zu schreiben weißt.

Kaum besser als den Journalisten erging es den Ärzten. Diejenigen, die eine Festanstellung hatten und ein regelmäßiges Gehalt bezogen, litten zunehmend darunter, dass dieses Gehalt mit der Preissteigerung nicht mehr mithalten konnte. Freie Ärzte mit eigener Praxis mussten darauf hoffen, dass die Kassen und die Patienten die Rechnungen möglichst bald bezahlten. Das geschah aber immer seltener, und so glitten immer mehr Ärzte, vor allem diejenigen, die keine gutbetuchten Patienten hatten, in die Armut ab. Zudem kamen immer weniger Kranke in ihre Praxen, weil sie sich die Behandlung nicht mehr leisten konnten. Das hatte natürlich gravierende Folgen für die Gesundheit der Menschen. Doch dazu später.

Wie es in einem Beamtenhaushalt aussah, beschrieb Sebastian Haffner. Sein Vater, immerhin ein Oberregierungsrat, bekam am 31. oder 1. des Monats sein Gehalt ausgezahlt. Davon musste die Familie einen Monat leben, denn alle Bankguthaben und Sparbriefe hatten längst ihren Wert verloren. So schnell wie möglich versuchte der Vater, sich eine Monatskarte für die U-Bahn zu kaufen, um auch im nächsten Monat zur Arbeit fahren zu können. Dann wurden die Schecks für die Miete und das Schulgeld ausgestellt, und am Nachmittag ging die ganze Familie geschlossen zum Friseur. Was dann von dem Geld noch übrig war, wurde der Mutter ausgehändigt, und am nächsten Tag stand die ganze Familie außer dem Vater morgens um vier oder fünf Uhr in der Früh auf, um mit dem Taxi zum Großmarkt zu fahren. Dort wurde ein Großeinkauf organisiert, und innerhalb einer Stunde war das Monatsgehalt eines Oberregierungsrates für unverderbliche Speisen ausgegeben. Riesige Käse, ganze Schinken, Kartoffeln zentnerweise wurden in das Taxi geladen und wenn der Platz nicht ausreichte, zusätzlich noch ein Handkarren organisiert. „Ungefähr um acht Uhr, noch vor Schulanfang, kehrten wir nach Hause, mehr oder weniger für eine einmonatige Belagerung versorgt. Und das war das Ende. Es gab einen Monat lang kein weiteres Geld. Ein freundlicher Bäcker lieferte Brot auf Kredit. Sonst lebte man von

Kartoffeln, Geräuchertem, Büchsen, Suppenwürfeln. Gelegentlich kam eine unerwartete Nachzahlung, aber es war gut möglich, daß man einen Monat so arm war wie der Ärmste der Armen, nicht einmal im Stande, eine einfache Straßenbahnfahrt oder eine Zeitung zu bezahlen. Ich weiß nicht, was geschehen wäre, wenn uns etwas zugestoßen wäre, eine schwere Krankheit oder ein anderes Unglück."

Die Preise für die Lebenshaltung stiegen zunehmend rasanter an, und die Entwicklung der Löhne und Gehälter hinkte immer weiter hinterher. Das Statistische Reichsamt berechnete, dass der normale Aufwand einer fünfköpfigen Familie für Ernährung, Heizung, Wohnung und Bekleidung im Januar 1923 im Durchschnitt auf das 1120-fache im Vergleich zum Januar 1913 angestiegen war, die Kosten allein für die Ernährung sogar um das 1366-fache. Anders betrachtet hatte die Mark im Januar 1923 bezüglich der Kosten für die Ernährung noch einen Wert von gerade einmal einem Vierzehntel Pfennig. Im Januar 1923 war Deutschland noch weit entfernt von der tumultuösen Entwicklung später im Jahr, und die Menschen begriffen diese Preisentwicklung mehr und mehr als Normalzustand. Das fiel schon

Schon im Jahr 1919 protestieren Arbeiter gegen die steigende Inflation.

deshalb besonders ins Gewicht, weil die meisten den größten Teil ihres Geldes für Nahrungsmittel ausgaben.

Zwar stiegen wegen der Geldentwertung auch die Löhne, aber sie konnten mit der Entwicklung der Preise nicht mithalten. Der durchschnittliche Monatslohn eines verheirateten, gelernten Reichsarbeiters war bis Januar 1923 in Berlin „nur“ auf das 888-fache im Vergleich zum selben Monat 1913 gestiegen, derjenige eines ungelernten Arbeiters auf das 643-fache. Berliner Arbeiter litten noch mehr als diejenigen in vielen anderen Städten und Gegenden Deutschlands, weil sie bei den Lohnsteigerungen stets am hinteren Ende lagen. Ein unterer Beamter erhielt 702-mal mehr auf das Gehaltskonto gutgeschrieben, ein mittlerer 463- und ein höherer nur 373-mal mehr – das war gerade einmal ein Viertel der Preissteigerungen für Lebensmittel.

Wer gedacht hatte, mit der Preisentwicklung sei nun die Obergrenze erreicht, sah sich schon sehr bald bitter getäuscht. Denn schon vier Wochen später, also im Februar 1923, stiegen die Lebenshaltungskosten vom 1120-fachen auf das 2643-fache, die Ernährungskosten allein auf das 3183-fache. Somit war die Mark nur noch ein Sechsundzwanzigstel Friedenspfennig von 1913 wert. Ende Februar mussten für ein Kilogramm Rindfleisch bis zu 9000 Mark hingelegt werden, für Zucker 1400, für ein Brot 1900, für einen Liter Milch 620, für ein Zentner Briketts 7000, für eine Kilowattstunde Strom 800 und für ein Kubikmeter Gas 420 Mark. Natürlich konnten die Lohn- und Gehaltssteigerungen, die jetzt in immer kürzeren regelmäßigen Abständen beschlossen wurden, weiterhin mit dieser Entwicklung nicht mithalten. Ganz schlecht erging es allen, die auf öffentliche Zahlungen angewiesen waren: Rentner, „Sozialrentner“, die als ehemalige Arbeitnehmer Anspruch auf Leistungen der Sozialversicherung hatten. Und auch, wenn es immer wieder Kritik an der angeblichen Bevorzugung der Beamten durch den Staat gab, gehörte auch diese Gruppe zu den Verlierern, denn auch für sie galt, dass die „Teuerungszulagen“ für ihre Gehälter nicht mehr mit der Mark-Entwicklung mithalten konnten, wenn sie ausbezahlt wurden. Was diese Preisentwicklung für Rentner bedeutete, hatte die *B.Z. am Mittag* schon ein halbes Jahr zuvor beschrieben. Sie schilderte den Fall eines 66 Jahre alten Invalidenrentners, der auf 720 Mark Altersrente kam. Um das Geld abzuholen, musste er mit der Tram zur Post fahren, aber allein für die Hin- und Rückfahrt musste er insgesamt 6000 Mark, also fast das Neunfache seiner gesamten Monatsrente bezahlen. Damit der Mann überhaupt überleben konnte, arbeitete er als Portiersaushilfe. Für diese Tätigkeit erhielt er 14 720 Mark, von denen er wiederum 1500 Mark Rentenbeitrag zahlen musste. Dass unter diesen

Voraussetzungen ein Überleben kaum noch möglich war, liegt auf der Hand. Der Zeitungsreporter hatte sich für denselben Artikel auch auf die Suche nach irgendeinem noch „normalen" Preis gemacht. Er fand ihn in einem Restaurant: Für die Benutzung einer Personenwaage musste man tatsächlich nur 20 Pfennig bezahlen. Doch nun stellte sich ein anderes Problem: Niemand trug mehr Hartgeld bei sich. Nur ein aufmerksamer Kellner konnte helfen. „Brauchen Sie zwo Groschen? Ich gebe Sie Ihnen für 200 Mark."

Schwer betroffen von der Krise waren auch Vermieter, die von ihren Mieteinnahmen nicht mehr leben konnten und ihre Immobilien oft zu lachhaften Preisen verkaufen mussten, um überleben zu können. Nutznießer dieser Notverkäufe waren in vielen Fällen devisenstarke Ausländer. Die Mieten wurden vom Staat festgesetzt, und da es dessen bevorzugtes Ziel war, den Menschen ihre Wohnungen zu erhalten und nicht, die Vermieter zu unterstützen, kam es zu deren faktischer Enteignung. Wer verschuldet war, konnte sich im Zuge der Geldentwertung immerhin über seine Entschuldung freuen. Aber just die Haus- und Wohnungsbesitzer, die brav gewirtschaftet hatten und von ihren Mieteinnahmen leben wollten, waren nun ganz brutal vom Währungsverfall betroffen.

Mittelständische Selbstständige wie Handwerker und Einzelhändler litten ebenfalls unter dem Kaufkraftverlust der Mark. Und weil der Staat alle Leistungen für die Grundversorgung der Bürger mit Preisbindungen belegte, konnten ihre Erlöse bei Weitem nicht mit den Preissteigerungen für die Herstellung und den Einkauf neuer Waren mithalten. Wenn sich bei Einzelhändlern aus diesem Grund zuerst die Lager und dann die Verkaufsregale leerten, konnte das ihren Ruin bedeuten, denn sie hatten schlicht nichts mehr oder zu wenig zu verkaufen. Die ganze Entwicklung ließ viele Selbstständige an den Wertvorstellungen des solide wirtschaftenden Kaufmannes zweifeln, und zugleich entlud sich an ihnen als angebliche oder tatsächliche Wucherer die Wut der Menschen, da viele die wahren Gründe für die Preissteigerungen nicht erkannten und neben den Reparationen die Gewinnsucht der Händler dafür verantwortlich machten. Sie wurden als „Wucherer" beschimpft, und der Staat leistete diesen häufig, aber längst nicht immer gerechtfertigten Vorwürfen durch Anti-Wucher-Gesetze weiteren Vorschub. Natürlich gab es auch Händler, die die Not ihrer Kunden ausnutzten und die Preise unverhältnismäßig hochsetzten. Während der Phase der Hyperinflation richtete die Berliner Polizei eine eigenständige Stelle zur Bekämpfung der Wucherei ein. Binnen kurzer Zeit gab es Tausende Anzeigen. Daneben bildeten besorgte Bürger Anti-Wucher-Komitees, die durch die

Stadt zogen, Händler kontrollierten und diese bei Wucherpreisen in Selbstjustiz zur Rechenschaft zogen.

Ähnlich erging es den Landwirten. Sie und ihre Familien litten tatsächlich selbst während der Hyperinflation nicht an Hunger, denn sie stellten ihre Lebensmittel selbst her und hatten mit ihren Erzeugnissen unter Umgehung des beständig an Wert verlierenden Papiergeldes gute Tauschobjekte zu bieten. Außerdem konnten sie sich wie die Wirtschaftsunternehmen entschulden. Weil es ihnen offensichtlich gut ging, zogen sie die Wut der Stadtmenschen auf sich, denn auch sie standen unter dem Verdacht der Wucherei. Die Tatsache, dass viele Landwirte wegen der staatlichen Preisbeschränkungen ihre Erzeugnisse lieber an ihre Tiere verfütterten, weiterverarbeiteten oder tatsächlich auf dem Schwarzmarkt verkauften, verstärkte diesen Eindruck noch.

Wenn also die sozialen Spannungen zwischen Stadt- und Landbevölkerung während der Inflation stark wuchsen, so war die ganze Sache doch so einfach nicht. Denn die Landwirte hatten, ähnlich wie die Handwerker und Lebensmittelhändler, das Problem, dass ihre

Unter Polizeischutz verkauft ein Kartoffelhändler seine Ware vom Wagen an die hungrige Bevölkerung.

Papiermark-Erlöse nicht ausreichten, um all das anzuschaffen, was sie dringend benötigten: Saatgut, Dünger, Jungvieh und andere Betriebsmittel. Ganz abgesehen davon, dass vieles von dem, was aus dem Ausland importiert werden musste, immer schwieriger zu bekommen war, je mehr die Mark an Wert verlor. Auch den während des Krieges entstandenen Investitionsstau konnten sie nicht auflösen. Die Anschaffung neuer Maschinen und Geräte hatte bis nach dem Krieg warten müssen, und dann schlugen diese mit einem Mal stark zu Buche. Am Ende der Inflationszeit, so beschreibt es die Historikerin Monika Büttner, herrschte in der Landwirtschaft ein solcher Geldmangel, dass sich viele Betriebe schon 1924 vor der Frühjahrsbestellung der Felder neu verschulden mussten. Ende der Zwanzigerjahre steckte die Landwirtschaft tief in der Krise – mit ein Grund, warum die Nationalsozialisten, die ihnen völlig unseriös alles versprachen, einen solchen Anklang in dieser Bevölkerungsgruppe fanden. Die Großgrundbesitzer Ostelbiens taten sich schwer damit, sich auf den Roggen- und Kartoffelanbau umzustellen, der jetzt allenthalben betrieben wurde, denn weder ihre Tradition noch die klimatischen und geografischen Gegebenheiten sprachen dafür. So müssen auch Bauern und Großgrundbesitzer, obwohl sie niemals Hunger litten, letztendlich zu den Verlierern der Inflation gezählt werden.

> Vielen ging es jetzt schlechter als in den düstersten Kriegszeiten.

Genau wie der nun verarmende Mittelstand lasteten sie diese Entwicklung den demokratischen Regierungen an. In dieser Bevölkerungsgruppe, die sich im Kaiserreich als Träger der Nation gesehen hatte und jetzt verständnis- und wehrlos mitansehen musste, wie ihr Hab und Gut sich im Nichts auflöste, machte sich Hoffnungslosigkeit breit, aber auch Wut auf die Regierung und mehr noch: auf das ganze neue demokratische System, eben auf die Republik. Hatte man das Kaiserreich politisch wie auch persönlich als eine stabile Phase erlebt, so schien sich das alles nun aufzulösen – politisch, wirtschaftlich und sozial. Sie empfanden es so, dass sie dem Kaiserreich gutes Geld gegeben hatten, das sie von der Republik als schlechtes Papiergeld zurückbekamen. Vielen ging es ja jetzt viel schlechter als selbst in den düstersten Kriegszeiten, das erlebten sie tagtäglich. Und das nicht erst seit dem Beginn der hyperinflationären Phase im Sommer 1922. Die Menschen, deren Vermögen sich aus Geldkapital zusammensetzte, können bereits lange vorher, nämlich ab etwa Februar

1920, als weitgehend enteignet gelten, da Bankkonten und Bargeld weitgehend wertlos geworden waren. Dabei war das längst nicht allen zu dieser Zeit schon bewusst. Als es ihnen klar wurde, fühlten sie sich betrogen – nicht nur um ihr Geld, sondern auch um ihre Würde, ihr Ansehen und ihre Lebensleistung. Kein Wunder, dass Postkarten mit den Antlitzen der Hohenzollern reißenden Absatz fanden, während die demokratischen Politiker oft nur noch auf Verachtung trafen.

DIE KRISE GREIFT UM SICH

Anfang Dezember 1922 schneite es in Berlin für die Jahreszeit ungewöhnlich heftig, und die Temperaturen lagen auch tagsüber unter dem Gefrierpunkt. Dieser erste, frühe Vorgeschmack auf den Winter jagte vielen Menschen Angst vor den bevorstehenden Monaten ein, denn es wurde im wahrsten Sinne kalt in der Hauptstadt. Die Arbeitslosenzahlen, die eine ganze Weile so erfreulich niedrig geblieben waren, begannen zu steigen, auch wenn sie noch weit von den dramatischen Zahlen entfernt waren, die sie im Herbst 1923 erreichen sollten. Bis zum Herbst 1922 gab es Arbeit im Überfluss, die Arbeitslosenquote war kaum der Rede wert und niedriger als in jedem anderen Industriestaat. Das war eine Tatsache, die stark dazu beitrug, dass die Bevölkerung trotz der inzwischen rasant steigenden Verluste der Mark zunächst relativ ruhig geblieben war. Doch das begann sich nun zu ändern. Würde die Arbeiterschaft revoltieren? In England, wo die Arbeitslosigkeit sehr hoch war, blieb es ruhig, aber das lag daran, dass die Arbeiter dort eine Phase von Lohnsteigerungen hinter sich hatten und der Staat in der Lage war, Arbeitslose zu unterstützen. Beides war in Deutschland nicht der Fall, auch die Arbeiter hatten seit Jahren einen Kaufkraftverlust hinnehmen müssen, wenn auch zu diesem Zeitpunkt nicht so stark wie die Mittelschicht. Aber die Menschen wurden von bösen Vorahnungen ergriffen, und zwar zu recht, wie sich bald zeigen sollte. „Der einsetzende Winter macht allen Angst", berichtete der spanisch-katalanische Journalist Eugeni Xammar in seiner Zeitung *La Veu de Catalunya* mit Blick auf die Stimmung in Berlin.

Wie sich die Inflation unweigerlich auf den ganz normalen Alltag der Berliner auswirkte, zeigte sich beispielsweise an der Entwicklung der Tram-Preise. Anfang November 1922 kostete eine einfache Fahrt 20 Mark, ein Preis, bei dem sich natürlich viele schon die Augen rieben. Anfang Dezember waren es aber bereits 30 Mark und Mitte des Monats 50. Von solchen Entwicklungen wurden viele Menschen direkt betroffen, sei es, weil sie nunmehr mit großen Geldscheinen ihre Billetts kaufen mussten, oder sei es, weil sie sich die Tramfahrt überhaupt nicht mehr leisten konnten. Trotz dieser Preissteigerungen, die bald noch weit in den Schatten gestellt werden sollten, mussten die Verkehrsbetriebe im Dezember 2000 Angestellte entlassen. Und man befand sich in einem Teufelskreis, denn die andauernden Preiserhöhungen waren notwendig, um den Betrieb überhaupt aufrechterhalten zu können. Sie sorgten aber für einen stetigen Rückgang der Fahrgastzahlen, der wiederum weitere Kündigungen nach sich zog. Die nunmehr arbeitslosen ehemaligen Angestellten aber fielen dem Staat zur Last. Bei der Post war die Situation nicht anders, und so erging es allen städtischen Dienstleistungsbetrieben, vor allem auch den Elektrizitätswerken, denn immer mehr Menschen konnten ihre Stromrechnungen nicht mehr bezahlen und wurden von der Versorgung abgekoppelt.

Wegen der hohen Preise im öffentlichen Personennahverkehr stiegen viele Berliner wieder auf das Fahrrad als Fortbewegungsmittel um.

Immerhin hatte der Preisauftrieb bei den öffentlichen Verkehrsmitteln eine Folge, über die sich Klimaschützer heute freuen würden: Viele Berliner griffen in den nächsten Monaten auf das Fahrrad als Verkehrsmittel zurück. Dieses bereits zur Unmodernität verurteilte

Fortbewegungsmittel sei plötzlich wieder recht zeitgemäß geworden, berichtete das *Berliner Tageblatt*. „Man hat es von Rumpelkammern und Hängeböden herabgeholt und sich damit in Bezug auf die Beförderung unabhängig gemacht." Berlin habe Kopenhagen als Fahrradmetropole abgelöst, und das Fahrrad sei jetzt das billigste Beförderungsmittel für Angestellte und Geschäftsleute – „es gehorcht dem eigenen Willen, und es ist unabhängig von Tarif- und Streikschikanen." Die ständigen Erhöhungen der Tarife brachten übrigens nichts, Anfang September 1923 war die Berliner Straßenbahn bankrott. Sie fuhr zuletzt ein tägliches Minus von 90 Milliarden Mark ein. Für zwei Tage standen alle Räder still, allen Mitarbeitern wurde gekündigt und eine neue Gesellschaft, die Berliner Straßenbahn-Betriebs-GmbH gegründet. 4000 ehemalige Angestellte wurden unter etwas schlechteren Bedingungen anschließend wieder eingestellt.

Viele Deutsche gaben sich lange trügerischen Gefühlen hinsichtlich ihrer tatsächlichen finanziellen Situation hin. Zwei Monate nach seinem Artikel vom Dezember 1922 war Eugeni Xammar der Meinung, viele Deutsche hielten sich noch immer angesichts der Geldscheine, die sie in Händen hielten, tatsächlich für Millionäre. Als Beleg schilderte er ein Gespräch zwischen der Frau eines Regierungsbaurates und der eines Oberregierungsrates: „‚Schon wieder ein neues Kleid, Frau Regierungsbaurat'? ‚Ah ja, ich konnte der Versuchung nicht widerstehen. Ein Schnäppchen, wissen Sie? Die vier Meter Seide und die Spitzen habe ich im Räumungsverkauf erstanden, dann habe ich mir für drei Tage eine junge Näherin nach Hause kommen lassen. Ich selbst habe ihr Modell gestanden. Die Borte und der Tüll sind noch von vor dem Krieg. Und das alles zusammen für nicht einmal eine Million Mark!' ‚Was Sie nicht sagen! Meine Schneiderin verlangt für das einfachste handgenähte Kleid ja schon anderthalb Millionen.'" So sei es mit allem, fand Xammar. Nachdem er 100 Mark für die Straßenbahn, 500 Mark für einen Kaffee, 8000 Mark für ein Mittagessen, 12 000 für einen Platz im Theater, 30 000 für ein Hemd, 300 000 für ein Kleid und eine halbe Million für eine Woche Winterurlaub in Bayern ausgegeben habe, sei der Deutsche empört und stolz zugleich, so Xammar. Der Journalist hatte recht. Viele Deutsche, gerade die aus dem Mittelstand, die nicht in Saus und Braus gelebt hatten, denen es aber vor dem Krieg nicht schlecht gegangen war, gaben sich eine ganze Weile Illusionen hin und durchschauten gar nicht, dass die Inflation alle ihre Ersparnisse aufsaugte.

Doch die Zahlen stiegen nun in schwindelerregende Höhen, die Nullerreihen auf den Markscheinen und den Preisschildern wurden immer länger, und wenn es um die Wirtschaft oder den Haushalt des

Staates ging, nahmen die Zahlen solche Dimensionen an, dass sie für den menschlichen Verstand kaum noch greifbar waren. Man könne sagen, was man wolle, berichtete Xammar Anfang Februar 1923 seinen Lesern in der Heimat, aber es sei irgendwie auch ein Vergnügen, mit diesen riesigen Zahlen zu jonglieren, und er sei sich sicher, dass selbst Finanzminister Andreas Hermes am Tag zuvor während seiner Haushaltsrede im Reichstag dabei eine gewisse Wollust verspürt habe. Deutschland entwickelte sich zu einem Land von Millionären, so Xammar ironisch, und da sei es doch ganz natürlich, dass sich der Finanzminister nicht mit einem Haushalt von weniger als dreieinhalb Billionen zufriedengebe. „In seiner gestrigen Rede ließ Dr. Hermes sich gar nicht erst dazu herab, den Mund aufzutun, um von weniger als 50 Milliarden zu sprechen." Was weder der Minister noch der Journalist ahnen konnten: Schon sehr bald sollten selbst diese Zahlen Makulatur sein.

Viele Menschen hatten faktisch schon alles oder fast alles verloren, als sie begriffen, dass sie keine Millionäre waren, nur weil sie Millionen von Mark in den Händen hielten. Als es jetzt bald nicht mehr um Millionen oder zig Millionen, sondern um Milliarden, Hunderte von Milliarden und Billionen ging, erkannten sie zwar ihre wahre Situation, waren aber völlig machtlos, sich dagegen zu wehren. Das Land wurde zunehmend von einer allgemeinen Unsicherheit erfasst, die Menschen waren nervös und ängstlich, sahen keine Zukunftsperspektiven mehr und ergaben sich in ihr Schicksal. Für viele ging es längst nur noch um das tägliche Überleben. Berlin tanzte am Abgrund, und viele Berliner stürzten in diesen Abgrund hinein.

Im Januar des Jahres 1923 lebten bereits 24 000 Berlinerinnen und Berliner dauerhaft und 6000 einmalig von der offenen Wohlfahrtspflege, davon war die Hälfte älter als 70 Jahre. Armut war aber nicht nur alt, sondern auch ganz jung, denn zusätzlich erhielten auch 6000 Kinder, deren Eltern oder häufig alleinstehende Mütter sie nicht mehr versorgen konnten, diese Unterstützung. Die Höchstsätze wurden Ende Januar von monatlich 2600 Mark für Erwachsene und 1600 Mark für Kinder auf 6000 beziehungsweise 4000 Mark erhöht. Um sich ein Bild zu machen, was es bedeutete, von diesem Geld leben zu müssen, reicht es zu wissen, dass mitten im Winter ein Zentner Kohlebriketts 1500 Mark und ein Brot 310 Mark kosteten. Die Unterstützung sei auch nur für den allernotwendigsten Lebensbedarf vollkommen unzureichend, klagte völlig zu recht Berlins Oberbürgermeister Gustav Böß. In der geschlossenen Wohlfahrtspflege lebten zu dieser Zeit 19 000 Menschen, die ebenfalls nur auf äußerst niedrigem Niveau versorgt werden konnten. Hinzu kamen viele Tausend

Menschen, die von den Armenspeisungsanstalten versorgt wurden. Darunter waren Arme, die sich ihrer Armut so schämten, dass sie sich nicht an andere staatliche Institutionen wenden mochten, Klein- und Sozialrentner und mehr als 1000 Studenten. Sie alle wären ohne diese Anstalten schlicht verhungert. Um andere Menschen wenigsten vor dem Schicksal, sich kostenloses Essen besorgen zu müssen, zu bewahren, wurden an Tausende Einzelpersonen und Familien Bargeldzahlungen und Brennmaterial ausgegeben. Zusätzlich musste die Stadt Berlin 128 000 Kriegsbeschädigte und Menschen, die schon vor dem Krieg als Rentner gelebt hatten, sowie ebenfalls 128 000 Hinterbliebene von Kriegsbeschädigten und weitere Rentenberechtigte auszahlen. Dazu kamen 50 000 Sozial-, Witwen- und Waisenrentner sowie 30 000 Flüchtlinge und noch eine ganze Reihe weiterer bezugsberechtigter Personen. War Berlin unter den Bedingungen der Inflation schon damit heillos überfordert – mit der Folge, dass alle Zahlungen, wenn überhaupt, gerade zum Überleben ausreichten –, so stürzten während der Krise auch die privaten Stiftungen, die den Behörden normalerweise einige der Lasten abnahmen, ebenfalls in die

Bedürftige stehen 1920 an einer Essensausgabe einer Berliner Volksküche um eine warme Mahlzeit an.

Krise und mussten nun selbst unterstützt werden. Denn die Spenden blieben aus, und die Rücklagen hatten sich durch die Inflation längst in Luft aufgelöst.

Viele Menschen lebten zudem in völlig unzumutbaren Wohnverhältnissen. War die sprichwörtliche Berliner Mietskaserne in den Arbeitervierteln im Norden und Nordosten der Stadt ohnehin berüchtigt, so verschlechterte die Krise die Lebensumstände nochmals. Zehntausende Menschen lebten in feuchten Kellern und dunklen Souterrainwohnungen, umhaust von Ratten und anderem Getier und Ungeziefer. Oft teilten sich ganze Familien ein oder bestenfalls zwei Zimmer oder mussten Betten stundenweise an Fremde vermieten, die sich ihrerseits überhaupt keine eigene Wohnung leisten konnten. An Privatsphäre war unter diesen Bedingungen nicht zu denken, Krankheiten, vor allem Infektionen, konnten sich ungehemmt ausbreiten, sexueller Missbrauch von Kindern und Jugendlichen war denkbar einfach. Strom und Heizung konnten sich diese Menschen nicht mehr oder nur noch zeitweilig leisten. Das Wasser wurde vielen Bewohnern der Mietskasernen selbst dann abgestellt, wenn sie die Gebühren pünktlich an den Vermieter zahlten. Das Problem waren nämlich die säumigen Vermieter, die aufgrund ihrer ins Bodenlose gesunkenen Mieteinnahmen oft die Wassergebühren nicht mehr begleichen konnten. In der Folge sperrten die Wasserversorger dann einfach das ganze Haus, und in den letzten Monaten der Hyperinflation nicht selten ganze Straßen und Straßenzüge einfach ab. Die Mitarbeiter der Wasserunternehmen konnten ihres Lebens nicht mehr sicher sein, wenn sie sich in die betroffenen Kieze wagten, und der Berliner Polizeipräsident musste die Unternehmen 1923 darauf hinweisen, dass seine Leute ihnen keinen Polizeischutz mehr geben konnten.

> Wer seine Miete nicht mehr bezahlen konnte, flog oft gnadenlos aus seiner Wohnung.

Wer seine Miete nicht mehr zahlen konnte, flog oft gnadenlos aus seiner Wohnung. Die Zahlen der Obdachlosen stiegen ab 1921 rasant an. Hatte es 1913 gerade einmal 13 000 Übernachtungen in den Obdachlosenasylen gegeben, so waren es 1921 bereits 721 000 und ein Jahr später 782 000. Allein im Januar 1923 gab es 116 574 Übernachtungen, das waren rund 4000 Personen, darunter 300 Frauen, die regelmäßig Nacht für Nacht die Asyle aufsuchten. Im Januar des letzten Kriegsjahres 1918 waren es dagegen nur

1679 Übernachtungen gewesen. Dabei darf man nicht vergessen, dass diese Menschen tagsüber das Asyl verlassen und sich draußen in der Winterkälte herumtreiben mussten.

Die Stadt Berlin war angesichts der finanziellen Katastrophe außerstande, irgendetwas gegen diese Wohnungsmisere zu tun. Die Zahl der amtlich registrierten Wohnungssuchenden betrug Ende 1921 rund 151 000, stieg bis zum Ende des folgenden Jahres auf 175 000 und lag schließlich im März 1923 bei 224 000. Diese Zahlen gaben aber nicht einmal annähernd die wahre Heerschar an Wohnungssuchenden wieder, denn viele Betroffene hatten keine Hoffnung auf eine Wohnung oder konnten sie sich ohnedies gar nicht leisten und meldeten sich daher gar nicht erst bei den Ämtern. Die Behörden versuchten es mit der Zwangsbewirtschaftung von Wohnraum: Wohnungen durften nicht mehr frei vermietet werden, und wer eine Wohnung suchte, musste sich an das Wohnungsamt wenden. Dieses prüfte dann, ob ein Anspruch bestand. Wer bis dahin zur Untermiete gewohnt hatte und das nun ändern wollte, hatte in den meisten Fällen Pech, denn sein Anliegen wurde oft nicht als berechtigter Anspruch anerkannt. So konnte es nicht ausbleiben, dass es immer wieder zu Bestechungsversuchen der Beamten und Angestellten der zuständigen Verwaltung kam, die auch längst nicht in jedem Fall erfolglos waren.

Gute Chancen auf eine Wohnung hatte man nur im Falle einer Heirat. Daher bildete sich eine „Bräutebörse“ heraus: Angeblich angehende Ehemänner mieteten sich eine schwangere „Braut“, die sie gegen ein Entgelt auf das Wohnungsamt begleitete. Gefürchtet waren die Beschlagnahmungen von Wohnraum in den Fällen, wenn die Behörden der Ansicht waren, dass jemand eine zu große Wohnung hatte. Dann musste der Wohnungsmieter einen wildfremden Untermieter akzeptieren. Für die Ärmsten der Armen schufen solche Maßnahmen aber keine Abhilfe, denn sie konnten sich die Miete gar nicht leisten. Wie erfolgreich solche Maßnahmen letztlich die Wohnungsnot lindern konnten, muss dahingestellt bleiben, denn dadurch gab es ja keine einzige neue Wohnung – und das war es, was dringend benötigt wurde. Im letzten Quartal 1922 konnte nur für fünf Prozent der Wohnungssuchenden eine neue Bleibe gefunden werden, und im Erfolgsfall bedeutete das noch lange nicht, dass diese auch adäquat war. Aber selbst zehnköpfige Familien waren froh, wenn sie in zwei Zimmern untergebracht wurden. Der Stadt gelang es in den Jahren zwischen 1919 und 1923 lediglich, etwa 4000 Wohnungen zu bauen, das war nur ein Tropfen auf dem heißen Stein, wenn überhaupt. Erst ab 1924, nach der Stabilisierung der Mark, setzte

In dieser Wohnung stehen für sieben Personen zwei Betten und eine Wiege zur Verfügung.

ein massiver sozialer Wohnungsbau ein, durch den bis 1933 immerhin 160 000 Wohnungen entstanden. Zwar wurde das notwendige Angebot an Wohnraum in Berlin auch dadurch nicht erreicht, aber immerhin konnte die dramatische Situation doch deutlich verbessert werden. Doch davon konnte 1920 bis 1923 keine Rede sein, und selbst pragmatische Lösungen, die die Berliner Stadtbehörden anzugehen versuchten, konnten am Egoismus anderer staatlicher Stellen scheitern. So lehnten die Reichswehrführung und das Reichsfinanzministerium im Herbst 1921 das Ansinnen des Magistrats ab, leerstehende Kasernen der Reichswehr für die Wohnungssuchenden und Obdachlosen, vor allem junge Familien mit Kindern, bereitzustellen. Natürlich bedauerte man das außerordentlich, aber die Gebäude sollten nun einmal leider an die Schutzpolizei übergehen.

Der vorhandene Wohnungsbestand verfiel zusehends, weil die Hauseigentümer nicht mehr investierten, seit der Staat neben der Wohnraumbewirtschaftung auch eine gesetzliche Mietpreisbindung und Mieterschutzmaßnahmen eingeführt hatte. Im März 1922 wurden durch das Reichsmietengesetz die Höchstmieten auf der Grundlage der sogenannten Friedensmieten festgesetzt, und am 1. Juni 1923 hob das Reichsmieterschutzgesetz das Kündigungsrecht praktisch auf. Die Folge war, dass kein Eigentümer mehr in seine Häuser investierte und selbst dringend notwendige Instandhaltungsmaßnahmen nicht mehr angegangen wurden. In den Arbeitervierteln mit ihren langen, geraden Straßen sah man nun zahllose mit Holz oder Pappe vernagelte Fenster. Überall bröckelte der Putz ab, Nässe drang in die Wohnungen, Ungeziefer und Ratten breiteten sich aus und wurde zu einer echten Plage. Das wurde noch dadurch befördert, dass viele Berliner sich auf dem Balkon oder im Keller Kaninchen, Hühner und selbst Ziegen zur Unterstützung ihrer Lebensmittelversorgung hielten. Die Rattenplage ging so weit, dass ab 1921 allgemeine „Rattenkampftage“ durchgeführt wurden.

„ES LIEGT EINE LEICHE IM LANDWEHRKANAL“ – GESUNDHEIT IN DER KRISE

Dass sich Armut, Wohnungsnot, allgemeine Depression und ständig steigende Preise bei sinkenden Reallöhnen auf die Gesundheit vieler Menschen auswirken musste, liegt auf der Hand. Betroffen davon war einerseits der Mittelstand, andererseits mehr und mehr die ohnehin schon arme Arbeiterschaft, die mit Verzögerung immer weiter abrutschte. Das enge Zusammenleben, die Benutzung der Außentoiletten durch viele Menschen, der Schmutz, das Ungeziefer und die Ratten begünstigen die rasche Ausbreitung vieler Krankheiten. Dazu waren viele Menschen, vor allem die ganz Kleinen und die Alten, ohnehin aufgrund mangelhafter Ernährung körperlich geschwächt, was sie noch anfälliger machte. An eine medizinische Versorgung, an einen Gang zum Arzt oder ins Krankenhaus, war in vielen Fällen gar nicht zu denken oder erst dann, wenn es schon sehr spät war – oder zu spät.

Die zunehmende faktische Teuerung machte vielen Menschen eine ausreichende Ernährung und Versorgung mit Vitaminen unmöglich. Es fehlte an allem, insbesondere an Fetten, Fleisch, Eiern, Hülsenfrüchten, Zucker und Milch. Die wenigen verfügbaren Lebensmittel waren zudem oft minderwertig, das galt auch für die Kartoffeln, die für viele Menschen das Hauptnahrungsmittel darstellten. Die Folge waren Unterernährung, körperliche Beschwerden, allgemeine Schwäche und eine zunehmende Verminderung der

Leistungsfähigkeit. Die Wahrnehmung der Menschen änderte sich unter diesen Bedingungen. „Was früher schon als größte Not erschien, gilt heute noch als erträglich – auch in Schichten, in denen die Lage noch als auskömmlich bezeichnet zu werden pflegt, wird die Befriedigung auch bescheidenster kultureller Bedürfnisse mehr und mehr zur Unmöglichkeit – Anschaffung eines guten Buches, Besuch von Theatern und Konzerten, Geselligkeit, Erholungsreisen, gelten als unerschwinglicher Luxus, Körperpflege und Instandhaltung der Kleidung werden vernachlässigt –, Kampf um die Existenz tritt auch hier immer mehr in den Mittelpunkt allen Denkens und Handelns, nimmt alle Mittel und Kräfte in Anspruch“, fasste Oberbürgermeister Böß Anfang 1923 die Lage zusammen.

Manche Menschen wollten diesen Kampf mit all seinen Entbehrungen einfach nicht mehr führen und gaben auf. Allein in den drei Monaten zwischen September und Dezember 1922 begingen 502 Berlinerinnen und Berliner Selbstmord, und diese Zahl war zweifelsohne auf die steigende Verzweiflung und Angst vor der gänzlichen Verelendung zurückzuführen. Die Zahl der fehlgeschlagenen Selbstmordversuche oder der geretteten Menschen ist unbekannt, aber die Vermutung liegt nahe, dass sie deutlich höher war. Die Berliner versuchten, mit dem ihnen eigenen Sarkasmus mit dieser Situation umzugehen. Der Schauspieler Kurt Gerron, der ein paar Jahre später den Polizeichef Tiger Brown in Bertolt Brechts *Dreigroschenoper* spielen sollte, sang abends im Kabarett *Wilde Bühne*: „Es liegt eene Leiche im Landwehrkanal, lang se mal her, aber knautsch se nich so sehr.“ Die Leute lachten, aber tatsächlich blieb vielen sicher auch das Lachen im Halse stecken. „Es lagen viele Leichen im Landwehrkanal, fast jeden Tag. Junge und alte Menschen, Menschen die keinen Ausweg mehr aus der Not fanden, suchten in den schmutzigen kalten Wassern, die sich durch Berlin zogen, nach einer Erlösung“, erinnerte sich die Schauspielerin Trude Hesterberg, die damals die *Wilde Bühne* betrieb.

Hunger galt übrigens nicht als anerkannte Krankheitsform, weil er stets gemeinsam mit anderen Mangelerscheinungen und durch sie bedingten Krankheiten auftritt. Doch der Anblick von Hungerödemen wurde in den ärmeren Vierteln Berlins alltäglich. Für manche Menschen endete der Kampf gegen den Hunger mit einer Niederlage: Allein in den letzten drei Monaten des Jahres 1922 starben daran acht Personen, vier Männer und vier Frauen. Sieben der acht Verstorbenen waren älter als 50 Jahre, und alle waren seit längerer Zeit arbeitslos gewesen. Im folgenden Katastrophenjahr dürfte die Zahl gestiegen sein, und sicher spiegelt sie ohnehin die Realität nicht wider, denn wie viele Menschen tatsächlich in Folge von Hungererscheinungen verstarben, kann nur Spekulation bleiben. Bei vielen wurden andere Todesursachen angegeben.

Je stärker die Menschen infolge mangelnder Ernährung abnahmen, desto stärker stieg die Zahl derjenigen, die wegen Untergewichts eine Invalidenrente beantragten. Die Körper und Immunsysteme waren geschwächt. Erkältungskrankheiten griffen um sich, so starben 1922 an Grippe, Lungenentzündungen und anderen Erkrankungen der Atmungsorgane 7674 Menschen, das waren 2000 mehr als im Jahr zuvor. Immer wieder traten Grippeepidemien auf, und das, nachdem schon die Spanische Grippe in der Endphase des Krieges und unmittelbar nach dem Krieg auch in der Hauptstadt gewütet hatte. Auch die Tuberkuloseerkrankungen nahm zu, allein in den sechs Innenstadtbezirken stieg die Zahl der Todesfälle von 15,68 pro 10 000 Einwohner im Jahre 1913 auf 18,35 neun Jahre später. Zum Vergleich: In der Londoner Innenstadt gab es 12,4 Todesfälle pro 10 000 Einwohner.

Vor dem Hintergrund vermehrt auftretender Erkrankungen fiel erschwerend ins Gewicht, dass die öffentlichen und die privaten

Kunden stehen Schlange vor einem Buttergeschäft.

Gesundheitseinrichtungen stark unter dem dauerhaften Finanzmangel litten. Die 40 000 Krankenbetten der Stadt, davon 24 400 in städtischen Anstalten, waren durchschnittlich zu 90 Prozent belegt, zeitweilig waren sie auch überbelegt, sodass allein im Dezember 1922 und Januar 1923 insgesamt 706 Kranke abgewiesen werden mussten. Zum größten Teil betraf das Tuberkulosekranke, aber auch Kinder mit Masern oder Keuchhusten. In Irrenanstalten und Hospitälern mussten häufig alte Menschen ohne Einkommen abgewiesen werden. Die Krankenkassen sahen sich nicht mehr in der Lage, diese Menschen versorgen zu lassen. Dramatisch war auch die Lage in der Krankenstation des städtischen Waisenhauses, wo nicht selten drei kranke Kinder in einem Bett untergebracht wurden. Die Versorgung der Patienten mit Lebensmitteln musste in den städtischen Krankenhäusern drastisch heruntergefahren werden. So sank der durchschnittliche Fleischverbrauch von 2200 Gramm auf 700 Gramm pro Woche, der von Fett von 600 auf 420 und von Brot von 2800 auf 2100 Gramm. Ganz schlimm sah es mit der Versorgung mit Milch aus. Standen jedem Patienten vor dem Krieg wöchentlich sieben bis zehn Liter zur Verfügung, so waren es jetzt nur noch 0,75 Liter. War es früher strikt verboten, dass Angehörige den Patienten Lebensmittel mitbrachten, weil dadurch die Heilung unter Umständen gefährdet werden konnte, so wurde dies von den Krankenhausleitungen nun gerne gesehen, weil es sie entlastete.

Schlimm war, dass nicht mehr ausreichend Medikamente zur Verfügung standen.

Schlimm für viele Patienten war zudem, dass nicht mehr ausreichend Medikamente und Schmerzmittel wie Morphium zur Verfügung standen. Anfang Januar 1923 kostete ein Kilogramm Morphium bereits 600 000 Mark, und die Preise stiegen unaufhörlich weiter; da mussten die Krankenhäuser immer häufiger passen, weil die Pflegesätze bei Weitem nicht mithalten und den Preiszuwachs nur zu einem Drittel ausgleichen konnten. Zum Vergleich: 1913 hatte ein Kilogramm 290 Mark gekostet. Saubere Wäsche stand längst nicht mehr in ausreichendem Maß zur Verfügung, und gerade nach dem Krieg notwendige Ausbaumaßnahmen und Modernisierungen der Krankenhäuser mussten verschoben werden. Noch schlimmer sah es in vielen privaten Heilanstalten aus, die den Betrieb nur noch unter größten Mühen von einem auf den anderen Tag aufrechterhalten konnten. Dass sie nicht schließen mussten, war dem großen Einsatz des Pflegepersonals zu verdanken, das oft unter den größten Entbehrungen viele Stunden am Tag arbeitete.

DAS ELEND DER KINDER

1920 schlug Harry Graf Kessler Alarm. Der Diplomat und Bohemien, der aufgrund seiner Schilderungen in seinen Tagebüchern heute auch als „Flaneur der Weimarer Republik" bekannt ist, schloss nicht die Augen vor dem Elend, das gar nicht zu übersehen war: dem Elend der Berliner Kinder. Die Situation, die schon während des Krieges schlimm gewesen war, erreichte mit der zunehmenden Inflation katastrophale Zustände, die jeder Beschreibung spotten. In einem Artikel für die Zeitschrift *Deutsche Nation* schrieb Kessler: „Hunderttausende von Deutschen, Millionen von deutschen Kindern leben heute in diesem Elend. Langsam ist es emporgekrochen: vom Lumpenproletariat zu den Arbeitslosen, von den Arbeitslosen zu den kleinen Handwerkern und Rentenempfängern, von diesen bis zu den auf mittleren Lohnstufen stehenden Arbeitern und Angestellten." Betroffen waren nicht nur Kinder von Arbeitslosen, das Elend ging längst weit über diese Gruppe hinaus. Der Direktor des Statistischen Amts in Berlin-Schöneberg rechnete aus, dass das Existenzminimum einer Groß-Berliner Familie mit zwei Kindern 1920 19 000 Mark betrug – und dass weniger als zehn Prozent der Groß-Berliner Familien über dieses Einkommen verfügten. Kesslers Artikel waren Bilder von Kindern beigefügt, die in ihrem herzzerreißenden Elend gezeigt wurden. Die Bilder, so betonte Kessler, zeigten keine Ausnahmefälle, sondern die Situation, in der die restlichen 90 Prozent lebten. „Sie sind der sichtbare und schreckliche Kommentar zu den statistischen Berechnungen."

Kessler übertrieb nicht, und die Situation wurde nach einer leichten Verbesserung ab der zweiten Hälfte des Jahres 1922 noch einmal schlimmer. Anfang 1923 litten in Berlin 40 000 Säuglinge, 190 000 Kleinkinder bis sechs Jahre und 500 000 Schulkinder wegen der zunehmenden Teuerung unter Unterernährung, Rachitis, schlaffen Muskeln, schwachen Knochen, Blutarmut, Tuberkulose, Skrofulose, Drüsenerkrankungen, einem allgemeinen Stillstand ihrer Entwicklung und als Folge unzureichender Bekleidung an Erkrankungen der Atemwegsorgane, Störungen des Magen-Darmtrakts und Magengeschwüren sowie Wurmkrankheiten. Die Entwicklung der Säuglinge war oft gestört, weil sie anstatt Milch billige oder sogar schädliche Ersatzprodukte zu trinken bekamen. Viele Kinder blieben

Kinder werben 1920 in der Klosterstraße für eine Kundgebung der Deutschen Kinderhilfe. Die Illustration auf den Transparenten stammt von Käthe Kollwitz.

weit hinter dem normalen Entwicklungsstand zurück. Zu Kesslers Artikel wurden Fotos von Kindern abgebildet, die sieben oder acht Jahre alt waren, aber wie Dreijährige aussahen. Ärztliche Hilfe für sie wurde von den Eltern immer seltener in Anspruch genommen, weil einfach das Geld dafür nicht vorhanden war. Das gleiche galt für Heil- und Stärkungsmittel.

Der schlimme körperliche Zustand vieler Kinder zeigte sich in den Ergebnissen der schulärztlichen Untersuchungen. So ergaben diese Untersuchungen beispielsweise im Oktober 1921 in Pankow, dass der körperliche Zustand von 23 Prozent der Kinder die Einleitung von Hilfsmaßnahmen dringend notwendig machte. In Schöneberg mussten 1922 zehn Prozent der Schulanfänger wegen ihres schlechten Gesundheitszustandes vom Unterricht zurückgestellt werden – im Vorkriegsjahr 1913 waren es 2,1 Prozent gewesen. Mit „gut" wurde 1913 die Konstitution von 45,1 Prozent der Schulanfänger bezeichnet; 1922 waren es nur noch 15,8 Prozent. Im Bezirk Neukölln litten im selben Jahr 3,2 Prozent der Schulanfänger an Tuberkulose. In Lichtenberg ergab 1921 die Untersuchung bei 29 Prozent der Volksschülerinnen und Volksschüler eine Unterernährung. Ähnliche Zahlen entfielen auf Krankheiten wie Rachitis und Hautkrankheiten. 1922 verschlechterte sich die Situation im Vergleich zum Vorjahr weiter deutlich. In Prenzlauer Berg waren im Herbst 1922 von 450 untersuchten Schulkinder zwischen zwei und sechs Jahren 90 Prozent unterernährt, es gab in ganz Berlin 15 000 an Tuberkulose erkrankte Schulkinder; 1913 waren es 33 gewesen. Die Sterblichkeitsrate bei Tuberkulose stieg bei den unter 14-Jährigen von 0,41 von 1000 Kindern im Jahre 1913 auf 1,06 im Jahre 1922.

Besonders auffällig aber war der schlechte Zustand der Jugendlichen, die aus der Schule entlassen wurden. In Pankow galten 22 Prozent der Jungen und 25 Prozent der Mädchen als ihrem Alter entsprechend zu klein und untergewichtig. Rund ein Drittel der Schulentlassenen beiderlei Geschlechts war aufgrund des schlechten körperlichen Zustands nicht in der Lage, eine Arbeit oder Lehre aufzunehmen. In Schöneberg litten 15 Prozent der 14-jährigen Jugendlichen bei der Schulentlassung an Tuberkulose. Trotzdem mussten die Ferienverschickungen aufs Land, die als wichtiger Beitrag zur Erholung der Stadtkinder galten und daher von der Stadt finanziert wurden, weitgehend eingestellt werden. Viele Kinder litten zudem an einer verminderten seelisch-geistigen Leistungsfähigkeit, an Schwindelanfällen, Kopfschmerzen, erhöhter Unrast, Unruhe, Konzentrationsunfähigkeit, mangelnder Merkfähigkeit. Der moralische Verfall war ebenfalls unübersehbar: Für viele Kinder gehörte Lügen zum Alltag, geschlechtliche Verfehlungen ebenso – wir kommen darauf zurück.

Ein Indiz für die schlechten Lebensverhältnisse, aus denen viele Kinder stammten, war auch die rasant ansteigende Zahl der Schulspeisungen. Trotzdem musste Oberbürgermeister Böß Anfang 1923 zugeben: „Gegenüber der Größe der Not sind alle Mittel unzulänglich – kaum die Hälfte der bedürftigen Kinder zu Schulspeisungen zugelassen, da keine Mittel – aus dem gleichen Grunde Zuschüsse zur Verbilligung der Milch nur bis zum 3. Lebensjahre gewährt, während Bedürfnis mindestens bis zum sechsten Lebensjahr ärztlich anerkannt – so in einem Bezirk von 1700 bedürftigen Säuglingen nur 800 durch verbilligte Milch und Lebensmittel unterstützt, die übrigen unberücksichtigt geblieben." Viele kleine Kinder bekamen somit nie Milch zu trinken, die etwas älteren mussten ohne Frühstück zur Schule gehen. Aber auch sonst war die Lage dramatisch, so mussten viele Kinder ohne warme Bekleidung zur Schule oder konnten aufgrund Mangels an Kleidung überhaupt nicht zur Schule kommen. Über Unterwäsche verfügten die meisten nicht. Dass unter diesen Zuständen, die sie ihren Kindern zumuten mussten, auch die Eltern, vor allem die Mütter, bis hin zu schweren Psychosen litten, ist leicht nahvollziehbar. Gleichwohl kam es auch gar nicht selten vor, dass Eltern in ihrer Not ihre Kinder losschickten, um Mülleimer nach Essbarem zu durchsuchen oder sie zum Betteln oder gar Stehlen anhielten. Selbst an den weit verbreiteten Geldspekulationen (wir kommen noch dazu) beteiligten sich Kinder und Jugendliche.

Harry Graf Kessler versuchte, mit seinem Artikel in der *Deutschen Nation* Aufsehen zu erregen und Abhilfe zu schaffen. Er beschrieb ganz verschiedene Aspekte des Leids und des Elends, unter denen die Kinder aufwachsen mussten, und beklagte, dass dieses Leid viele Berliner offenbar kalt ließ: „Es ist unbegreiflich, ja in tiefstem Grade beschämend, daß diese Volkskatastrophe, die ungeheure Kindertragödie, die sich in unserer Mitte abspielt, anscheinend kein Aufsehen bei uns erregt!" Er wandte sich an die Politik: „Eine Heilung, eine Wiedergutmachung, soweit eine solche überhaupt möglich ist, ist allerdings nur denkbar auf einer ganz breiten und vor allen Dingen auch internationalen wirtschaftlichen Grundlage. Sie setzt voraus und fordert gebieterisch den nationalen und internationalen Wiederaufbau, von dem so viel die Rede und bisher so wenig zu sehen ist. Wenn nichts anderes die Gewissen aufrütteln, die Menschen vorwärtstreiben kann, daß sie endlich Ernst machen, so sollten es die toten Kinderaugen der deutschen Großstädte tun. Wir müssen wieder mit unserer Arbeit, mit unsrer Produktivität Nahrungsmittel, Kleidung und anständige Wohnungen bezahlen können, bezahlen dürfen. Und dazu brauchen wir den Wiederaufbau der Weltwirtschaft, die Wiedereinbeziehung Deutschlands in ihren Kreislauf, die friedliche Sprengung der Fesseln, die unserm Schaffen und Austausch auferlegt worden sind."

Nicht selten schickten Eltern ihre Kinder los, um Mülleimer nach Essbarem zu durchsuchen.

Am Ende rief Kessler diejenigen, die noch dazu fähig waren, zur Hilfe auf, und zwar sofort, denn sofortige Hilfe sei dringend notwendig. Sein Appell richtete sich sogar an die Schieber und Raffkes, an die Spekulanten und an alle, die von der Inflation profitierten: „Aber bis wir das erreichen, ist sofort etwas anderes nötig. Es müssen Mittel und Wege gefunden werden, um wenigstens die Kinder zu retten. Im nationalen Rahmen ist bei der Verarmung Deutschlands, bei dem allgemeinen Mangel an Kleidung und Nahrungsmitteln die Sache gewiß schwer, aber nicht unmöglich. Wenn von den ungeheuren Umsätzen, die in den Schieberbars und Tanzpalästen des Westens stattfinden, nur ein kleiner Prozentsatz freiwillig oder durch eine besondere Besteuerung der Rettung der Kinder zugeführt würde, so würden schon Summen herauskommen, von denen sich wenigstens etwas der Quäkerspeisung hinzufügen ließe, etwas auch für die Bekleidung und die Reinlichkeit der verkommenden Bevölkerung Ost- und Nord-Berlins. Es würde zu einem Skandal, wenn die deutsche Wohltätigkeit nichts für Rettung der eigenen Volksgenossen täte. Es gibt in Berlin große Namen und große Firmen, die sich an die Spitze einer sofortigen Aktion stellen können, um noch vor dem Winter zu retten, was von den verelendeten Berliner Kindern zu retten ist. An diese wenden sich die hier abgedruckten Bilder mit ihrer stummen Sprache und dem grenzenlosen menschlichen Entsetzen, das aus ihnen schreit. Mögen diejenigen, die es können, schnell und in großem Stil das Nötige unternehmen." Das war ein frommer Wunsch in einer Zeit, in der fast jeder nur an sich dachte.

ALFRED DÖBLIN GEHT SPAZIEREN

Dass sich die zunehmend dramatische soziale Lage vor allem in den Arbeitervierteln rund um den Alexanderplatz sowie im Norden und Nordosten Berlins auch immer stärker im Straßenbild zeigte, kann gar nicht verwundern. Alfred Döblin, der an der Frankfurter Allee (auf der Höhe des heutigen Hauses Karl-Marx-Allee 129/130) lebte und als Kassenarzt eine Praxis unterhielt, war ein aufmerksamer Beobachter seiner Zeit und seiner Umwelt. Neben der Medizin war seine Leidenschaft das Schreiben, und so hatte der spätere Autor von *Berlin Alexanderplatz* bereits seine ersten Romane herausgebracht. Im Spätsommer 1923 spazierte er durch sein Viertel östlich des Alexanderplatzes und veröffentlichte im September im *Berliner Tageblatt* eine Reportage, in der er das Gesehene und seine Eindrücke lebendig beschrieb. Im Osten war die Armut allenthalben zu sehen. In der Frankfurter Allee hatte der Bezirk den grünen Rasenstreifen eingehen lassen, wahrscheinlich, weil kein Geld für die Pflege vorhanden war. Der breite Boulevard und erst recht die Seitenstraßen machten einen finsteren und verkommenen Eindruck auf den Spaziergänger, obwohl die Sonne heiter vom blauen Himmel schien. Die Kaufhäuser boten viel Plunder an, die Hauswände waren vollgeklebt mit politischen Plakaten in grellen Farben. „Die Beklebung der Häuser ist ein Barometer für die politische Erregung; man sieht hier einigermaßen Farben", schrieb Döblin. Die zahlreichen Kneipen in der Gegend waren leer. Die Leute hatten einfach kein Geld mehr für Bier. Döblin: „Ein Wirt sagt mir, was ich schon weiß: die hohen Preise, und eine Brauerei hätte schon einen Teil ihrer Pferde verkauft und stellte sich auf Lebensmittel um." Als Arzt bedauerte Döblin diese Folge der Inflationskrise nicht, denn Brot sei doch besser als Bier. Der Alkoholkonsum sank allerdings nicht, wie Statistiken zeigen. Man trank jetzt nur vermehrt zu Hause, weil das billiger war.

Am Strausberger Platz stritten sich ein älterer Arbeiter und ein jüngerer Mann, Der Ältere sagte: „Ihr schützt die Juden", worauf der aufgeregte Jüngere heftig widersprach: „Nein, wir stellen uns nicht vor die Juden. Aber wir wissen, daß der Kapitalismus in der Klasse und nicht in der Rasse steckt." Es sei die erste Straßendebatte unter Arbeitern gewesen, die er über Antisemitismus gehört habe, schrieb Döblin. Aber der erregte Streit war ein Zeichen dafür, dass es rumorte und dass immer mehr Menschen aus den ärmeren Vierteln, die von der Krise schwer getroffen waren, nach Schuldigen suchten und sie in den Juden zu finden glaubten. Gut zwei Monate später, am 5. November, kam es im Scheunenviertel, das von vielen sogenannten Ostjuden bewohnt wurde, zu antisemitischen Krawallen von Arbeitslosen und Arbeitern. Bei den Ausschreitungen wurden zahlreiche Geschäfte kleiner Händler geplündert.

Doch das konnte Alfred Döblin noch nicht wissen, als er durch sein Viertel schlenderte. Er amüsierte sich beim Weitergehen über einen Zeitungshändler, der ein Schild mit der Aufschrift „Zeitung einsehen 50 Prozent des Kaufpreises" aufgehängt hatte. Nachdem er in die Weberstraße eingebogen war, fielen ihm vor allem die verwahrlosten Häuser auf, von deren Wänden der Mörtel abbröckelte. In der Straße herrschte ein geschäftiges Treiben: „Der linke Straßendamm ist weit hinauf mit Wagen kleiner Händler besetzt; eine Masse ärmlicher Frauen bewegt sich mit Kindern und Handgepäck davor; es gibt Blumenkohl, Fettheringe, Käse in Kästen, Fische auf Eis, prima Dauerbollen." Und noch vieles mehr gab es für diejenigen, die es sich noch leisten konnten, und Döblin gewann den Eindruck: „Alles handelt und kauft noch etwas anderes." Döblin überquerte die Landsberger Straße und schritt erst durch die Weber- dann durch die Gollnowstraße, die ihm „noch finsterer und teilweise bröckeliger" vorkam. Nun näherte er sich dem Scheunenviertel. „Galizische Typen treten auf; jenseits der Neuen Königsstraße [die heutige Otto-Braun-Straße; AF], in der Linienstraße werden es mehr. Es gibt Häuser von abenteuerlichem Schmutz und phantastischer Gebrechlichkeit. Trotzdem verheißt ein Barbier in einem ganz unglaublich kümmerlichen Haus: ‚Kein Warten! Gute, saubere Bedienung.' Weißbärtige elende Männer im zerrissenen Kaftan gehen vorbei. Lebensmittelverkauf in Hausfluren. Vor Möbelgeschäften, Altkleiderhandlungen stehen die Besitzer und blicken unter die Passanten."

Weiter zum Bülowplatz [dem heutigen Rosa-Luxemburg-Platz, A.F.] mit der Volksbühne. Umringt war er von wüsten Lagerplätzen für Alteisen, Schienen, und es herrschte ein sehr lebhafter Warenverkehr mit einem dichten Gewimmel von Menschen. Und immer wieder „Gelegenheitskäufe“, Tuchläden, Uhrmachergeschäfte, Stiefel. Auch in der Grenadierstraße herrschte ein Dauerauflauf. „Der Damm

Ein jüdischer Kellerladen in der Grenadierstraße, um 1920

ist von Menschen besetzt; sie kommen und gehen aus den winkligen, uralten Häusern. Das ist ein ganz östliches Quartier, das gutturale Jiddisch dominiert. Die nicht zahlreichen Läden tragen hebräische Namen; ich treffe Vornamen: Schaja, Uscher, Chanaine", und allenthalben gab es jüdische Fleischereien, Handwerkerstuben, Buchläden. „Das bewegt sich in unaufhörlicher Unruhe, blickt aus den Fenstern, ruft, bildet Gruppen und tuschelt in finsteren Hausfluren. An einer Ecke steht alles um einen gut berlinischen Ausrufer, einen Eulenspiegel; eine weiße Maus läuft ihm über die Mütze, er zeigt Kunststücke mit falschen Millionenscheinen, um dann Seife zu verkaufen." Schließlich nahm Döblin, auf dem Alexanderplatz angekommen, zwischen zahlreichen „sehr billigen Damen", unter den hastenden Leuten suchend, sonderbare, sich langsam bewegende Menschen wahr, die sich nach seinem Eindruck kannten und Kleiderkoffer trugen. „Ein Hinundherlungern. Viele unbeschäftigte junge Burschen mit kessen Mützen." Schließlich blickte er auf das Berliner Polizeipräsidium zwischen der Alexanderstraße und dem Stadtbahnbogen, das sich wie eine Zwingburg am Alexanderplatz erhob, damals mit seiner 196 Meter langen Front zur Straße und 92 Meter langen Front zum Alexanderplatz eines der größten Gebäude Berlins.

Es waren schäbige Eindrücke, die Alfred Döblin an diesem sommerlichen Tag sammelte und die er auch zu anderen Zeiten hätte sammeln können. Aber 1923 war alles besonders schäbig, ärmlich, umtriebig, düster und verdächtig. Auch die *Vossische Zeitung* widmete sich dem Treiben an diesem Ort: „Am Alexanderplatz ist Großbetrieb. Über dem ganzen Platz hin, ein Stand am anderen. Warme Würstchen kochen in großen Kesseln, auf mächtigen Eisenherden werden Kastanien geröstet", berichtete der Reporter. Und weiter: „Dicht umlagert hält ein Mann spiritistisches Tischrücken ab. Ein Mädchen wird an den Tisch gesetzt. Zuschauer legen die Hände rings auf die Platte. Der Verkäufer fleht in rührenden Tönen Mohammed an. Der Schweiß läuft ihm über das Gesicht. Da hebt sich plötzlich der Tisch samt dem Kind in die Luft und wandert auf dem Platz herum. Die Gebrauchsanweisung wird rasend gekauft. Ich lese den ersten Satz. ‚Der Vorführer und sein Helfer befestigen sich unter dem Handgelenk einen Haken oder Löffel, den sie unter die Tischplatte schieben – –." Etwas später heißt es in dem Artikel: „Nach der Schönhauser

1923 war alles besonders schäbig, ärmlich, umtriebig, düster und verdächtig.

Straße zu nimmt das lustige Treiben unheimliche Formen an. Dichte Mengen zweideutiger Elemente versperren die Straße. Es wird nicht geschrien, es wird geraunt und geflüstert. Plötzlich ein Galgenvogelgesicht an meiner Seite, reißt sich den Mantel auf, dessen Inneres mit Stiefeln behangen ist. ‚Wollen Sie Damenlackschuhe, ganz neue, Paar 125 Mark? Nicht?' Er klappt den Kragen hoch und verschwindet – scheu im Gedränge."

Noch intensiver war das Treiben gleich um die Ecke in der Neuen Schönhauser Straße. War diese Straße schon immer berüchtigt gewesen, so tummelten sich hier jetzt von morgens früh bis abends spät Hunderte Verkäufer auf der Straße und in den Hauseingängen, die einen zweifelhaften Eindruck machten. Was hier feilgeboten wurde war zum großen Teil Diebesgut: Brillanten, Gold- und Silbersachen, ausländische Geldscheine, Kunstwerke, Kleider, Stiefel, Wäsche, Werkzeuge, Taschenmesser, Zigaretten, falsche Pässe und Legitimationspapiere, wie ein Chronist berichtete. „Reingoldene Damenuhr! Gelegenheitskauf! Nur für den Goldwert. Werk umsonst. Bloß, weil ich kein Geld hab", sprach dann ein potenzieller Verkäufer den Passanten an. Und ein anderer fragte: „Ausweispapiere? Wollen Sie über die Grenze? Welches Land?" So schilderte der Journalist Hans Ostwald das Treiben. Hehlerware und Diebesgut wurden ganz offen angeboten, nicht selten direkt nach dem Diebstahl, sodass die Bestohlenen ihr Eigentum auf dem Tisch eines Verkäufers oder dem Boden liegend wiederentdeckten. Während der Inflationsjahre hatte sich ein wilder Handel in der Straße entwickelt, an dem täglich bis zu 4000 Menschen beteiligt waren – ein Drittel als Verkäufer, zwei Drittel als Käufer. Polizei? War meistens Fehlanzeige, obwohl das gefürchtete Polizeipräsidium doch gleich um die Ecke war. Hin und wieder wurde das Viertel abgeriegelt und einige Händler zum Präsidium gebracht. Nachdem ihre Namen und Adressen aufgenommen wurden, zogen sie von dannen und nahmen ihre Geschäfte wieder auf, als sei nichts geschehen.

Einen verwahrlosten Eindruck machte Berlin aber nicht nur rund um den Alexanderplatz und in anderen ärmeren Vierteln, die in ausländischen Zeitungen als Ghettos bezeichnet wurden. Viele Berliner Straßen waren von Schlaglöchern übersät oder aufgerissen. Im Krieg war nichts repariert worden, und jetzt war kein Geld da. Immerhin: Den Häusern sah man ihren erbärmlichen Zustand oft nicht an, weil sie über und über mit Plakaten bedeckt waren. Ein trauriges Bild gaben aber selbst die Friedrichstraße und einige ihrer Seitenstraßen ab, denn hier standen schon seit der Vorkriegszeit die inzwischen verwitterten Bauzäune und das Baugerümpel der im Bau befindlichen Nord-Süd-Bahn herum. „Schmutz, Schmutz, Schmutz! In den Straßen, die von einer langen Kette kleiner, schmutzig grauer Schneegebirge umsäumt wurden und deren ehemals spiegelndes Parkett nun einer Dorfstraße ähnelte; Schmutz auch auf den Plätzen Berlins“, klagte im Januar 1920 ein Beobachter. Auf dem Asphalt der Friedrichstraße, einst die verkehrsreichste Straße der Stadt, waren Bohlen verlegt, auf denen sich bei Regen Pfützen bildeten. Am Straßenrand stand eine nicht enden wollende Reihe von ärmlichen Bretterbuden, in denen fliegende Händler ihre Waren anboten: junge Hunde, Postkarten, Schlipsnadeln, Backwaren, Hosenträger, Strümpfe, Würste und vieles mehr.

Auch eine kurze Beschreibung des Anwalts Erich Frey aus dem Juni desselben Jahres zeigt den erbärmlichen Zustand der Friedrichstraße zu dieser Zeit. Frey hatte am späten Nachmittag eine Verabredung im Café National an der Ecke Friedrich- und Jägerstraße. Auf dem Weg von seinem Büro am Potsdamer Platz bummelte er über die Linden und bog dann in die Friedrichstraße ein. Dem Spaziergänger bot sich ein klägliches Bild. Der aufgerissene Asphalt war mit Bohlen belegt, im Mittelstreifen standen schäbige Bretterbuden und

Bauzäune und Gerüste für den Bau der Nord-Süd-Bahn an der Friedrichstraße

fliegende Händler. „Allen Dreck gab es hier zu kaufen: Schlipsnadeln, Postkarten, Hosenträger, Bonbons, Talmi-Ringe, madige Schokolade und schlechte Seife." Ein Händler bot lauthals den „besten Schnaps der Welt für nur 9 Mark" an. Er hatte neben sich einen scheinbar oder wirklich Betrunkenen sitzen, der mit stierem Blick unentwegt vom Stuhl kippte. „Sehn Se meine Herrschaften – so wirkt mein Schnaps ... jarantiert 75 Prozent Alkohol", rief der Verkäufer. Neben ihm standen Porzellanhändler, Würstchenbuden, Kartenkünstler. „Überall Geraune und Geflüster: Seidene Strümpfe, Zigaretten ... Dollars ... Ausweispapiere für jede Grenze, jedes Land ..."

Nicht ganz so erbärmlich war der Anblick wie im Scheunenviertel oder östlich des Alexanderplatzes, aber wer die illustre Friedrichstraße nur aus der Vorkriegszeit kannte, hätte sie kaum wiedererkannt. „Der deutsche Großstädter, abgeschnitten von der Welt, kehrte bescheiden zu den Vogelwiesen-Genüssen seiner Voreltern zurück", schrieb Ostwald – wohl ein Hieb auf das Berlin, das binnen weniger Jahrzehnte viel zu schnell gewachsen und zur Weltstadt geworden war. Viele dieser „Asphaltunternehmer" hatten sich aus alten Uniformen eine Art Arbeitskleidung zusammengeflickt. Selbst nachdem die Geschäfte geschlossen hatten, versuchten viele fliegende Händler, ihre Waren noch an den Mann oder die Frau zu bringen. „Können Sie Wäsche gebrauchen? Schokolade oder Seife?" Wenn der oder die Angesprochene verneinte, folgte oft ein letzter, verzweifelter Versuch: „Aber Uhren? Goldene und silberne!" Die Not trieb diese Menschen hinaus auf die Friedrichstraße, um ihre letzten Habseligkeiten zu verkaufen, denn viele konnten längst nicht mehr von ihrem Gehalt als Arzt, Schauspieler oder Angestellter leben. Ganz zu schweigen von denen, die auf ihre Rente oder die Arbeitslosenunterstützung angewiesen waren.

„DIE ZERMORSCHUNG DES NIEDRIGEN VOLKES" – STREIKS, PLÜNDERUNGEN UND HUNGERKRAWALLE

Dass sich der Unmut der Berlinerinnen und Berliner auch auf der Straße und in Plünderungen Ausdruck verlieh, kann kaum überraschen. Zumal in einer Zeit, die durch die Erfahrungen der Menschen während des Krieges ohnehin verrohter war als in normalen Zeiten. Es waren oft die Frauen, die versuchten, sich Lebensmittel einfach zu nehmen, wenn sie auf legalem Weg nicht genug bekamen, um ihre Familien ernähren zu können. Sie waren es ja auch, die Schlange stehen mussten, nicht selten, nachdem sie selbst schon einen harten

Arbeitstag hinter sich hatten. An das Bild sogenannter Hungerkrawalle hatten sich die Berliner schon seit dem ersten Kriegsjahr gewöhnt, wobei das Wort für viele kleinere Ereignisse doch etwas hochgegriffen scheint. Zunächst hatten 1914/15 Probleme bei der staatlichen Verteilung von Kartoffeln und Brot, den Hauptnahrungsmitteln im Krieg, für Proteste empörter Hausfrauen gesorgt. So stürmten erzürnte Frauen beispielsweise Mitte Februar 1915 einige Stände von Händlern in der Markthalle in der Andreasstraße, denen vorgeworfen wurde, sie würden Waren horten, um sie an gutsituierte Käufer teurer abgeben zu können. Ebenfalls stand immer wieder der Vorwurf von Wucherpreisen im Raum. Schon im September 1915 waren die Lebensmittelpreise um 100 Prozent im Vergleich zum Kriegsbeginn gestiegen, da konnten solche Vorwürfe nicht ausbleiben. Als vor allem Fleisch, Fette und Butter immer mehr zur Mangelware wurden, kam es im Oktober 1915 zu den sogenannten Butterkrawallen, an denen Tausende Hausfrauen und Jugendliche teilnahmen. Oft war es so, dass diese Waren noch zu haben waren, aber die Preise von den Händlern so hoch angesetzt wurden, dass sie sich die normalen Menschen nicht mehr leisten konnten. Um den sozialen Frieden wieder herzustellen setzte die Regierung eine Absenkung der Preise durch. Doch als sich im Frühjahr 1916 die Lage wieder verschärfte, kam es in der Wilmersdorfer Straße zu Krawallen, wiederum von Hausfrauen angezettelt, die nicht mehr wussten, wie sie ihre Kinder ernähren sollten. Zu einem regelrechten Massenauflauf kam es, als kurz darauf die Behörden beschlossen, eine Marge von Schmalz aus Regierungsbeständen frei zu verkaufen. Sie wählten als Verkaufsstellen die drei Wertheim-Warenhäuser in der Rosenthaler Straße, am Moritzplatz und in der Königsstraße aus. Binnen weniger Stunden strömten insgesamt 80 000 Menschen zu den Verkaufsstellen, die Stimmung war sehr gereizt.

Ein halbes Jahr später begannen die Monate, die in die Berliner Geschichte als „Kohlrübenwinter“ eingingen. Die Versorgungslage war dramatisch. Trotz des Versuchs, Lebensmittel durch Ersatzprodukte zu substituieren, breitete sich der Hunger massiv in der Hauptstadt aus. Kartoffeln waren aufgrund einer Missernte kaum mehr zu haben, viele Menschen ernährten sich nur noch von Kohlrüben, da sie sich nur noch dieses Gemüse leisten konnten. Um sich die Not und Verzweiflung der Menschen kurz vor Augen zu halten, genügt eine Erinnerung der dänischen Schauspielerin Asta Nielsen: „Eines Tages sah ich ein klapperdürres Pferd auf der Straße tot umstürzen. Im Nu, als hätte man drauf gelauert, stürmten die Frauen, mit langen Küchenmessern bewaffnet, aus den umliegenden Häusern auf den Kadaver. Man schrie und schlug sich um die besten Stücke, das dampfende Blut spritzte über Gesicht und Kleidung. Andere ausgehungerte Gestalten kamen vorüber und fingen in Näpfen und Tassen das warme Blut auf, von dem das Pflaster rot gefärbt war. Erst als das Pferd wie ein Skelett in der Wüste abgenagt dalag, zerstreute sich die Menge rasch, die eroberten Fleischklumpen ängstlich an die platten Brüste gepresst." Zu dieser Zeit kam es regelmäßig zu Plünderungen von Geschäften und Marktständen, wenn auch nicht im großen Stil; es handelte sich dabei meistens um kleine lokale Ereignisse.

Die Massenstreiks am 28. Januar 1918, an denen 400 000 Arbeiter teilnahmen, hatten dagegen eher politischen Charakter, obwohl es auch die soziale und die Versorgungslage waren, die die Demonstranten auf die Straße trieben. Kurz vor der deutschen Kapitulation gab der Berliner Polizeipräsident in einem Bericht an Kaiser Wilhelm II. vom 29. Oktober 1918 ein ungeschminktes Bild der Lage, wenn er schrieb: „Die Not ist tatsächlich vorhanden. Mit den zugemessenen Mengen kann hier niemand auf Dauer auskommen, zumal abwechselnd die Brot-, Fett-, die Kartoffel- und die Fleischmenge herabgesetzt wurde. Nur Gemüse war ... reichlich vorhanden; Wild und Geflügel ist in Berlin fast gar nicht zu haben; Fische und Räucherwaren reichen bei weitem nicht aus, und das Obst ist trotz der guten Ernte eine hochbezahlte Seltenheit."

Die etwas ausführlichere Beschreibung der Vorgeschichte zeigt, dass Berlin wie alle deutschen Großstädte bereits eine lange Leidenszeit hinter sich hatte, als es in die „neue Zeit" nach der Revolution und dem Sturz des Kaisers ging. Man hatte sich eine deutliche und rasche Besserung der Lage erhofft, wenn erst einmal wieder Frieden herrschte. Doch nun mussten viele Menschen erleben, dass sich ihre Lebensumstände keineswegs verbesserten, sondern teils sogar verschlechterten. Die Folge war eine chronische Erschöpfung, eine zunehmende Resignation, die sich auf Seele, Geist und Körper der Menschen auswirkte. Man hatte in einer dunklen Zeit gelebt, der Frieden und die neue Demokratie schienen dieses Dunkel nicht beenden zu können, und Licht war nirgends zu erkennen. In den Geschichtsbüchern ist stets von all den politischen Umwälzungen und Ereignissen die Rede, die die Menschen in den Monaten nach dem Krieg aufpeitschten. So auch in diesem Buch,

Berlin hatte bei Kriegsende bereits eine lange Leidenszeit hinter sich.

und das ist auch wichtig. Aber es sind die eigenen persönlichen Erfahrungen, das eigene Erleben, die die Menschen maßgeblich und nachhaltig beeinflussen, nicht in erster Linie die „große“ Politik. Und so waren vor allem die, die am unteren Ende der sozialen Schichtung standen, der abgestürzte kleine Mittelstand, die Arbeiter, die Arbeitslosen und all diejenigen, die unfähig waren, für sich selbst zu sorgen, sowie viele heimgekehrte Soldaten, die das Erlebte im Krieg bis in ihre Träume verfolgte, schon längst am Ende ihrer Kräfte, als sie diese besonders nötig gebraucht hätten.

Alfred Döblin, der als Arzt in Lichtenberg viele dieser Menschen erlebte, beschrieb 1921 den „Bodensatz“, das „kranke Volk“ von Berlin so: „Die Männer und Frauen, zahllose jeden Alters, die verwahrlost, unterernährt, seelisch zermürbt sind ... Die Stumpfheit ist ihr Segen. Das sind keine Rebellen, Politik ist ihnen fremd, sie lehnen sie ab, bitter und oft nicht einmal bitter ... Die ganze schwere Woge der Unlust dieser Zeit ist, durch nichts abgefangen, über das niedrige Volk gestürzt. ... Die Passivität, die Schwäche ist da; die Spannung ist aus den Menschen genommen, die Triebkraft des inneren Quells ist gering geworden. Das hat der lange Krieg gemacht, die Zermürbung, die man erfuhr, unter den ungewohnten schwierigen, gefahrvollen Verhältnissen an der Front und in der Heimat, Entbehrungen, Sinken des Lebensstandards, Aufpeitschen der Empfindungen ohne Entspannung, Zukunftslosigkeit. ... Resignation frißt an zahllosen Menschen. Die Zermorschung des niedrigen Volkes, die sich als Nervenschwäche verkleidet, ist auf Schritt und Tritt zu beobachten. Auffälliges frühes Altern ... Ergrauen, Schwächegefühl, körperliche, wechselnde Beschwerden, kein Gesichtsansatz, zwischen Apathie, Verstimmung und Erregtheit die Neigung zu Exzessen in Alkohol und Vergnügungen.“

Die Menschen waren so erschöpft, dass sie zunächst ruhig blieben. Ab 1920 mussten die radikalen Arbeiterparteien KPD und KAPD erkennen, dass es ihnen nicht mehr gelang, die Arbeiter zu politischen Aktionen zu bewegen. Es gab zwar immer wieder Streiks in Berlin. So klagte das *Berliner Tageblatt* schon am 22. Januar 1919: „Berlin kommt aus dem Streikfieber und dem Wirrwarr gar nicht heraus. Erst die Spartakus-Tumultwoche und die Stillegung des Stadtbahnverkehrs, dann der zweitägige Streik der Straßenbahner. Kaum waren deren Forderungen bewilligt, da streikten die Leute von der Hochbahn. Und kaum ist der unterirdische Verkehr wieder in flottem Gange, da kriselt es wieder oberirdisch. Seit gestern nachmittag gegen 2 ½ Uhr streiken ganz überraschend die Arbeiter der Berliner städtischen Elektrizitätswerke. Die Folge dieser Stillegung eines der wichtigsten

öffentlichen Betriebe war die teilweise Unterbindung des Verkehrs. Die Straßenbahnen hörten auf zu fahren, in Geschäften und ganzen Stadtvierteln verlöschte das Licht ..." Die Leipziger und die Friedrichstraße waren ebenso wie der Knotenpunkt Potsdamer Platz am Abend in völliges Dunkel gehüllt, am Dönhoffplatz und am Gendarmenmarkt standen verlassene Straßenbahnwagen herum. Weil die Menschen, die trotzdem die öffentlichen Verkehrsmittel nutzen mussten, die Untergrundbahn, die noch fuhr, stürmten und die Zustände chaotisch wurden, räumten Militärwachen um 22 Uhr schließlich den Potsdamer Platz. Insgesamt gab es allein im Jahr 1919 in Berlin 117 Streiks mit wirtschaftlichen Zielen der Streikenden, betroffen waren mehr als 6000 Betriebe. Zwei Jahre später waren es 151 Streiks in 33 verschiedenen Gewerbezweigen. So streikten beispielsweise angesichts der galoppierenden Inflation in der ersten Oktoberhälfte fast zwei Wochen lang 15 000 Angestellte des Zeitungsgewerbes für höhere Löhne, die Elektrizitätsarbeiter waren im November wieder fünf Tage lang an der Reihe, am 2. Dezember legten 60 000 Beamte aus Protest gegen Lebensmittelwucher die Arbeit nieder. Anfang

Berlin kommt aus dem Streiken nicht heraus: Auf dem Potsdamer Platz herrscht wegen eines Streiks der Angestellten der Berliner Verkehrsbetriebe im Juli 1919 Verkehrschaos.

Februar stand Berlin wieder einmal still, weil im gesamten Deutschen Reich 800 000 Eisenbahner streikten. Die Reichsbahn stand ebenso still wie der Berliner Stadt-, Ring- und Vorortverkehr. Als die Arbeiter den Streik schließlich abbrachen, konnte sich die Stadt über einen für sie positiven Nebeneffekt freuen, wie der offizielle *Erste Verwaltungsbericht der neuen Stadtgemeinde Berlin* ganz offen zugab. Der Zusammenbruch des Streiks habe die unbeabsichtigte „heilsame" Folge gehabt, „daß den Werken und der Straßenbahn die bisher nur unvollkommen gelungene Abstoßung überflüssiger Arbeitskräfte und eine wirtschaftlichere Betriebsführung ermöglicht wurden".

Einen Einblick in die Lage während solcher Streiks gab Alfred Döblin in einem Artikel, den am 14. November 1922 das *Prager Tageblatt* veröffentlichte, also während der Hochzeit der alljährlich stattfindenden Saison der Maskenbälle, die in Berlin in dieser Jahreszeit fast an jedem Abend veranstaltet wurden. Wieder einmal hatte ein Großstreik die Berlinerinnen und Berliner fest im Griff. „Ich schreibe – auf vorsintflutliche Art. Zwei Kerzen stehen vor mir; sie flackern lang aus; ein sonderbares, nicht unangenehmes Licht; bei ihm ist es mir an diesem Sonntagabend gestattet, mein liebes blankes Papier zu bemalen. Seit zwanzig Stunden Streik in Berlin. Die Eisenbahner streiken schon seit drei Tagen. Man geht vor die Stadtbahnhöfe, die Fernbahnhöfe; ein tiefbewegtes Bild: die weiten Bahnhofsplätze – leer; keine Droschken, keine Autos; die Türen geschlossen; der ganze meilen-meilenweite Mechanismus – Schienenstränge, Lokomotiven, Wärterhäuschen, Signale, Kohlenlager – der rasende flitzende Fernzug, der Rauch, das Pfeifen, Rangieren: still, vorbei. Die Hand der Menschen liegt auf dem Mechanismus. In diesem Augenblick, wo der ungeheure Apparat stillsteht, erkennt man seine große anonyme Gewalt, und zugleich, wie diese Gewalt von Menschengewalten gebändigt, gelähmt, zerrissen werden kann ...; seit drei Tagen keine Fernzeitungen, keine Fernbriefe, die Lebensmittelversorgung gestört; schon hat die Regierung die Kohlenvorräte im privaten Händlerbesitz beschlagnahmen lassen.

> Die Streiks hatten keinen politischen Hintergrund, sondern einen sozialen.

Gestern abend trat die Erscheinung näher. Man fuhr in die Stadt, durch die Stadt, um die Stadt, mit der Elektrischen, der Hoch- und Untergrundbahn. Und gegen zehn Uhr, elf Uhr ruckten die Elektrischen; auf den großen Plätzen traten Straßenbahnbeamte an die Wagenführer und Schaffner heran; zwei Worte zwischen ihnen; dann:

‚Wagen leeren; wir fahren zurück!' Um zwölf Uhr fuhren die letzten Wagen in die Depots. Kein Rebellieren; das Spielzeug wird dir unter den Fingern weggenommen. Da fuhren tausende in Prunk und Kostüm auf Maskenbälle; wie sie zurückkamen, weiß ich nicht. Dieser nächtliche Sturm auf die Hochbahnen; Drang, Andrang, Überdrang, Rennen, Stoßen, Lärmen, Geheul, Tosen, Reihenbilden; ingrimmiges Pilgern auf eisigen schneestiebenden Straßen. Sonntag. Klappern, lautes Reden auf den Höfen. Traben auf dem Trottoir, das elektrische Licht versucht man; das Knipsen hilft nicht; das Gas auf dem Herd flattert klein; in einer Stunde verhaucht es. Die Wasserhähne stehen offen: kein Wasser; kein Wasser zum Waschen, zum Trinken, zum Kochen, für die Klosetts; Misère. Die Hand des Menschen liegt auf den Dingen."

Aber diese Streiks hatten keinen politischen Hintergrund, sondern einen sozialen – es ging den Streikenden um ihre schwierigen Lebensumstände. Vor dem Hintergrund der Erfahrungen aus den Kriegszeiten kam es immer wieder auch zu kleinen, lokal begrenzten Protesten von Hausfrauen und Müttern. Zu größeren Lebensmittelkrawallen kam es erst Ende August 1922 wieder, da fühlten sich viele an die Kriegszeiten erinnert. Wieder einmal stürmten zornige Hausfrauen, die den Händlern Wucher und das Zurückhalten von Waren vorwarfen, Stände in der Markthalle in der Andreasstraße, sodass sie vorübergehend geschlossen werden musste. Ebenso kam es in der Zentralmarkthalle zu Plünderungsversuchen, aber die Verkäuferinnen selbst konnten diese verhindern, bis die Polizei eintraf. In der Frankfurter Allee versammelten sich kleinere Protestzüge mit Plakaten wie „Frauen heraus!" Ernsthafte Gefahren für die Ordnung bestanden nicht, aber die Polizei hatte noch die Ausschreitungen aus Kriegszeiten in Erinnerung und beobachtete die Lage genau.

Explosiv wurde es im Herbst 1923. Mitte Oktober kam es in mehreren Stadtteilen, sowohl in den Außenbezirken als auch im Zentrum der Hauptstadt, zu Unruhen. Am 16. um elf Uhr am Vormittag versammelte sich eine unübersehbar große Menge von Männern und Frauen vor dem Roten Rathaus und versuchte, in die Räume des Gebäudes einzudringen. Auf diese Weise wollten sie eine Herabsetzung der Lebensmittelpreise und eine Erhöhung der Arbeitslosenunterstützung erzwingen. Nur mit großer Mühe gelang es den Sicherheitskräften, die Tore des Rathauses abzuriegeln. Aber die Menge wuchs und wuchs, der Verkehr kam zum Erliegen. Bis zum Molkenmarkt erstreckte sich die Menge der wütenden und verzweifelten Menschen schließlich, längst hatten alle Geschäfte ihre Türen und Schaufenster so gut es ging verriegelt und geschützt. Nachdem es der Schutzpolizei nicht gelungen war, die tosende Menge zu vertreiben, kam es vor dem Rathaus und in den angrenzenden Straßen zu tumultartigen Szenen. Am Ende blieben etwa 20 Verwundete zurück, zahlreiche Menschen wurden verhaftet.

In diesem Herbst 1923 wussten viele Berliner einfach nicht mehr weiter, sie waren am Ende, vollkommen entmutigt und ohne jede Hoffnung auf Besserung. In einer solchen Situation bedarf es nur eines Funkens, um die Lunte zum Abbrennen zu bringen, und viele Menschen waren empfänglich für die Einflüsterungen von Agitatoren, für das, was wir heute Fake News nennen. Sie glaubten Gerüchten, weil sie ihnen glauben wollten und weil sie ihnen wenigstens einen Schuldigen beziehungsweise eine Gruppe von Schuldigen zu bieten schienen, die zudem auch noch wehrlos war – die perfekten Sündenböcke also. Die Hintergründe für die Krawalle, die viele Stunden lang das Scheunenviertel erschütterten, sind bis heute nicht wirklich geklärt. Daran, dass es sich um antisemitische Ausschreitungen handelte, die einem Pogrom schon mindestens sehr nah kamen, kann aber kein Zweifel bestehen. Denn als Opfer suchte sich die Menge ganz bewusst die jüdischen Händler und Passanten des Viertels rund um die Grenadierstraße aus. Dass es zur selben Zeit auch in

Am 16. Oktober 1923 löst die Sicherheitspolizei eine Demonstration von Arbeitslosen auf dem Alexanderplatz auf, da die Menge die umliegenden Geschäfte bedrohte.

anderen Berliner Vierteln zu kleineren Plünderungen vor allem von Bäckereien kam, widerspricht diesem Befund nicht.

Den unmittelbaren Hintergrund der Ausschreitungen bildeten die Probleme der Berliner Behörden, selbst die ohnehin bei Weitem nicht ausreichenden Unterstützungssummen für die Arbeitslosen auszugeben – die Zahlen waren so rasant angestiegen, dass die notwendigen Papiermengen für den Druck neuer Scheine kurzzeitig nicht mehr bereitgestellt werden konnten. In der Woche vom 29. Oktober bis 3. November betrug der Unterstützungssatz eines Arbeitslosen 21 Milliarden Mark – pro Tag. Eine Woche später waren es 63 Milliarden. Ein Metallfacharbeiter verdiente in diesen beiden Wochen im Durchschnitt 885 beziehungsweise 4844 Milliarden Mark. Ob man dafür ausreichend Lebensmittel kaufen konnte, um die Familie satt zu machen, stand auf einem ganz anderen Blatt Papier. Als ruchbar wurde, dass Devisenhändler versuchten, die Unterstützungsempfänger zum Tauschen zu animieren und sie dabei betrogen, sprach sich das herum wie ein Lauffeuer. Diese Betrüger kamen vermutlich aus dem Scheunenviertel und waren sogenannte Ostjuden. Das genügte vielen, denn offenbar schienen dadurch althergebrachte antisemitische Vorurteile bestätigt zu werden. Schon damals, aber auch später wurde behauptet, völkische Agitatoren hätten die Wut zusätzlich angeheizt; aber auch davon war die Rede, dass die Kommunisten ebenfalls mitmischten.

Wie dem auch sei: Am Vormittag des 5. November versammelten sich ab elf Uhr vor dem Arbeitsamt in der Alexanderstraße mehr und mehr arbeitslose Männer und Frauen, Junge und Alte, bis die Menge schließlich auf mehrere Zehntausend Personen angeschwollen war. Das Gerücht war im Umlauf, dass das Amt Unterstützungsgelder ausgeben werde, doch das stellte sich bald als Falschinformation heraus. Die Wut und der Frust der Menge wuchsen minütlich. Die *Vossische Zeitung* wusste tags darauf zu berichten: „Der Menge bemächtigte sich eine große Erregung, und diesen Augenblick benutzten, wie einwandfrei festgestellt worden ist, gewerbsmäßige Agitatoren, um überall herumzuerzählen, daß die in der Münz-, Dragoner- und Grenadierstraße ansäßigen ‚Galizier' das von der Stadt besonders zur Erwerbslosenfürsorge herausgegebene wertbeständige Notgeld planmäßig aufgekauft hätten." Die Menge zog in die erwähnten nahegelegenen Straßen, und gegen zwölf Uhr begannen die Plünderungen jüdischer Geschäfte und Wohnungen. Ehe die erschrockenen Händler und Bewohner ihre Geschäfte und Wohnungen abschließen konnten, drangen zumeist Jugendliche und junge Männer in ihre Häuser ein, verprügelten sie, zogen vielen von ihnen die Kleider aus.

Es dauerte eine geschlagene Stunde, bis die Schutzpolizei eintraf. Die *Vossische* weiter: „Jeder auf der Straße gehende jüdisch aussehende Mensch wurde von einer schreienden Menge umringt, zu Boden geschlagen und seiner Kleider beraubt. Ein besonders krasser Fall spielte sich in der Münzstraße ab, wo man einen jungen Juden verfolgte, ihn bis aufs Hemd auszog und halb totschlug." Verhaftet und auf das Polizeipräsidium gebracht wurden nicht die Schläger, sondern das Opfer. Inzwischen hatte die Polizei auf LKW Verstärkung herangeschafft, die besonders gefährdete Teile der Grenadier-, Linien- und Dragonerstraße absperrten. Obwohl die Polizei jetzt Präsenz zeigte und die Sperren aufrechterhielt, strömten die ganze Nacht über aus anderen Berliner Bezirken Menschen herbei und versammelten sich an den Absperrungen, zum Beispiel an der Prenzlauer Allee.

Doch es gelang der Polizei keineswegs, das komplette Viertel zu schützen. Während es auf dem Alexanderplatz ruhig blieb, kam es andernorts zu weiteren Plünderungen. Inzwischen waren auch viele Reporter vor Ort, auch ausländische, die in den folgenden Tagen in ihren Heimatländern über diese Vorkommnisse berichten sollten.

> „Es ist aufgepeitscher Rassenhaß, nicht Hunger, der sie zum Plündern treibt."

Der Reporter der *Vossischen Zeitung*, der sich ins Getümmel warf, wusste zu berichten: „In den Querstraßen überall eine heulende Menge. Es wird im Dunkeln geplündert. Ein Schuhgeschäft an der Ecke Dragonerstraße ist ausgeraubt, die Scherben der Fensterscheiben liegen auf der Straße umher. Plötzlich ertönt ein Pfiff. In langer Kette, die die Breite der ganzen Straße einnimmt, rückt ein Kordon der Schutzpolizei vor. ‚Straße frei!' Ein Offizier ruft: ‚In die Häuser treten!' Die Menge geht langsam weiter. Überall mit denselben Schreien: ‚Schlagt die Juden tot!' Agitatoren haben das verhungernde Volk lange genug bearbeitet, daß es sich auf jene armseligen Gestalten stürzt, die in einem Keller in der Dragonerstraße ihren elenden Produktenhandel treiben ..." Der Reporter kam zu dem klaren Schluss: „Es ist aufgepeitschter Rassenhaß, nicht Hunger, der sie zum Plündern treibt. Jedem Passanten mit jüdischem Aussehen gehen sofort ein paar junge Burschen nach, um ihm im gegebenen Moment anzufallen." Der Lichtenberger Arzt und Schriftsteller Alfred Döblin mischte sich ebenfalls unter die Randalierer und Plünderer, kam hingegen zu der Einschätzung, dass die Unruhen zwar etwas Pogromartiges hatten, der Antisemitismus aber den meisten gleichgültig sei. Die Menschen wollten plündern. „Es ist zwar die Methode des alten Rußland: Spannungen werden auf die Juden entladen, jedoch sehe ich nichts von wirklicher Pogromverfassung in Berlin. Die Agitation wühlt, die Verbrecher auf der Straße warten wie immer auf ein Stichwort, die Masse denkt nicht, läßt sich da und dort mitreißen. Mit besserem Geld und mehr Nahrung ist jede Ruhe zu schaffen."

Auch am Vormittag des 6. November waren die Straßen voller Menschen, die versuchten, die Polizei in ständiger Bewegung zu halten. Erst gegen Mittag gelang es den Einsatzkräften, endlich für Ruhe zu sorgen. Das Scheunenviertel bot ein Bild der Verwüstung. Überall lagen Glassplitter auf den Straßen, die Rollläden der Geschäfte waren heruntergelassen, viele Läden geplündert. Die Lage beruhigte sich zwar, aber unter der Oberfläche brodelte es weiter, und über Berlin lag weiterhin eine „außerordentliche Spannung", wie Alfred Döblin meinte. Sie verflog, als die Reichsregierung kurz darauf endlich die Notbremse zog und dem schwindelerregenden Währungsverfall ein Ende bereitete.

Lebensmittelteuerung verursacht Krawalle und Plünderungen. Razzia der Sicherheitspolizei in der Grenadierstraße im Scheunenviertel im November 1923.

RAFFKES, SCHIEBER, NEUREICHE – DIE GEWINNER DER INFLATION

„ALLE BÖSEN INSTINKTE WURDEN WACH“ – DIE SPIELWUT

Lee Parry als „Fräulein Raffke“ im gleichnamigen Film von Richard Eichberg aus dem Jahr 1923

Wenn die Zeiten schlecht sind, suchen die Menschen nach neuen Möglichkeiten, an Geld zu kommen. Das Berlin der Inflationszeit ist dafür ein besonders krasses Beispiel. Direkt nach dem Krieg wurde die Stadt von einer regelrechten Epidemie erfasst: der massenhaften Verbreitung von Spielklubs, auch Spielhöllen genannt. Den Kick, den das Spiel ums schnelle Geld gab, brauchten viele Menschen aber auch als Ausgleich für das im Schützengraben oder an der Heimatfront Erlebte. Aber vor allem wuchs die Hoffnung, auf einfache Art und Weise Geld zu machen oder auch nur außer der Reihe eine Unterstützung für den Lebensunterhalt zu bekommen, proportional zum sinkenden Wert der Mark. „Jeder fühlte, daß unter ihm der Boden wippte und wankte. Viele wollten beim Spiel die unklare Empfindung vom Untergang loswerden oder sich betäuben. Viele lockte auch der Gewinn und der aufpeitschende Betrieb“, so der Journalist Hans Ostwald in seiner *Sittengeschichte der Inflation*. Kurzum: Das epidemiehafte Auftreten von Spielklubs war eine typische Erscheinung der Inflationszeit. Und das nicht nur in Berlin, sondern auch in anderen Großstädten wie Dresden, Hamburg, Breslau und selbst im Heilbad Nauheim. Die hilflosen Behörden versuchten im ersten Nachkriegsjahr mit einem Schlingerkurs, dieser Epidemie Herr zu werden. Zunächst verboten sie den Betrieb der legalen Klubs ab Mitternacht. Doch die Wirkung war aus ihrer Sicht äußerst unerfreulich, denn nach Mitternacht verlagerte sich das Geschehen ganz einfach in illegale Klubs, die nun erst recht wie Pilze aus dem Boden schossen. Daraufhin wurde die ganze Nacht für den Betrieb freigegeben, was aber zur Folge hatte, dass noch mehr Einrichtungen entstanden. Dann wurde das Umgekehrte versucht und der Betrieb von Spielklubs grundsätzlich verboten. Das Ergebnis war lediglich, dass nun der weiterhin florierende Betrieb komplett illegal war, deshalb aber in keiner Weise unter Kontrolle gebracht werden konnte. Schließlich gaben die Behörden auf und ließen der Spielwut der Berliner ihren Lauf, denn sie war durch behördliche Maßnahmen schlicht nicht einzudämmen. Natürlich blieb der Betrieb an eine Konzession gebunden, doch das interessierte viele Betreiber und ihre Gäste nicht im Geringsten.

In der Öffentlichkeit waren die Spielklubs wie der Berliner Rennsport 1919, die Harmonie in der Kantstraße oder der Klub Neuberlin in der Bülowstraße bei vielen derjenigen, die keinen Zutritt hatten, durchaus verhasst. Der Hauptgrund lag darin, dass hier häufig Speisen zu erstaunlich niedrigen Preisen serviert wurden, die es sonst kaum noch gab oder die sich zumindest Otto Normalberliner oder Käte Normalberlinerin mit der fortschreitenden Inflation nicht mehr leisten konnten. Für die Klubs bedeutete das eine schöne Nebeneinnahme, wenn die Betreiber gute Kontakte zum Schwarzmarkt hatten. Und das war bei vielen der Fall.

Diese Spielklubs konnten sehr mondän und großzügig sein oder auch schäbige Spelunken; oder es bildeten sich einfach auf der Straße kleine Kreise von Spielfreudigen. Die mondänen Einrichtungen wurden auch Spielstätten genannt. Sie verfügten über Diener, Restaurant und nicht selten sogar über einen Frisiersalon, Badezimmer und Ruheräume. Der Klub Neuberlin wurde von einem Insider so beschrieben: „Man kam dort in eine Flucht feingetäfelter Gastzimmer und Spielräume voll verschwenderischen Lichts, molligweicher Teppiche, kostbarer Bilder, tiefer bequemer Ledersessel. Schwerste Seidenvorhänge an den Fenstern ließen Licht und Laut nicht hinaus. Diener im Überfluß rückten die Stühle um grünbetuchte Oval- und Rundtische.“ Zu den regelmäßigen Gästen gehörten dunkle Gestalten ebenso wie Mitglieder der besten Gesellschaft: angesehene Kaufleute, Fabrikanten Bankdirektoren, Ärzte, Rechtsanwälte, Beamte, Richter, Staatsanwälte. Wie es in einem solchen Etablissement zuging, beschrieb die *Weltbühne*: „An einem Tisch, der mit grünem Tuch bezogen und ziemlich lang ist, sitzt in der Mitte ein Herr, der aus einem ‚Schlitten‘ Karten zieht; ihm gegenüber ein Croupier; zu beiden Seiten Herrn und Damen; hinter diesen eine Reihe mehr oder weniger beteiligte Zuschauer. Wenn die Bank ersteigert ist, werden die Spielsätze in Spielmarken oder auch Scheinen gemacht. Der Bankhalter stellt die Beendigung dieses Vorgangs durch eine schreckliche Verdeutschung der geflügelten Worte von Monte Carlo fest und betont den Abschluß der Sätze durch ein kräftiges ‚ab dafür!‘

> Der Spielrausch breitete sich auch in den unteren Schichten rasant aus.

Der Bankhalter verteilt links und rechts je zwei Karten, nimmt zwei sich selbst, deckt sie auf und sieht seine Gegenspieler fragend an. Wer mehr hat als er, hat gewonnen. Die Bilder zählen nicht. Von der Summe über Zehn werden Zehn abgezogen. Hat eine Seite mindestens fünf, so wird nicht mehr gekauft, wenn nicht zwingende Gründe vorliegen. Acht und Neun sind die beiden höchsten ‚Schläge'. Wer sie hat, streicht als Bankhalter das Geld ein, als Spieler wird ihm sein Satz verdoppelt. Wenn der Schlitten ausgegeben ist, werden drei neue Spiele in den Schlitten hineingetan. Dieses Spiel, das man kurz ‚Bac' nennt, lernt jedes Kind in wenigen Minuten. Berlin zählt zur Zeit Abertausende von Menschen, die dieses Spiel täglich stundenlang betreiben können, ohne in Agonie zu verfallen. Freilich – was für Menschen! Schieber führen das große Wort. Ab und zu verirren sich in das Gewirr von Hochstaplern, Kokotten und tageslichtscheuem Gesindel einige sogenannte bessere Leute.“

In den illegalen Klubs verfiel man auf den beliebten Trick, „Geburtstagsfeiern“ zu suggerieren, wenn die Polizei einmal vorbeischaute. Der Betreiber behauptete, es handele sich um eine private Feier, und alle Anwesenden seien Privatgäste. Wenn es gelungen war, die Spielutensilien rechtzeitig gut zu verstecken, konnte er damit durchkommen; aber die Polizei war nicht dumm und lernte dazu. Ihre Ankunft war für die Wirte so gut wie nie überraschend, denn überall auf der Straße waren Aufpasser postiert. Zutritt hatten ohnehin zu vielen Läden nur Personen, die sich durch ein Geheimzeichen oder eine Nummer legitimieren konnten. Diese wurden stets erst am Abend kurz vor Beginn den interessierten Gästen mitgeteilt. Ebenso wie der Ort, der möglichst lange geheim gehalten wurde, wenn es sich um einen illegalen Spielklub handelte. Verloren wurde viel, und das betraf die meisten Gäste, aber die Summen, die an diesen Orten gewonnen wurden, konnten auch hoch sein. Am erfolgreichsten beim Spiel, so erzählte man sich zumindest, soll ein Staatsanwalt gewesen sein. Und zwar zu einer Zeit, als die Mark noch einen gewissen Wert hatte und noch nicht ins Bodenlose abgestürzt war.

Doch der Spielrausch breitete sich auch in den unteren Schichten rasant aus. Kaum eine Billardstube kam noch ohne einen Totalisator, genannt Toto, aus. Und auf den Straßen bestimmter Gegenden wie dem Scheunenviertel bildeten sich zu jeder Tageszeit immer wieder kleine Kreise um einen Mann, der einen Tisch vor sich aufgestellt hatte. Er hatte aus einem kleinen Holzrad ein primitives Roulette gebastelt und bot den Passanten die Hoffnung, gegen einen kleinen Einsatz einen schnellen Gewinn zu erzielen. Obwohl keine großen Summen zu gewinnen waren, blieben viele Passanten stehen und beteiligten sich an dem Spiel. Auch in vielen Hauseingängen gab es Spielstände, an denen es durchaus um höhere Beträge gehen konnte. Die Spieler – auch Frauen waren darunter – stammten meist aus der Halb- und Unterwelt. In vielen Häusern fanden sich solche Spielhöllen, auf den Treppenabsätzen, in den Hausfluren, in Stehbierhallen und Destillen und sogar in Privatwohnungen. Hier wurden neben Roulette auch Kartenspiele, Poker, Lotterie- und Würfelspiele angeboten. Das Bild war düster, wie ein zeitgenössischer Beobachter beschrieb: „Mit heißen, gierigen Augen verfolgten alle das Spiel! Alle bösen Instinkte wurden wach. Neid, Rachgier, Haß gegen den, der eben gewonnen hatte. Jeder wollte gewinnen. Und viele sahen so aus, als hätten sie den Gewinn nötig: Leute mit dem Kreuzband im Knopfloch und dem Hunger und den Sorgen von fünf Jahren in den Augen …" Vor allem im Scheunenviertel, in den Straßenzügen zwischen Alexanderplatz, Schönhauser und Rosentaler Tor entwickelte sich ein solches Gewimmel von Spielern, dass die Elektrische sich nur noch im Schritttempo ihren Weg bahnen konnte. Kein Wunder, dass

Glücksspiel auf der Straße: Spielfreudige scharen sich um einen selbstgebauten Roulettetisch.

die Gegend als Monte Carlo im Scheunenviertel bezeichnet wurde. Erst nach einigen Jahren, nämlich 1923, gelang es der Polizei, mit regelmäßigen Razzien diesen Sumpf auszutrocknen. Oder besser: Ihn zu verdrängen, denn die Spielhöllen machten sich unter dem Druck in anderen Gegenden breit und kamen in vielen Gaststätten rund um den Humboldthain, die Pankstraße, den Andreasplatz und den Friedrichshain unter. Es war schließlich nicht die Polizei mit ihren Razzien, sondern die Hyperinflation, die dem Treiben 1923 zunächst ein Ende bereitete, denn der Tanz der Milliarden machte diese Art des Geldverdienens unmöglich und das Spiel sinnlos.

SCHIEBER UND RAFFKE – ZEITGENIES ODER SCHMAROTZER?

Neben der Spielwut gab es das Schiebertum. Tausende kleine Schieber kauften den in der Not Verzweifelten ihren Besitz für lächerliche Summen ab und verscherbelten ihn äußerst lukrativ in Belgien oder den Niederlanden oder auf dem Schwarzmarkt an Ausländer oder Inflationsgewinnler. Schieber gab es quasi an jeder Ecke. „Wohin du siehst, wohin du guckst / wohin du hörst, mein Lieber / Sehr wichtig! / Wohin du trittst, wohin du spuckst, / nur Schieber! Schieber! Schieber!“ hieß es im Herbst 1919 in dem von Kurt Tucholsky verfassten Chanson *Wenn der alte Motor wieder tackt*, das Paul Graetz im Kabarett *Schall und Rauch* zum Besten gab. Schieber galten als Leute, die keine neuen Werte schufen, sondern bestehende hin- und herschoben. Oft wurde dieser neue Reichtum protzig zur Schau gestellt. Niemand verkörperte diese neureiche Mentalität besser als die Figur des „Raffke“, die im Sommer 1921 ins Leben gerufen wurde. Sie wurde schnell bekannt im ganzen Land, traf aber besonders den Geschmack der Berlinerinnen und Berliner. Raffke war eine Erfindung des Verlegers Hermann Ullstein, der Zeichner Theo Matejko gab ihr den charakteristischen Umriss. Am 10. Juli 1921 erschien Raffke das erste Mal auf der Titelseite des Ullstein-Blattes *Berliner Illustrirte Zeitung* und kam sofort gut beim Publikum an. Die Zeichnung stellte Herrn und Frau Raffke auf einer Ferienreise in Rom dar, wo sie vor der Ruine des Colosseums stehen. Verbunden war das Ganze mit einem Preisausschreiben – die Frage lautete: „Was sagt Herr Raffke?“ Über den Preis in Höhe von 3000 Mark konnte sich ein Leser freuen, der als Lösung den Satz „Baut nich, wenn ihr keen Jeld habt“ eingesandt hatte.

Die Schieber und Raffkes gehörten – wen wundert es – nicht zu den beliebtesten Zeitgenossen. Viele sahen in ihnen Schmarotzer, die sich auf Kosten der Armen und Bedürftigen, und das waren ja fast alle anderen, bereicherten. Wie die Bauern und die Unternehmer wurden sie dafür verantwortlich gemacht, dass es vielen Menschen schlechter und schlechter ging; dass die Preise hoch und der Lebensstandard niedrig war. Und wer persönlich betroffen war, sah das natürlich erst recht so. Das ist auch richtig. Aber zur Wahrheit gehört auch, dass viele Menschen auch von ihnen profitierten, weil sie nur durch sie an Waren kamen, die es sonst nicht mehr gab. So gab es auch andere Stimmen. „Guten Tag. Gestatten Sie: Schieber. Vorname tut nichts zur Sache, Sie unterscheiden ja doch nicht zwischen uns, obwohl Sie sich sonst so gern als Individualist fühlen und, selbst wenn Sie sich für Sozialismus einsetzen, es aus individuellen Erlebnissen und Ressentiments heraus tun. Sie sind schon pikiert? Warten Sie: es kommt noch ganz anders." So begann eine Verteidigung des Schiebers in der *Weltbühne*, die eine andere Sichtweise bot. „Was ist überhaupt ein Schieber? Einer, der sich auf ungesetzlichem Wege bereichert? Schön. Wo sind sie, Ihre Gesetze? Wer hat sie gemacht?" Diese Gesetze seien nicht, wie gewöhnlich behauptet werde, von der großen Mehrheit des Volkes gemacht, sondern nur von einer kleinen Minderheit. Damit sei aber auch das Schiebertum nichts Ungesetzliches. Das Volk, so suggerierte der Artikel, sehe die Sache mit den Schiebern ganz anders. Im Krieg habe er mit Fleisch gehandelt, und die Käufer hätten es ihm aus der Hand gerissen, so der Autor weiter. „Jetzt handel ich mit Schuhwerk. Durch rechtzeitigen Einkauf, was Übelwollende Hamstern, Wohlwollende Voraussicht nennen – was würden Sie sagen, wenn die Aktiengesellschaft, von der Sie zwei bis zehn Aktien haben, verkrachte, weil sie nicht rechtzeitig Devisen und Rohstoffe eingekauft hätte –, also ich bin in der Lage, meine Stiefel unter der Hand ein paar hundert Mark billiger zu verkaufen als üblich. Meinen Sie, auch nur Einer wird mich anzeigen? Im Gegenteil: einen Run auf meinen Stiefel wird es geben."

Erstaunlich an dem Text war sein Autor. Es handelte sich dabei um Roland Schacht, Sohn eines Schauspielers und einer Schauspielerin, ehemaliger Oberlehrer, der in der Presseabteilung des Auswärtigen Amtes arbeitete. Nebenbei schrieb er für verschiedene Blätter des Ullstein-Verlages, vor allem Filmkritiken. Es ging in dem Text also nicht um ihn selbst, wahrscheinlich hatte er aber eine bestimmte Person vor Augen. Und obwohl er selbst zu den Intellektuellen zählte (während des Dritten Reiches überwinterte er mit dem Verfassen von Bühnenstücken) hielt er denen, die gerne die Nase über die Schieber rümpften, den Spiegel vor die Augen: „Wer kauft denn Ihre Luxusausgaben, Ihre Bildermappen, wer geht in die Konzerte, in die Theater?

Ausschließlich wir Schieber. Wovon würden Ihre Gebildeten, die den Krieg und seine miserable Führung zugelassen haben, heute leben, wenn wir ihnen nicht ihre Sache abkauften? Wir sind ein volkswirtschaftlicher Segen. Wir sind die neuen Männer, die die verknöcherten Routiniers, die Leute mit den abgewirtschafteten Traditionen ersetzen. Die Lebensnahen mit der raschen Entschlusskraft, den eisernen Nerven. Wir sind die kommenden Führer der Nation ... Wir sind Kinder des Volkes, die emporkommen. Wir sind die wahren Revolutionäre. Schieber? Wir sind Deutschlands Zukunft.“ Der selbstredend überzogene Artikel Schachts spielte auf die Doppelmoral gerade der Intellektuellen und Politiker an, die sich moralisch über das Schiebertum erhoben, aber genau wussten, dass es vielen Menschen in der akuten Krise ohne diese Gruppe noch schlechter gehen würde – und die nichts taten, um die Misere zu beenden.

Polizisten führen einen mutmaßlichen Devisenhändler ab. Sein blaues Auge deutet darauf hin, dass es zuvor zu Handgreiflichkeiten gekommen sein muss.

Hans-Heinz Hinzelmann, ein Schriftsteller und Theaterintendant, der 1938 vor den Nationalsozialisten nach China floh, zeichnete in seinem Roman *Achtung. Der Otto Puppe kommt!* einen Schiebertypen literarisch nach. Seine Frau, unglücklich weil sie mit der

Art des Gelderwerbs ihres Mannes nicht zurechtkommt, wird von einem Anwalt getröstet, der ein ganz anderes Bild vom Schieber hat: „Tcha, gnädige Frau, sehen Sie denn nicht, dass ihr Mann ein Lebensgestalter ist, der die Zeit, die Menschen, die Sitte, Moral, Gesetz und meinetwegen sogar seine unbekannten Verbrechen und niedrige Herkunft immer nur zu aufbauendem Vorteil auszunutzen versteht, daß er also ein Genie, meinetwegen ein gefährliches Genie, auf jeden Fall das verkörperte Zeitgenie ist? Sie starren immer in den falschen Zerrspiegel Ihrer empfindsamen Erziehung, anstatt endlich den Blick von dem falschen Spiegelbild zu lösen und mit beiden Füßen ins wirkliche Leben hineinzuspringen. Unser Leben ist unmoralisch, alles andere ist eine Lüge! Und wenn ich nur ähnliche Fähigkeiten besäße wie Ihr Gatte, um die mir in den Weg laufenden Mitmenschen rücksichtslos nach Hab und Gut und Besitz abzuschlachten, ich täte das auch! Das ist heute das Leben, das ist die Zeit, das ist die Menschheit heute, wer's anders sagt oder predigt, ist entweder ein Lügner oder gehört ins Irrenhaus!" Die Inflationszeit sei eben eine Zeit des krassesten Materialismus gewesen, von dem alle Kreise ergriffen worden seien – es habe keinen Idealismus des Proletariats gegeben und keinen des Bürgertums oder der Aristokratie, schrieb der Schriftsteller und Journalist Konrad Haemmerling, der unter seinem Synonym Curt Moreck nach Jahrzehnten mit seinem Buch *Führer durch das lasterhafte Berlin* wiederentdeckt wurde (es gibt allerdings Einblicke in die Zeit rund um die Wende der Zwanziger- zu den Dreißigerjahren, nicht in die Inflationszeit). Haemmerling beschrieb in einem Rückblick mehr als 40 Jahre später die Macht, die dem Schieber zugewachsen war: „Vor dem Schieber mit der dicken Brieftasche katzbuckelte jeder und wurde zum ergebenen Diener seiner Launen."

„Vor dem Schieber mit der dicken Brieftasche katzbuckelte jeder und wurde zum ergebenen Diener seiner Launen."

EIN NEUER VOLKSSPORT – DIE SPEKULATIONSWUT

Neben dem Schiebertum, an dem sich viele kleine Leute beteiligten, wurde das Spekulieren an der Börse mit Devisen zu einer Art Volkssport. Hier war Geld zu holen mit Dollars oder niederländischen

Gulden; weniger mit französischen Francs, denn die befanden sich selbst in einem langsamen Sinkflug, der ab 1923 ebenfalls einem Absturz glich, auch wenn dieser in keiner Weise mit der zeitgleichen Entwicklung in Deutschland vergleichbar war. Die Kurse an der Berliner Börse kletterten und kletterten und lösten einen wahnwitzigen Run auf Aktien aus. Rückblickend auf das abgelaufene Jahr schrieb der Journalist Richard Lewinsohn alias Morus im Dezember 1922: „Die unsinnigsten Steigerungen kamen vor. Obligationen, die von den Schuldnern zu pari wieder eingetrieben werden können, wurden auf ein Vielfaches des Nennwertes getrieben. Gesellschaften, denen der Wind durch die Backen blies wie einem Schwindsuchtkandidaten werden begehrt, als hinge von ihren Aktien die Seligkeit ab." Allein in den vorangegangenen vier Wochen hatte sich der Aktienindex verdoppelt, und es waren nicht die Berufsspekulanten, die die Entwicklung vorantrieben, sondern die „Publikumsspekulation". Alleine im November hatten nach einem Bericht der *Frankfurter Zeitung* 468 Gesellschaften neue Aktien mit einem Nennwert von elf Milliarden Mark ausgegeben; im Monat davor waren es „nur" 265 Gesellschaften und 3,8 Milliarden gewesen. Kein Wunder, dass an der Berliner Börse in der Burgstraße Anfang Dezember 1922 ein vierter Saal eröffnet werden musste, denn die drei bisherigen konnten den Besucheransturm nicht mehr aufnehmen. Waren vor dem Krieg täglich rund 3000 Besucher in die Börse gekommen, so waren es jetzt doppelt so viele.

„Plötzlich entdeckten Leute eine Insel der Sicherheit: Aktien. Das war die einzige Form der Geldanlage, die irgendwie der Geschwindigkeit standhielt. Nicht regelmäßig und nicht alle im gleichen Maße, aber sie schafften es ungefähr, schrittzuhalten. Also ging man und kaufte Aktien. Jeder kleine Beamte, jeder Angestellte, jeder Schichtarbeiter wurde Aktionär. Man bezahlte seine täglichen Einkäufe, indem man Aktien verkaufte. An Zahltagen gab es einen allgemeinen Ansturm auf die Banken, und die Aktienkurse schossen himmelwärts wie Raketen ... Täglich verschlang die ganze Bevölkerung den Börsenbericht. Manchmal stürzten einige der Aktien, und mit ihnen stürzten Tausende schreiend dem Abgrund entgegen. In jedem Laden, jeder Fabrik, jeder Schule wurden einem Aktientips zugeflüstert", so schilderte der Berliner Sebastian Haffner die Umstände. Jeder, der auch nur über ein wenig Geld verfügte, spekulierte. Das betraf selbst Intellektuelle und Wissenschaftler, die sonst mit dem Börsengeschehen nicht viel am Hut hatten oder diesen schnöden Materialismus hochnäsig verachteten. So erinnerte sich der Richard B. Goldschmidt, ein führender Mitarbeiter am Kaiser-Wilhelm-Institut für Biologie, später: „Jeder fing an zu spekulieren – wenn man das,

Besucher einer Berliner Bank studieren Kurszettel.

was wir trieben, überhaupt so nennen konnte. Wir kauften für alles verfügbare Geld Aktien von vollkommen unbekannten Gesellschaften, von denen bisher kein Mensch gehört hatte. Ein Großteil dieser Gesellschaften existierte womöglich gar nicht oder hatte nichts Effektives hinter sich. Aber wir gaben unsere Aufträge in den überfüllten Banken auf, die die Zahl ihrer Angestellten um ein Zehnfaches vermehren mußten, in der Hoffnung, daß sie dafür die von uns gewünschten Aktien ankaufen und sie für uns verwalten. Wenn wir ein paar Tage später Bargeld brauchten, verkauften wir unsere Aktien und bekamen ungefähr das Sechsfache der Summe, die wir eingezahlt hatten, ausbezahlt. Inzwischen aber hatte die Mark nur noch ein Zehntel des Wertes von vor ein paar Tagen, und unser Gewinn von fünfhundert Prozent war in Wirklichkeit ein Verlust von zwei Fünftel unserer Einlage. Aber wir hatten auf diese Weise wenigstens drei Fünftel unseres Geldes hinübergerettet, das sonst auf ein Zehntel des ursprünglichen Wertes zusammengeschmolzen wäre.“

Das Spekulieren mit Devisen wurde zu einem echten Volkssport, und 1922 erschien ein Lied, das zur Hymne der Inflationszeit wurde: *Wir versaufen unsrer Oma ihr klein Häuschen*. Der satirische Text und die schmissige Musik stammten von dem Sänger Robert Steidl, der große Erfolge am Metropol- und am Apollo-Theater feierte. Ursprünglich war der Song, bei dessen Melodie sich Steidl bei einem älteren Stück bediente, vermutlich als Karnevalsschlager gedacht. Aber dieser Gassenhauer traf den Nerv des Publikums und passte genau in die Zeit, in der sich alles um das drehte, was viele Menschen immer weniger hatten: Geld. Der Kehrreim des Stücks lautet:

Wir versaufen unsrer Oma ihr klein Häuschen,
ihr klein Häuschen, ihr klein Häuschen,
Wir versaufen unsrer Oma ihr klein Häuschen
Und die erste und die zweite Hypothek

Niemand Geringeres als Kurt Tucholsky alias Paul Panter nahm dieses Liedchen in der *Weltbühne* mit „sorgsamer deutscher Gründlichkeit" unter die Lupe, während es der „leichtfertige Welsche" lediglich vor sich hinträllere, denn es war für ihn nichts weniger als ein neues deutsches Volkslied, dem er textkritisch beikommen wollte. Das Lied wolle sagen: „Wir, die Sänger, sind fest entschlossen, das Hab und Gut unsrer verehrten Großmutter, insbesondere ihre Immobilien, zu Geld zu machen und so die gewonnene Summe in spirituösen Getränken anzulegen." Damit enthalte das kleine Liedchen klipp und klar die augenblickliche volkswirtschaftliche Lage: „Wir leben von der Substanz." Genauso, wie der Rentner nicht mehr von den Zinsen seiner Ersparnisse existieren könne, sondern gezwungen sei, sein Kapital anzugreifen. „Man beachte", fuhr Panter fort, „mit welcher Feinheit die beiden Generationen einander gegenübergestellt sind: die alte Generation der Großmutter, die noch ein Häuschen hat, erworben von den emsig verdienten Spargroschen – und die zweite und dritte Generation, die das Familienvermögen keck angreifen und den sauren Schweiß der Voreltern durch die Gurgel jagen!"

Man sehe das behaglich kleinbürgerliche Leben der Großmama vor sich: „Freundlich sitzt die gute alte Frau im Abendsonnenschein auf ihrem Bänkchen vor ihrem Häuschen und gedenkt all ihrer jungen Enkelkinder, die froh ihre Knie umspielen …" Doch das sei lange her, Großmutter sei ins Grab gesunken, und die gewöhnliche Corona der Enkel lohne es ihr mit diesem Gesang: „Wir versaufen unsrer Oma ihr klein Häuschen." Handele es sich bei diesem Stück um ein Volkslied? fragte Panter und gab sich die Antwort gleich selbst: „Es ist seine reinste Form." Er stellte aber einen Unterschied zu früheren Zeiten fest, denn „früher sang wohl der Wanderbursche sein fröhlich Liedchen von den grünen Linden und den blauäugigen Mägdlein – weil das sein Herz bewegte." Auch dieses Lied singe von dem, was das Herz der Menschen in der gegenwärtigen Zeit berühre: von den Hypotheken. Aber dem Liedersänger sei etwas entgangen, nämlich die Tatsache, „daß die Hypothek selbst ja eine Schuld ist, die man unmöglich vertrinken kann – meint er doch wahrscheinlich die für die eingetragene Hypothek als Darlehn gegebene Summe, die der Schuldner in leichtfertiger Weise verbraucht." Aber so singe eben das Volk, aus dem Lied spreche seine Seele. „Es soll uns nicht wunder nehmen, wenn nächstens in einem schlichten Volkslied das Wort ‚Teuerungszulage' oder ‚Weihnachtsgratifikation' vorkommt – denn die allein ist heute echte, unverlogene Lyrik."

Im Dezember 1922 wagte Panter einen Ausblick auf das neue Jahr. Noch lebe das Volk von den Gütern der Alten. „Langsam trägt es Sommerüberzieher, Sofas, Überzeugungen und Religionen auf – neue schafft es zurzeit nicht an. Was dann geschieht, wenn die alle dahin sind, darüber sagt das Lied nichts. Vorläufig sind sie noch da – und so lange sie noch da sind, lebt das Volk von der Substanz. Und versäuft der Oma ihr klein Häuschen." Dass es bald schon viel schlimmer kommen würde, mochte oder konnte Kurt Tucholsky sich wohl nicht vorstellen. Das Lied wurde später noch mehrmals adaptiert, unter anderem gleich zweimal in Romanen von Hans Fallada. Sein Erschaffer Robert Steidl erlebte das allerdings nicht mehr. Er verstarb 1927.

Ein jeder, der nur irgend die Möglichkeit hatte, spekulierte also; ob aus Not oder aus Gier. Nur: Zufrieden machte diesen Volkssport des Spekulierens kaum jemanden, das war zumindest Stefan Zweigs Eindruck bei einem Besuch in der Reichshauptstadt. „Jeder, der nur lesen und schreiben konnte, handelte und spekulierte, verdiente und hatte dabei das geheime Gefühl, dass sie alle sich betrogen und betrogen wurden von einer verborgenen Hand, die dieses Chaos sehr wissentlich inszenierte, um den Staat von seinen Schulden und Verpflichtungen zu befreien. Ich glaube Geschichte ziemlich gründlich zu kennen, aber meines Wissens hat sie nie eine ähnliche Tollhauszeit in solchen riesigen Proportionen produziert."

Auch im Film spielte die Inflation eine Rolle. 1920 kam ein Streifen mit dem bekannten Schauspieler Conrad Veidt mit dem Titel *Kurfürstendamm. Ein Höllenspuk in 6 Akten* heraus. In diesem Erfolgsstreifen langweilt sich der Teufel in der Hölle und sucht einen Ort, der noch gruseliger ist als diese. Er beschließt, sich nach Berlin auf den Kurfürstendamm zu begeben, von wo er die meiste Kundschaft geschickt bekommt. Von seiner Großmutter wird er mit einer Banknotenpresse ausgestattet, damit es ihm an nichts mangele. In Berlin lernt der Teufel viele Menschen kennen; er wird ausgelacht, er verliebt sich, er wird betrogen und bestohlen. Und er produziert einen Film. Am Ende ist er so erschrocken über diese Stadt, dass er zurückkehrt zu seiner Großmutter, denn in der Hölle fühlt er sich sicherer als in Berlin. Regisseur, Drehbuchautor und Produzent war Richard Oswald, eine Rolle als Kurfürstendamm-Mädchen Lissy spielte Asta Nielsen.

Auch das Thema „Raffke" wurde im Film aufgegriffen. So drehte der populäre Regisseur und Produzent Richard Eichberg, der kurz darauf Lilian Harvey berühmt machte, 1923 den Film *Fräulein Raffke*. Anders als der Titel suggeriert, steht in diesem 92 Minuten langen Streifen allerdings nicht „Fräulein Raffke", gespielt von Lee Parry, im Mittelpunkt, sondern ihr Vater Emil Raffke, dargeboten von Werner Krauß. Raffke war durch Spekulation während der Inflationsjahre vom Kleinbürger zum Neureichen aufgestiegen, der mit seinem neuen Reichtum protzt und ihn zur Schau stellt, wo er nur kann. Von einem verarmten, schmierigen Baron (Hans Albers) kauft er dessen Schloss und zieht dort mit seiner Familie ein. Seine Tochter Lilli will er mit diesem Baron verheiraten, um dadurch in den echten Adel aufzusteigen. Doch sie weigert sich, weil sie einen armen Schlucker liebt, den sie auch

Richard Eichberg brachte den Streifen Fräulein Raffke auf die Leinwände.

heiratet und mit dem sie ein Kind bekommt. Daraufhin wird sie von ihrem Vater verstoßen, lebt in bitterer Armut und begeht einen Selbstmordversuch. Schließlich wird der Baron von seiner Geliebten erschossen, und Vater Raffke wird geläutert. Er besucht seine Tochter in ihrer ärmlichen Wohnung und sagt zu seiner Frau: „Mutter, in dieser Gegend haben wir auch mal klein und bescheiden angefangen und waren sehr glücklich."

Die Dreharbeiten fanden im Juli 1923 statt, also mitten in den wildesten Monaten der Hyperinflation. Uraufführung hatte der Film schließlich am 14. Oktober im Berliner Marmorhaus. Von der Reichsfilmzensur war er zuvor als nicht jugendfrei deklariert und musste entschärft werden – wenig überraschend, da Eichberg auch schon mit anderen Filmprojekten vergleichbare Probleme mit der Zensur gehabt hatte. Es war zudem nicht der erste Film, in dem er die sozialen Probleme der Inflationszeit auf die Leinwand brachte.

Der Film sei ein „grotesk überzeichnetes Sittenbild der Inflationszeit mit skrupellosen Gewinnern, wendigen Schmeichlern und tragischen Verlierern. Emil Raffke ist hier der Prototyp einer Gesellschaft, die aus dem Lot geraten ist: ein Emporkömmling, der sichtliches Vergnügen am Kommandieren, am Fressen und Flirten hat. Er feiert rauschende Feste mit fantastisch kostümierten Gästen, er prasst und prahlt", urteilte der zeitgenössische Feuilletonist Siegfried Kracauer und zeigte mit seinem Kommentar, dass der „Raffke" in der Öffentlichkeit keineswegs nur negativ gesehen wurde. Emil Raffke sei ein über Nacht reich gewordener Mann aus dem Volk „mit gesunden Kräften, ein Kerl, der lebt und leben lässt und von seinem Reichtum auf eine entzückende barbarische Weise Gebrauch macht." Der Streifen, in dem es durch die überzeichnete Figur des Emil Raffke trotz aller Tragik auch einiges zu lachen gab, traf den Nerv des Publikums. Die Betreiber des Marmorhauses jedenfalls hatten keinen Grund zur Klage – der Film wurde zum besten Geschäft des Lichtspielhauses seit seiner Eröffnung 1913, drei Aufführungen pro Tag sollen ausverkauft gewesen sein. Die Eintrittspreise waren dem Thema entsprechend und betrugen zuletzt 500 Millionen Mark.

REICHTUM – SCHNELL AUFGEBAUT UND SCHNELL VERNICHTET

Viele große Vermögen verschwanden über Nacht spurlos oder erwuchsen aus dem Nichts. In den Jahren der Inflation und vor allem in den Monaten der Hyperinflation wurden große Vermögen zerstört, die nicht selten über Jahrzehnte, wenn nicht gar über Jahrhunderte gewachsen waren. Im Jahre 1914, kurz vor dem Ausbruch des Krieges, gab es in Deutschland rund 12 000 Millionäre. Die meisten davon verfügten über einstellige Millionenbeträge, aber es gab auch eine Reihe von Deutschen, die auf dreistellige Millionenvermögen kamen. Mit den reichsten Amerikanern oder Briten konnten diese zwar in der Regel nicht mithalten, aber zu einem guten Leben im Überfluss reichte es doch allemal.

Manche Reiche und auch manche Gelddynastien hatten ihren Niedergang jedoch bereits zu Kriegszeiten erleben müssen, andere wurden jetzt, während der Inflation, davon erfasst. Andererseits profitierte manch einer, der geschickt mit der Inflation umzugehen wusste, massiv von ihr und baute sich binnen kürzester Zeit ein riesiges Vermögen auf. Allein: Viele dieser Vermögen fielen fast genauso schnell wieder in sich zusammen, wie sie gewachsen waren, resümierte schon 1925 der Finanzexperte Ernst Neckarsulmer in seinem Buch *Der alte und der neue Reichtum*. Er fügte hinzu, dass sich nie zuvor wie gerade in den aufgeregten Inflationszeiten gezeigt habe, wie unsicher ein in den Tagen anormaler Konjunkturen erworbener Reichtum ist. Und dass das oft zitierte Wort, dass es zwar leicht sei, ein großes Vermögen zu erwerben, aber weit schwerer, es auch zu erhalten, niemals mehr Geltung erhalten habe, als im Laufe des verflossenen Jahrzehnts, in dem der viel beneidete „Millionär" von gestern tags darauf schon ein armer Mann sein konnte und der gestern noch schwer um seinen Kredit kämpfende Spekulant einen Börsentag später schon nach geglückter Operation als über Nacht reich gewordener Mann dagestanden habe.

Insbesondere das Jahr 1923 war zunächst ein absolutes Boomjahr für die Banken.

Zu den Verlierern gehörten einerseits alteingesessene und andererseits auch eine ganze Reihe erst im Börsenboom gegründeter Banken, deren Namen oft schnell wieder vergessen waren. Dabei war insbesondere das Jahr 1923 zunächst ein absolutes Boomjahr für die Banken. Manche Bankhäuser leisteten sich in der Hauptstadt den Bau neuer palastartiger Zentralen, bei denen es viel um Repräsentation ging; tatsächlich aber benötigten alle Banken und selbst die kleinsten Filialen mehr und mehr Raum, um den stetig anschwellenden Ansturm der Kunden bewältigen zu können. Als es damit wegen der Markstabilisierung vorbei war, brachen neue und alte Banken zusammen oder wurden an andere Unternehmen verkauft. Hatten sie vorher sehr gute Geschäfte mit ihren Schuldnern gemacht, so konnten diese jetzt nicht mehr zahlen, und diese Unfähigkeit riss die Banken mit in den Abgrund. Schätzungen zufolge verloren die deutschen Banken mindestens zwei Millionen Goldmark, und davon ging die Hälfte auf das Konto der Berliner Bankhäuser, die damit am schlimmsten betroffen waren.

Die Börse erlebte einen so von niemandem erwarteten Aufschwung. Sie hatte bereits bewegte Zeiten hinter sich, denn der Beginn des Krieges hatte zunächst für einen absoluten Absturz gesorgt. Niemand mochte anfangs mehr investieren, aber allmählich besserte sich die Lage wieder – bis die Niederlage und die Angst der Wirtschaft vor Sozialisierung oder gar dem Ausbruch des Kommunismus in Deutschland nach der Revolution erneut für ein weitgehendes Herunterfahren der Geschäftsabläufe sorgte. Doch als der Wertverlust der Mark einsetzte, erst schleichend, dann immer rasanter, setzte ein Run auf die Sachwerte ein, weil jedermann sich damit im sicheren Hafen glaubte. Davon profitierte die Börse ungemein, denn nun wollten alle Aktien von Sachwerten kaufen. Der Ansturm wurde größer und größer, sodass die Börse bald Ruhetage einführen musste, um der Aufträge überhaupt noch Herr zu werden. Makler und auch die Banken kamen einfach nicht mehr hinterher. Was folgte, war geradezu eine Spekulationswut, analog zu der Tanz- und der Sexwut, die wir weiter unten beschreiben. Im Wochenrhythmus nahm das Treiben an der Börse zu. Jedes Steigen des Dollarkurses führte zu einer neuen Flucht aus der Mark in die Sachwerte, oder bei denen, denen das noch möglich war, in die Devisen. Das Börsengebäude war von Neugierigen umlagert, und überall in der Stadt drehten sich die Gespräche um nichts so eifrig wie um die Börsenkurse. Wie der Finanzjournalist Ernst Neckarsulmer ergänzte, habe in allen Depositenkassen der Großbanken ein immer größer werdender Andrang geherrscht. „In großen Waschkörben wurden bei den Banken die Schlußscheine aus den Börsenbureaus hinausgetragen, das Telephon stand auch während der Nachtstunden kaum still, alle Welt war von dem Börsenfieber ergriffen." In den Börsensälen selbst herrschte schon in den frühen Vormittagsstunden ein fast lebensgefährliches Gedränge, und daran

Jedes Steigen des Dollarkurses führte zu einer neuen Flucht aus der Mark in die Sachwerte.

änderte sich bis zum späten Nachmittag nichts mehr. Übrigens wurde der neue Traumberuf vieler junger Männer der des Bankers.

Unternehmer, die mit der Geldentwertung zu jonglieren wussten, nahmen Kredite auf, die, wenn die Rückzahlung anstand, nichts mehr wert waren. Einer der Gründe dafür war, dass Reichsbank-Präsident Rudolf Havenstein starr bei seinem einmal gefassten Beschluss blieb, nach dem Mark gleich Mark war. Das bedeutete, das Summen wie zum Beispiel für Kredite der Entwicklung nicht angepasst wurden. Auch wenn sich die Nullen an die Zahlen reihten, blieb also die ursprüngliche, bald sehr klein wirkende Kreditsumme, immer gleich. Diejenigen Unternehmer, die das Prinzip durchschauten und mit dem Risiko spielten, dass sich die Mark im Verhältnis zum Dollar auch urplötzlich anders entwickeln könnte, lebten wie die Maden im Speck. Es gab Hunderte, Tausende solcher Unternehmer, aber zum geradezu legendären Sinnbild wurde ein Mann: Hugo Stinnes. Selbst Stefan Zweig, der Feingeist, beschrieb diesen Industriellen in seinen Erinnerungen *Die Welt von Gestern* halb bewundernd, halb angeekelt: „Über ihnen allen erhob sich gigantisch die Gestalt des Großverdieners Stinnes. Er kaufte, indem er unter Ausnutzung des Marktsturzes seinen Kredit erweiterte, was nur zu kaufen war, Kohlengruben und Schiffe, Fabriken und Aktienpakete, Schlösser und Landgüter, und alles eigentlich mit Null, weil jeder Betrag, jede Schuld zu Null wurde. Bald war ein Viertel in seiner Hand, und perverserweise jubelte ihm das Volk, das sich in Deutschland immer am sichtbaren Erfolg berauscht, wie einem Genius zu."

Das war gar nicht einmal so übertrieben. Das geschickte Ausnutzen der Inflation ermöglichte es ihm, ganze Wälder zu kaufen, aus denen er das Grubenholz für seine Zechen gewann, und den steierischen Erzberg, die größte Erzlagerstätte Europas, zu erwerben. Er investierte in Eisen- und Stahlfirmen in Ungarn und kaufte in Rumänien chemische Firmen, Aluminium- und Holzwerte und dazu 150 Zeitschriften und Tageszeitungen. Als er 1924, kurz nach dem Ende der Hyperinflation, starb, besaß er Mehrheitsanteile an 69 Baufirmen, 66 chemischen, Papier- und Zuckerfabriken, 59 Zechen, 57 Banken und Versicherungen, 56 Eisen- und Stahlwerken, 49 Braunkohlegruben, 37 Ölfeldern und erdölverarbeitenden Betrieben, 100 metallverarbeitenden Fabriken, 389 Handels- und Transportunternehmen, 83 Eisenbahngesellschaften und Reedereien sowie an mehr als 100 weiteren Unternehmen verschiedener Branchen. Nach seinem Tod im April 1924 veröffentlichte der *Simplicissimus* eine Karikatur, auf der der Heilige Petrus just in dem Augenblick zu sehen war, in dem er mit der Himmelsglocke die Engel zusammenruft und ihnen mitteilt: „Stinnes kommt. Jetzt heißt's aufpassen, Kinder, sonst gehört ihm in 14 Tagen der ganze Betrieb." Auch Friedrich Flick, der 1923 seinen Firmensitz nach Berlin verlegte, profitierte durch geschicktes Agieren in der Inflation, kaufte allerdings nicht so wahllos wie Stinnes alles auf, was er zwischen die Finger bekam.

Hugo Stinnes habe eben einen eisernen Willen zur Macht gehabt, schrieb Ernst Neckarsulmer zwei Jahre nach dem frühen und überraschenden Tod des Finanzmagnaten. Neckarsulmer war keiner, der Stinnes als Inflationsgewinnler verdammte. Er hatte großen Respekt vor diesem Mann und verwies darauf, dass Stinnes, der ja auch schon vor dem Krieg ein erfolgreicher Industrieller gewesen sei, den Grundstein zu seinem märchenhaften Aufstieg nicht erst in der Inflation gelegt habe, sondern schon während des Krieges. Denn als alle Reeder ihre Schiffe wegen der englischen Blockade billig abstießen, habe er zugeschlagen und sie aufgekauft. Stinnes habe da bereits an die Zeit nach dem Krieg gedacht, wenn auch die Deutschen wieder Schiffe brauchen würden, um Waren und Güter zu transportieren. Als es dann so weit war, konnte er sie als einer der Wenigen zur Verfügung stellen.

Der Unternehmer Hugo Stinnes gehörte zu den Gewinnern der Inflation.

Hugo Stinnes war zweifellos eine Ausnahmeerscheinung. Einen Hugo Stinnes gab es in Berlin nicht, aber die Hauptstadt brachte doch einige Männer hervor, die es verstanden, selbst in den heißesten Zeiten der Inflation einen kühlen Kopf zu behalten und große Gewinne zu erwirtschaften.

Einer von ihnen war Otto Markiewicz, der schon vor dem Krieg in Berlin als Immobilienunternehmer erfolgreich gewesen war. Während des Krieges hatte er sich darauf verlegt, für deutsche Kommunen Kredite aus neutralen Ländern zu beschaffen, womit er sehr erfolgreich gewesen war. Kurz nach dem Krieg begann er damit, an der Börse als Geldgeber zu fungieren, und hatte dabei ein so glückliches Händchen, dass er bald als der reichste Mann Berlins galt. Allerdings starb Markiewicz kurze Zeit später, und sein Bankhaus mit Sitz Unter den Linden versank in der Bedeutungslosigkeit. Auch Hugo J. Herzfeld hatte sich während des Krieges im neutralen Ausland erfolgreich geschäftlich betätigt. Mit noch größerem Erfolg stürzte er sich dann ab dem Beginn des inflationsbedingten Börsenbooms in Aktiengeschäfte. Seine Methode sah so aus, dass er nicht wie viele andere Börsianer dieser Zeit mehr oder weniger wahllos Aktien kaufte, sondern gezielt komplette Aktienpakete übernahm beziehungsweise so lange Aktien eines Unternehmens zusammenkaufte, bis er mindestens große Teile davon besaß und es beherrschte. Dann verkaufte er die Aktien wieder mit Gewinn, denn wegen der Flucht in die Sachwerte waren solche Gesamtpakete äußerst beliebt. Zu seinen Abnehmern gehörte auch Hugo Stinnes, und die Tatsache, dass dieser Mogul mit Herzfeld solche Geschäfte machte, adelte ihn gewissermaßen an der Börse. Allerdings ereilte ihn das gleiche Schicksal wie Markiewicz, er starb bereits 1922.

Schließlich gab es noch einen dritten Mann, der auf die Liste der erfolgreichen Berliner Börsenprofiteure gehört: Jakob Michael. Dieser Mann wurde allerdings erst während der Hyperinflation in der zweiten Hälfte des Jahres 1923 reich, in einer Zeit also, in der unzählige andere Vermögen vernichtet wurden. Michael hatte ebenfalls eine besondere Masche: Er verkaufte den größten Teil seines Aktienbesitzes just im Herbst 1923, als die Politik sich endlich an die Stabilisierung der Mark machte. Mit dem Gewinn konnte er in der darauffolgenden Zeit, als das Geld extrem knapp war, verleihen und stieg zum größten Geldverleiher an der Berliner Börse auf. Er soll zeitweilig Tageszinssätze von 20 Prozent genommen haben, sodass wöchentlich Zinseinkünfte von mehreren Millionen Goldmark zusammenkamen. Den Gewinn legte er auch in der Folgezeit gut an, in Chemiefabriken, Kaufhäuser, Metall- und Motorenbau und anderes.

KRIMINALITÄT

VERBRECHEN WERDEN ALLTÄGLICH

Aus Not wurden die Menschen zum Hamstern gezwungen: überfüllte Züge beim Kartoffeltransport, 1920

Dass in Zeiten der Not die Kriminalität einen starken Aufschwung erlebte, kann nicht überraschen. Das gilt besonders für das Jahr 1923. Die Zahl der verurteilten Gesetzesbrecher stieg in ganz Deutschland auf 826 000; zehn Jahre zuvor waren es noch 562 000 gewesen. Und die Dunkelziffer war zweifelsohne immens groß. Vor allem die Zahl der Eigentumsdelikte stieg rasant an, und die mit ihnen zusammenhängende Hehlerei kletterte um das Siebenfache. Auch die Zahl der Morde stieg. Es gab aber auch erfreuliche Tendenzen in der Kriminalstatistik: 113 000 Körperverletzungen im Jahre 1913 standen 1923 nur noch 35 000 gegenüber, die Zahl der Beleidigungen, der Hausfriedensbrüche und der Sachbeschädigungen gingen ebenfalls stark zurück. Dies war auf einen einfachen Grund zurückzuführen: Da die Menschen kein oder zumindest weniger Geld für Kneipenbesuche hatten, ging der Konsum von Alkohol in der Öffentlichkeit zurück und damit auch die durch ihn verursachte Kriminalität. Das war eine Entwicklung, die in erster Linie die Männer betraf, deren Zahl sich zudem im Krieg verringert hatte.

Der Anteil der Frauen unter den Kriminellen veränderte sich in der Inflationszeit kaum und hielt sich stabil bei etwa 16 bis 18 Prozent. Damit lag er allerdings gut doppelt so hoch wie in den skandinavischen Ländern. Allerdings kam es im Vergleich zur Vorkriegszeit in den Jahren 1920 bis 1923 zu einigen bemerkenswerten Verschiebungen: Der Anteil von Frauen bei Eigentumsdelikten ging 1923 im Vergleich zum letzten Vorkriegsjahr deutlich zurück; bei den Diebstählen von 30 auf 15 und bei der Hehlerei von 40 auf 20 Prozent. Dagegen stieg der weibliche Anteil an Vergehen gegen Leib, Ehre und Leben von zehn auf 15 Prozent und noch deutlicher bei leichten Körperverletzungen und Beleidigungen auf ein Drittel. Auch bei den Totschlagsdelikten war ein Anstieg auf 17 Prozent festzustellen. Zeitgenössische Experten interpretierten diese Zahlen so, dass die weibliche Kriminalität noch gefühlsbetonter geworden war als sie es vor der Inflation ohnehin schon gewesen sei. Von weiblicher Kriminalität fühlten sich viele – und nicht nur Männer – in besonderer Weise bedroht. Denn dass Männer kriminell werden konnten, war zwar schlimm, aber man ging davon aus, dass ein solches Verhalten nun mal in der Natur des Mannes lag und unter bestimmten sozialen, gesellschaftlichen oder politischen Umständen ausbrechen konnte. Wenn Frauen dagegen, die bis zur Revolution weit weniger im öffentlichen Raum agiert hatten als Männer, kriminell wurden, so glaubten damals viele (männliche) Kriminologen, das läge in ihrer spezifischen Natur beziehungsweise in ihrem individuellen Charakter. Doch dass auch weibliche Kriminalität zu dieser Zeit in vielen Fällen

Auf den Feldern wurden Beobachtungsposten eingerichtet, um Plünderungen der Ernte zu verhindern.

eine Reaktion auf die bitteren Lebensumstände war, passte nicht in das Bild, das die damaligen Kriminologen von ihnen zeichneten.

Natürlich kann man längst nicht alle kriminellen Handlungen auf die schwierigen sozialen Umstände zurückführen, weder bei Frauen noch bei Männern. Ebenso muss man sich genauer ansehen, was sich eigentlich hinter der wachsenden Kriminalität verbarg. Bei den gut 826 000 Verurteilungen des Jahres 1923 wurden nur 293496 Gefängnisstrafen verhängt. Das waren 76 000 weniger als 1921, obwohl die Zahl der Verurteilten um 172 000 höher lag. Das deutet darauf hin, dass es sich bei vielen dieser Straftaten um kleinere Delikte handelte, die aus der Not heraus begangen wurden. Aber die gestiegene Gesamtzahl macht eben auch deutlich, dass mehr Menschen Lösungen in kriminellen Handlungen zu finden glaubten, was neben der gestiegenen Not auch auf eine gesunkene Moral rückschließen lässt. Und noch etwas: Die hohe Zahl geringer Strafmaße legt auch die Vermutung nahe, dass die Dunkelziffer sehr hoch war und vieles gewiss gar nicht verfolgt wurde oder verfolgt werden konnte. Zumal die Polizeibehörden allenthalben mit personellen Unterbesetzungen zu kämpfen hatten. Insgesamt pendelte sich die Kriminalitätsrate nach dem Ende der Hyperinflation bis 1925 wieder auf das Niveau des letzten Vorkriegsjahres 1913 ein.

Es kam auch zu Handlungen, die man unter dem Stichwort Kriminalität zusammenfassen kann, auch wenn das nicht zwangsläufig geschehen muss. Auf soziale, auch gewalttätige Proteste sind wir schon eingegangen. Aber auch bei anderen Aktivitäten, die eine Zeit lang geradezu zu Massenerscheinungen der Inflationszeit wurden, waren die Grenzen letztlich fließend, auch wenn es natürlich immer Täter und Täterinnen gab, die im Windschatten der sozialen Not aktiv waren.

Viele Menschen waren gezwungen, Lebensmittel zu hamstern, um überhaupt überleben zu können. Das entsprach durchaus dem Gerechtigkeitsempfinden vieler braver Bürgerinnen und Bürger, aber wie sollte Bertolt Brecht, der sich 1922 mehrere Monate in Berlin aufhielt, ein paar Jahre später in der *Dreigroschenoper* so schön formulieren: „Erst kommt das Fressen, dann kommt die Moral." Als er diese Zeile niederschrieb hatte er zweifellos die Erfahrungen aus der Inflationszeit vor Augen. Und warum sollten ausgerechnet die „kleinen Leute" mehr Moral beweisen als die Reichen und Neureichen, die es sich in den Nobelhotels und -restaurants gut gehen ließen mit Lebensmitteln, die aus Schiebereien stammten? Dass sie dabei oft aufs Kreuz gelegt wurden und ihnen beispielsweise das Fleisch gestohlener Pferde als Rindsbraten verkauft wurde, steht auf einem anderen Blatt.

Immer mehr Städter schlossen sich zu Banden zusammen, die auf das Land und in die Dörfer zogen, um sich die Lebensmittel zu organisieren, die ihnen die Landbevölkerung ihrer Ansicht nach zu Unrecht vorenthielt. Als die *Berliner Morgenpost* einen Reporter losschickte, um das Treiben zu beobachten, stellte er krasse Auswüchse fest. Dass die Bauern sich mit bewaffneten Wachen gegen solche Raubzüge zu wehren versuchten, hielt die Angreifer nicht ab. Wenn es nicht anders ging, setzten sie Handgranaten und Revolver ein. Sie brachen Ställe auf, holten die Pferde und Wagen heraus und luden alles, was nicht niet- und nagelfest war, darauf.

Je stärker die Krise die Menschen erfasste, desto rabiater wurde auch ihr Vorgehen. Die betroffenen Bauern forderten zum Schutz die Reichswehr an und finanzierten schließlich einen eigenen Feld- und Flurschutz. Die Tatsache, dass hier manche Kämpfer der von der Regierung aufgelösten rechten Freikorps vorübergehend ein neues Betätigungsfeld fanden, sei nur am Rande erwähnt. An manchen Stellen wurden regelrechte Schießstände errichtet, wobei aber nicht auf Rehe und Hasen geschossen wurde, sondern auf hungrige Menschen aus der Stadt. Allerdings gab es auch unter diesen Gewaltbereitschaft, wie ein Vorfall vom 25. Oktober 1923, also in der Hochzeit der Hyperinflation, als die Nerven allenthalben blank lagen, zeigt. Am frühen Morgen um sechs Uhr rückten weit mehr als 1000 Menschen mit Kartoffelhacken, Schaufeln und Säcken auf einem Feld zwischen Rudow und Britz an, um es zu plündern. Nachdem die Polizei alarmiert wurde, sollten vier Beamte den Kartoffeldiebstahl verhindern. Als ein besonders aufmüpfiger Arbeiter von einem Polizeibeamten abgeführt wurde, stürzten sich andere auf einen der Polizisten. Dieser wusste sich nur noch durch Waffengewalt zu wehren. Er zückte seine Pistole und gab mehrere Schüsse auf die Angreifer ab. Ein 13 Jahre alter Junge wurde tödlich getroffen, ein zwei Jahre älteres Mädchen schwer verletzt. Die Menge ergriff daraufhin die Flucht. Wenige Tage später erschossen Bauern und von ihnen engagierte Aufpasser in Marzahn zwei Kartoffeldiebe auf der Flucht.

Sehr weit verbreitet war auch der Eisenbahnklau – ein typisches Phänomen der Inflationszeit. Dabei ging es sehr häufig nicht nur um den Diebstahl von einzelnen Kisten, Fässern oder Säcken mit Lebensmitteln oder Kohlen, die zum Beispiel Jugendliche auf ihren nächtlichen Streifzügen mitgehen ließen. Nein, es wurden ganze Waggons verschoben. Dahinter steckten organisierte Trupps, und die Behörden waren meistens machtlos, weil sie nicht in der Lage waren, die Bahnhöfe umfassend zu bewachen. Auch und gerade Berlin war von diesem Phänomen betroffen. Zum Teil waren Angestellte der Eisenbahn in die Diebstähle involviert, wie zum Beispiel im September 1919 beim Diebstahl eines Waggons auf dem Güterbahnhof Rummelsburg, wo es auffällig häufig zu solchen Vorkommnissen kam; zum Teil trauten sie sich nicht, dagegen vorzugehen, weil sie um ihre Sicherheit fürchteten.

Dass die Moral rapide verfiel, zeigt auch die Tatsache, dass die Bestechlichkeit unter den Beamten wuchs. Beamtenbestechung hatte zu Kaisers Zeiten eigentlich als ausgeschlossen gegolten. Doch auch Beamte sind nur Menschen, und dass angesichts der steigenden Not vor allem der kleinen Staatsdiener mit niedrigem Gehalt einerseits und der sich immer häufiger ergebenden günstigen Gelegenheiten andererseits manch einer schwach wurde, kann nicht überraschen. So häuften sich die Fälle von Bestechungen, Unterschlagungen und Betrügereien. Manche dieser korrupten Beamten lebten aber auch über ihre Verhältnisse, was neben menschlicher Schwäche sicher auch darauf zurückzuführen ist, dass sie, die im Kaiserreich zu einer angesehenen und gut versorgten Gruppe gehört hatten, jetzt vom allgemeinen Taumel der Inflationszeit nicht verschont blieben. Auch sie litten unter den ständig steigenden Preisen, und auch wenn der Staat zumindest bis zum Beginn der Hyperinflation dafür sorgte, dass die Gehälter diesen Steigerungen, wenn auch ungenügend, angepasst wurden, so geschah dies doch oft mit einer erheblichen Verzögerung, was sich ungünstig auf die Kaufkraft auswirkte. Doch fast alle korrupten Beamten, die aufflogen, hatten entweder gespielt oder gewettet, sie waren Stammgäste in teuren Lokalen, in denen auch in der Inflationszeit alles geboten wurde, was das Herz begehrte und worauf die normale Bevölkerung schon lange verzichten musste – nur eben gegen viel Geld beziehungsweise Devisen. Ein Teil des auf unehrliche Weise verdienten Geldes wurde auch in Pelzen und Schmuck für die Ehefrauen angelegt, wie die Ermittlungen der Polizei immer wieder ergaben. Andere legten ihren unlauteren Gewinn aber auch gut an, wie das Beispiel eines Beamten aus der Reichsgemüsestelle zeigte. Als er im November 1920 aufflog, konnte er immerhin 400 000 Reichsmark zurückzahlen, die er auf mehreren Bankdepots liegen hatte. Für Aufsehen sorgte auch der Fall eines Beamten, der bei der Reichsbank

Dass die Moral rapide verfiel, zeigt die Tatsache, dass die Bestechlichkeit unter den Beamten wuchs.

Einen Restaurantbesuch konnten sich nur noch die Wenigsten leisten. Gasthaus Bierritze in Mitte

als Geldzähler beschäftigt war. Bei den schwindelerregenden Summen, mit denen er zu tun hatte, konnte sich der ehemalige Offizier letzten Endes nicht mehr zurückhalten und griff zu. Damit sein neuer Reichtum nicht auffiel, ließ er sich von Berlin nach Freiburg versetzen. Dort kaufte er sich ein Haus, geriet aber trotz des Umzugs ins Visier seines Vorgesetzten, der sich wunderte, wie der kleine Beamte an das Geld für den Hauskauf gekommen war. Es stellte sich heraus, dass er kurz vor der Stabilisierung der Mark im Herbst 1923 die Summe von 2000 Billionen Mark und eine Goldanleihe in Höhe von 14 000 Mark gestohlen hatte.

Zu einem großen Problem der frühen Nachkriegszeit wurde die Falschmünzerei. Zweifellos war die Dunkelziffer sehr hoch, doch den Behörden gelang es auch immer wieder, Geldfälschern auf die Schliche zu kommen. So flog beispielsweise im Juni 1921 in Köln eine Falschmünzerbande mit mehr als 100 Mitgliedern auf, die nicht weniger als elf Falschmünzerwerkstätten in Betrieb hatte. Sie brachte Millionen an gefälschten Münzen in Umlauf und druckte auch holländische Gulden, die als Devisen sehr begehrt waren.

Nach dem Krieg herrschte in Deutschland ein großer Mangel an Kupfer und Bronze, die mit teuren Devisen im Ausland gekauft werden mussten. Bald wurden reihenweise Türklinken gestohlen, ebenso wurden in den Truppen die Geländerstangen aus Messing herausgerissen und heimlich fortgetragen. Denkmäler aus Bronze wurden nachts abgebaut und anschließend eingeschmolzen, sodass sich mancherorts die Stadtverwaltungen gezwungen sahen, die Kunstwerke in den Magazinen in Sicherheit zu bringen. Auch Graburnen auf den Friedhöfen waren vor Diebstahl nicht sicher. So schleppten zum Beispiel eines Nachts Unbekannte ein drei Zentner schweres Grabmal vom Friedhof St. Paul in der Seestraße im Berliner Wedding fort. Gerne genommen wurden allerorts auch Gullydeckel, die aus dem Boden gehebelt wurden. Dass die Hemmungen in der Not fielen, zeigt auch ein weiteres Beispiel: Aus vielen Eisenbahnzügen wurden die Plüschbezüge der Sitzpolster herausgeschnitten und anderweitig verwertet. „Manch einer lief herum in Plüschhosen, die dasselbe Muster zeigten wie der Eisenbahnplüsch“, schrieb Hans Ostwald in seiner *Sittengeschichte der Inflation.*

Geradezu zu einem Massenphänomen wurde die Grenzschmuggelei über die Grenzen im Westen des Reiches – Waren, die auch nach Berlin gelangten. Zu den bevorzugten Schmuggelwaren gehörten Zigaretten, die die Arbeiter in den Industriebetrieben billig kauften und anschließend weiterverkauften, um so ihren Lebensunterhalt zu sichern. Schätzungen zufolge entgingen dem Reich allein 1919/20 dadurch 15 Milliarden Mark an Steuern, damals noch eine veritable Summe. Ebenfalls ein sehr großes Problem stellten die Schieber dar, die dem Reich und den Ländern Verluste in kaum abzuschätzender Höhe bescherten. Verschoben wurde praktisch alles, was irgendwie gefragt war, zum Beispiel Vieh, Holz, Papier, Textilien, Silber und natürlich Lebensmittel. Die Dunkelziffer dürfte ungleich höher sein als die bekanntgewordenen Fälle, aber ein Bericht der bayerischen Landeswucherabwehrstelle gibt einen Hinweis auf die Größenordnungen. Die Behörde schätzte den Schieberumsatz für das Jahr 1920 auf eine halbe Milliarde Reichsmark (zu einer Zeit also, als die Mark zwar schon schwach, aber noch längst nicht ins Bodenlose abgestürzt war und die Schiebereien zweifelsohne noch nicht ihren Höhepunkt erreicht hatten). In dem Bericht wird unter anderem aufgelistet: Fleisch für zwei Millionen Mark, lebendes Vieh für 150 000 Mark, Eier für 185 000 Mark, Kakao für 140 000, Obst und Gemüse für 120 000 und Branntwein für 3,5 Millionen Mark. Rauchwaren schlugen mit 2,1 Millionen zu Buche, Textilien mit 3,5 Millionen, Flugzeuge und Autos mit 2,5 Millionen und Häute und Leder mit 16 Millionen Mark.

Unter den verschobenen Waren befanden sich 4000 Zentner Fleisch, 19 Autos, 60 Flugzeuge, 70 000 Liter Wein sowie 500 Zentner Kaffee und Zucker. Auch in andere Gebieten Deutschlands wurde natürlich ordentlich verschoben.

Es kann kaum überraschen, dass es auch Unternehmer gab, die die Not der Menschen und ihre zunehmend begrenzten Möglichkeiten, sich mit Lebensmitteln zu versorgen, ausnutzten. Ein Fall, der an die Öffentlichkeit geriet und die Menschen besonders empörte, ereignete sich in Hamburg. Dort hatte die Konservenfabrik Heil verdorbenes Fleisch von Ratten, Hunden und Katzen verkauft; weil sich der Gestank rund um die Fabrik ausbreitete, flog der Schwindel schließlich auf. Eine wütende Menge nahm daraufhin Rache, wie die Wochenzeitung *Zukunft* von Maximilian Harden berichtete: „In Hamburg waren Rathausmarkt und Jungfernstieg von aufgeregten Menschen erfüllt. In ihrer Mitte zogen sie einen Karren. Ein älterer, kreidebleicher Mann stand vornauf und hielt mit bebenden Händen ein Schild mit der Inschrift: ‚Ich bin der Meister der Heil Fabrik.‘ Hinter ihm eine zweite Tafel: ‚Die Vorarbeiter‘. Die Leute hielten in beiden Händen Ratten, Katzen und Hundeteile. Ab und zu hielt der Wagen. Dann mußten die Leute aus einem Topf essen. Ich konnte nicht sehen, was. Einige behaupteten, es sei rohes Katzenfleisch, andere ‚Heil-Bouillon‘. Die Sache hatte durchaus das Wesen einer Volksjustiz. Die Masse (mit viel Gesindel vermischt, aber alles ohne Waffen, Schutzleute oder Volkswehrmänner waren nicht zu erblicken) genoß das Schauspiel. Die sittliche Empörung war nicht sehr einheitlich. ‚Die können ja nichts davör‘. ‚Aber natürlich. Die haben ja doch Schweigegelder genommen. Dafür haben sie doch auch schönes Geld verdient‘. ‚Das kann man keinem Menschen verdenken in dieser Zeit.‘“ Auch in Berlin kursierten Gerüchte, denen zufolge Hersteller gefälschte Fleischwaren verkauft hätten. Sogar von Menschenfleisch war die Rede. Ein Experte, der in allen Stadtteilen der Hauptstadt in Geschäften Proben nahm, wurde allerdings nicht fündig. Er musste aber feststellen, dass die Qualität der Waren häufig minderwertig war und das Fleisch nicht das war, als was es verkauft wurde. „Katzenfleisch war in besseren Würsten sehr selten“, hieß es lakonisch in einem Bericht. Hundefleisch wurde gar nicht gefunden. Auch ohne wissenschaftliche Analyse war vielen Menschen klar, dass ihnen häufig anstatt Schweinefleisch Pferdefleisch vorgesetzt wurde. Die Berliner fanden für dieses kulinarische Angebot einen Spitznamen: Hottehübulette. Gar nicht so selten hatten die Kunden aber gar keinen Grund, sich zu beschweren, denn dem Rindfleisch wurde Hirsch und Kaninchen zugesetzt. Das war durch illegale Jagd oft leichter zu bekommen als Rind.

ORGANISIERTE UNTERWELT – DIE RINGVEREINE

Waren die beschriebenen Erscheinungen zeitlich durch die Inflation bedingt und verschwanden nach der Konsolidierung der Mark wieder, so saugte auch die permanente Kriminalitätsszene in der Hauptstadt Nektar aus den widrigen Umständen der Zeit. Dass Berlin als mit Abstand größte Stadt Deutschlands ein guter Nährboden für eine blühende Kriminalität war, ergibt sich von selbst. Vieles, was später, in der Endphase der Weimarer Republik, in den Fokus der Öffentlichkeit geriet, gab es auch schon in der Zeit der Inflation und manches sogar in extremerer Form. In diesen Jahren nahmen Phänomene ihren Anfang, die aus den Büchern von Volker Kutscher und der darauf aufbauenden Fernsehserie *Babylon Berlin* bekannt sind und gerne unter der Überschrift „Der Tanz auf dem Vulkan" zusammengefasst werden. Doch manches begann in den tollen Jahren der Inflation, und auch, wenn manche Erscheinungen noch unter dem Radar der öffentlichen und medialen Wahrnehmung segelten oder zumindest nicht so im Fokus standen wie später, bedeutet das nicht, dass es sie nicht gab.

Ein für Berlin typisches Phänomen waren die sogenannten Ringvereine. In der Öffentlichkeit wurden diese Verbrecherorganisatio-

In der Schankwirtschaft in der Breslauer Straße 1 am Schlesischen Bahnhof kam es 1928 zur Straßenschlacht zwischen Mitgliedern des Ringvereins Immertreu und Hamburger Zimmerleuten.

nen erst 1928 ein Thema, als es am Schlesischen Bahnhof zu einer „Schlacht“ mit Hamburger Zimmerleuten kam, bei der es einen Toten und zahlreiche Verletzte gab. Doch tatsächlich finden sich die ersten Spuren dieser Vereine bereits mehr als 30 Jahre zuvor, nämlich in den 1890er-Jahren. Damals schlossen sich erstmals Kriminelle zusammen, um sich gegenseitig zu unterstützen. Der erste dieser Vereine war der 1889 gegründete Geselligkeitsverein Königstadt 1889, der sich vermutlich in einer Kaschemme an der Landsberger Straße formierte, wie die Expertin für die Geschichte der Ringvereine, Regina Stürickow, schreibt. Es folgten der Vergnügungsverein Glaube, Liebe, Hoffnung 1890, der Männergesangsverein Norden 1891, der Vergnügungsverein Osten 1909, die Geselligkeitsvereine Hand in Hand und Friedrichstadt sowie die offiziell als Sportklubs gegründeten Deutsche Kraft 1895 und Rosenthaler Vorstadt. Aktiv waren die ersten Vereine also schon lange, aber erst nach dem Krieg erlebte das Ringvereinswesen seine Blüte.

Wie die Beispiele zeigen, gaben die Vereine sich gerne harmlos klingende Namen und ein ebensolches Erscheinungsbild nach außen. Ursprüngliches Ziel dieser Vereine war die Unterstützung von Strafgefangenen, die nach ihrer Entlassung aus dem Gefängnis wieder Boden unter die Füße bekommen wollten, oder deren Angehörigen, während sie im Gefängnis saßen. Dieses Ziel verfolgten die Vereine auch in den Zwanzigerjahren durchaus noch weiter, aber längst waren aus ihnen effiziente Verbrecherorganisationen geworden, die aufgeschreckte Bürger und sensationslüsterne Zeitungen an die Mafia in Chicago erinnerten. Sie kontrollierten vor allem, aber nicht nur, die Vergnügungsindustrie Berlins. Nahezu jeder Kellner, Barmann und Portier, Schuhputzer und Toilettenmann war irgendwie mit ihnen verbandelt. Das galt auch für die Damen des horizontalen Gewerbes. Sie wurden von den „Brüdern“ geschützt und bedankten sich dafür mit regelmäßigen Geldbeiträgen. Prostitution war eine der wichtigsten Einnahmequellen der Vereine. In den Zwanzigerjahren war aus dem ursprünglichen Gedanken der gegenseitigen Hilfe in die Kriminalität geratener Männer eine weitverzweigte Verbrecherorganisation geworden. Allerdings weist die Historikerin Stürickow darauf

> Die Vereine gaben sich gerne harmlos klingende Namen und ein ebensolches Erscheinungsbild nach außen.

hin, dass es keineswegs erwiesen sei, dass wirklich nur Vorbestrafte Aufnahme fanden, wie oft behauptet wird.

Diese Vereine wurden von einem – gut bezahlten – „Geschäftsführer" geleitet, der sein Büro meistens im jeweiligen Stammlokal des Vereins hatte. Diese Männer gaben sich Namen wie Kavalier-Fritze oder Juwelier-Paul. Der berühmteste dieser Unterweltbosse war Muskel-Adolf, der auch bei der Schlacht am Schlesischen Bahnhof 1928 dabei war. Mit bürgerlichem Namen hieß Muskel-Adolf eigentlich Adolf Leib und war ein 1900 in Berlin geborener Krimineller. Er geriet nach der Schlägerei am Schlesischen Bahnhof in die Fänge der Polizei und wurde wenige Wochen später vor Gericht gestellt. Doch nun zeigten die Vereine, was eine ihrer besonders wichtigen Funktionen war: Durch massenhafte Falschaussagen verhinderten sie eine Gefängnisstrafe Leibs. Bei aller Konkurrenz, die untereinander herrschte, hielten die Vereine und ihre Brüder gegenüber der „Polente" zusammen. Vor Gericht gaben sich die Mitglieder immer wieder gegenseitig falsche Alibis oder schüchterten potenzielle Zeugen ein, sodass diese es vorzogen, nicht auszusagen.

Ob es solche Aktionen der Ringvereine auch schon in den Inflationsjahren gab, wissen wir nicht, denn das „Vereinswesen" organisierte sich im Laufe der Zwanzigerjahre immer besser. Der Jurist und Kriminologe Robert Heindl, Herausgeber der Zeitschrift *Archiv für Kriminologie*, erwähnte sie in seinem 1926 erschienenen Buch *Der Berufsverbrecher* nicht namentlich, sprach aber von „Organisationen der Unterwelt", und damit kann er eigentlich nur die Ringvereine gemeint haben. Dass die Vereine auch in den ersten Jahren nach dem Krieg aktiv waren, wenn auch von der Öffentlichkeit noch weitgehend unbemerkt, ist jedenfalls unbestritten. Das zeigt sich beispielsweise an den Statuten des Sport-Clubs Immertreu 1921, dessen Gründungsjahr im Namen abzulesen ist. Als Zweck wurde in Paragraf 2 die „Förderung der Freundschaft und Geselligkeit unter den Mitgliedern" und die „Unterstützung in Krankheits- und besonderen Notfällen" festgeschrieben; im Todesfalle eines der Mitglieder sollten dessen Frau und Kinder unterstützt werden. Mitglieder konnten nur Männer ab 21 Jahren werden, ein wöchentlicher Beitrag wurde ebenso festgesetzt wie Strafgelder im Falle von Fehlverhalten. Die schwerste Strafe war der Ausschluss aus dem Verein. Nach fünfjähriger Mitgliedschaft wurde den Männern ein Siegelring überreicht, den sie von da an stolz am Finger trugen.

Die Ringvereine waren sogar in einem Dachverband organisiert. Die Polizei fasste sie eher behutsam an, und das nicht nur, weil sich die Vereine eine gewisse Macht erarbeitet hatten, sondern auch, weil

In Fritz Langs Film *M* helfen die Ringvereine, den Mörder Hans Beckert (Peter Lorre) zu überführen.

sie in der Lage waren, für Ruhe zu sorgen oder sich selbst effektiv auf Verbrecherjagd zu begeben, wenn sie das für richtig hielten. Das konnte bei Mord und sexueller Gewalt der Fall sein. Berühmt wurden diese Aktivitäten 1931 durch den Film *M – Eine Stadt sucht einen Mörder* des Regisseurs Fritz Lang. Dabei trat Muskel-Adolf als „Berater" Langs auf. Lang konnte sich gegen diese „Beratung" nicht wehren, obwohl er eigentlich gerne darauf verzichtet hätte, und musste auch noch ordentlich dafür bezahlen. Die Polizei fühlte sich durch den Einsatz der Brüder und Vereine durchaus gehemmt im Kampf gegen das organisierte Verbrechen, schließlich profitierte sie ja davon. Da es ihr, so stellte die *Vossische Zeitung* 1929 fest, nicht gelinge, gegen alle Verbrecher in der Hauptstadt gleichermaßen vorzugehen, verzichte man eben vollkommen auf die Verfolgung der einen, um mit deren Hilfe die anderen zu fangen. Das mag übertrieben gewesen sein, aber doch nicht ohne Grund fragte die „Tante Voss", ob die Polizei nicht vielleicht Verhaftungserfolge gegen die Ringvereine und ihre Brüder fürchte, statt herbeisehne.

Mit dem Anwalt Erich Frey hatten die Ringvereine einen renommierten und gewitzten Verteidiger und mit dem Schriftsteller und Journalisten Artur Landsberger, der zahlreiche Gerichtsreportagen für die *B.Z. am Mittag* und die *Vossische Zeitung* schrieb, eine Stimme, die Kritiker geradezu als eine Art inoffiziellen Pressesprecher sahen. Aus heutiger Sicht ist es zudem erstaunlich, dass sich bei den Zeitungen und selbst in den Reihen der Kriminologen Unterstützer fanden, als einige der Vereine nach der Schlägerei am Schlesischen Bahnhof zeitweilig verboten wurden. Selbst der Vizepräsident der Berliner Polizei, Bernhard Weiß, sprach sich gegen das Verbot aus, denn setze man die Ringvereine zu sehr unter Druck, so Weiß, bestünde doch erst recht die Gefahr, dass deren Mitglieder zu Schwerstkriminellen würden. Das waren viele Mitglieder aber längst und es kann kein Zweifel daran bestehen, dass die Ringvereine verbrecherische Organisationen waren. Konnten und wollten Polizei und Justiz in den Zwanziger- und frühen Dreißigerjahren also nicht wirklich vehement gegen die Ringvereine vorgehen, so änderte sich das radikal mit dem Machtantritt der Nationalsozialisten. Von da an gab es kein Pardon. Viele der Ringbrüder landeten als Berufsverbrecher in Konzentrationslagern und manch einer verlor hier auch sein Leben. So erging es wohl auch Muskel-Adolf. Er wurde Anfang 1934 von der Gestapo verhaftet – ab da verloren sich seine Spuren.

DER KRIMINELLE NACHWUCHS – DIE WILDEN CLIQUEN

„Ein Gespenst, unfaßbar, unentlarvbar, lauert im Hintergrund fast aller berliner (sic!) Strafprozesse, die gegen Jugendliche geführt werden: das Gespenst der wilden Cliquen“. Mit diesem Satz schlug die Sozialwissenschaftlerin Christine Fournier Anfang 1931 in der *Weltbühne* Alarm. Die Autorin beschrieb in ihrem ausführlichen Artikel ein Phänomen, das es nicht nur in Berlin gab, das hier aber in besonderem Maße auftrat: die sogenannten Wilden Cliquen. Ihre Wurzeln lagen bereits vor dem Krieg in der Jugend- und Wandervogelbewegung; während des Krieges entwickelten sich aus diesen weitgehend harmlosen und friedlichen, lediglich etwas aufmüpfigen Jugendgruppen zum Teil marodierende Banden von Jugendlichen, deren Väter an der Front oder tot waren und deren Mütter sich nicht um sie kümmern konnten, weil sie in der Kriegswirtschaft tätig waren und den Lebensunterhalt der Familie sichern mussten. Im Chaos der Nachkriegsjahre entstanden mehr und mehr solcher Gruppen.

Zum Teil handelte es sich um politische, in den allermeisten Fällen linksstehende, Vereinigungen von Jugendlichen, aber der Anteil der schlicht kriminellen Cliquen wuchs beständig. Zur Hochzeit der Inflation kam es sogar zu Versuchen, Ringe nach dem Vorbild der Ringvereine zu gründen, doch ins Rampenlicht einer verschreckten Öffentlichkeit traten sie erst in der Endphase der Weimarer Republik, als die Wilden Cliquen während der Weltwirtschaftskrise erneut einen massiven Aufschwung erlebten.

Die Zeitungen, vor allem die bürgerlichen, nahmen sich dieses Phänomens gerne an, nicht selten auch in reißerischer Aufmachung. Dass es ein Problem mit diesen Cliquen gab, steht außer Frage, und das gilt auch für die Inflationszeit. Es gab aber durchaus auch Beobachter, die ihnen grundsätzlich etwas Positives abgewinnen konnten, wenn das auch natürlich nicht für diejenigen mit krimineller Ausrichtung galt. So schrieb der sozialdemokratische *Vorwärts* rückblickend 1931: „Die Entwicklung solcher Vereine und Jugendcliquen datiert nicht erst seit heute und gestern. Sie begann sofort nach dem Kriege, als das allgemeine Befreiungsgefühl die Wanderbewegung und die Naturfreudigkeit stärkte ... Deshalb darf man unter keinen Umständen die Jugendcliquen an sich verdammen. Sie sind – zu besseren Organisationsformen umgebildet – sogar gesellschaftlich notwendig, denn sie fördern den Zusammenhalt unter der Jugend, ersetzen manchen Jugendlichen die Familie, die ja erst in ihrem Gemeinschaftsgehalt nicht mehr besteht, und pflegen vor allem einen hohen Grad an Gemeinschaftsarbeit."

> „Die wilden Cliquen sind Organisationen jugendlicher Verwahrloster, jugendlicher Dissozialer."

Die Gemeinschaftsarbeit der kriminellen Wilden Cliquen war indes speziell und durchaus dazu angetan, die Gesellschaft in Angst und Schrecken zu versetzen. Schon die Namen dieser Cliquen schienen für sich zu sprechen, nannten sie sich doch Tartarenblut (bei ihr handelte es sich um die medial auffälligste), Trapperblut, Indianerblut, Kosakenblut, Zigeunerblut, Zigeunerliebe, Wildsau, Mädchenscheu, Wildwest, Bauernschreck, Rote Apachen, Schwarze Liebe, Roter Schwur, Todesverächter, Blutiger Knochen, Dreckstiebel, Wald- und Wiesenpenner, Schwarzflaggen und Waldpiraten. Und so kam Christine Fournier auch zu einem eindeutigen Urteil: Die Atmosphäre sei von Verachtung, von Hass auf die Gesellschaft,

Sentimentalität und Hemmungslosigkeit geprägt und bestimmt von einem Ziel: Triebbefriedigung. „Die wilden Cliquen sind Organisationen jugendlicher Verwahrloster, jugendlicher Dissozialer – letztlich Gemeinschaften von Gemeinschaftsunfähigen." Die Cliquen oder auch Klicken trieben ihr Unwesen häufig in den Berliner Randbezirken, wo sie in Häuser einbrachen, Autos stahlen oder Passanten auf der Straße überfielen. Nur in ganz seltenen Fällen gelang es der Polizei, eine ganze Clique festzusetzen. Gewöhnlich gerieten nur ein oder wenige Mitglieder einer Clique in ihre Fänge. Sie wurden in Fürsorgeanstalten gesteckt, aus denen sie alsbald wieder entflohen und wo sie nicht selten zuvor noch andere Kinder und Jugendliche dazu animierten, sich der Szene anzuschließen. Der Großteil der Mitglieder war zwischen 16 und 18 Jahre alt, ein kleinerer Teil zwischen 14 und 16; es gab auch Cliquen, die aus 20- bis 22-Jährigen bestanden. Die Organisation war hierarchisch. An der Spitze stand ein „Cliquenbulle", zumeist der Stärkste oder der Klügste. Ihm zur Seite stand oft eine „Königin", die im Rang über den „Cliquenkühen", den normalen weiblichen Mitgliedern stand. Die Königin „gehörte" sexuell betrachtet dem Bullen, der sich aber auch bei allen anderen weiblichen Mitgliedern bedienen durfte, so oft es ihm danach verlangte. Emanzipation wurde nicht großgeschrieben; immer wieder entstanden auch reine Mädchengruppen, die aber für gewöhnlich nie über einen längeren Zeitraum Bestand hatten. Die Aufnahme- beziehungsweise Prüfungsriten für neue Mitglieder waren rau, und schon sie zeigen, dass das Gemeinschaftsleben der Clique stark sexualisiert und exhibitionistisch war. Neue männliche Mitglieder mussten in einem bestimmten Zeitraum einen Geschlechtsakt vorführen oder vor den Mitgliedern masturbieren. Auch Erniedrigungen sexueller oder anderer Art gehörten zu diesen Riten. „Sehr häufig werden die Lehrlinge nackt ausgezogen, gefesselt und mit Kot und Urin beschmiert. Zu schweigen vom Cliquentauffraß, den die Lehrlinge einnehmen müssen", berichtete Fournier. Die Cliquenbullen schickten die weiblichen Mitglieder ihrer Clique auch auf den Strich.

Ab Mitte der Zwanzigerjahre gerieten diese Cliquen mehr und mehr in den Fokus von Jugendexperten, denn es wurde klar, dass ein großer Teil der Bewohner von Fürsorgeeinrichtungen diesen Cliquen angehörte. Wenige Jahre nach der Inflationszeit gehörten den Cliquen nach einer zeitgenössischen Schätzung deutschlandweit etwa 14 000 Jungen und Mädchen an, davon lebten vermutlich die meisten in Berlin. Andere Schätzungen sprechen sogar von 600 Cliquen mit bis zu 30 000 Mitgliedern, wobei in diese Zahl auch die harmlosere Wandercliquen eingerechnet waren. In den Jahren nach dem Krieg dürfte ihre Zahl kaum niedriger gewesen sein, vielleicht war sie sogar höher. Die Mitglieder trafen sich im Sommer häufig an den Seen im Berliner Umland und wohnten oft heimlich in Kellern oder auf Dachböden; hatten sie keinen Schlafplatz, nutzten sie oft Tageskinos (die damals schon am Vormittag öffneten) zum Ausruhen und Schlafen. Tagsüber und abends hielten sich die Jugendlichen in den vielen Berliner Lokalitäten auf. Viele waren bei den Wirten verschuldet und waren dadurch von ihnen abhängig. Dann mussten sie für die Wirte zum Teil auch kriminelle Handlungen begehen.

Dass die Cliquen in der Öffentlichkeit einen denkbar schlechten Ruf hatten, kann nicht überraschen. Dass Sozialexperten wie Otto Voß und Herbert Schön mit ihren Versuchen, die Hintergründe dieser Jugendgruppen zu durchleuchten und dadurch mehr Verständnis aufzubringen, Erfolg hatten, ist unwahrscheinlich. Christine Fournier beispielsweise malte in der Öffentlichkeit ein ziemlich krasses Bild der Cliquen, verhehlte aber nicht, dass sie die Schuld an ihrem Auftreten bei der Gesellschaft sah. Sie schrieb: „Kriminelle Cliquen werden die Jugendlichen-Verbände der meist rettungslos Verwahrlosten genannt, jener Unglücklichen, die durch schwere Erziehungsfehler, durch erschütternde Erlebnisse, vor allem durch übermäßige Entbehrungen in der Kindheit aus dem normalen seelischen Entwicklungsgang ausgestoßen wurden und die lebensnotwendige Anpassung an die Realität nicht gewinnen konnten. Diese von Leben und Liebe so stiefmütterlich behandelten Jungens und Mädels formen sich als Ersatz für die aufgezwungenen Entsagungen, und wenn sie nicht der Melancholie verfallen oder Selbstmörder werden wollen, eine eigene Phantasiewelt, eine Welt mit anderen als den üblichen Werten, eine Welt hemmungsloser, infantiler Triebhaftigkeit, eine Welt des Hasses gegen die Gesellschaft, die sie der Not und Pein überläßt. Je härter solche Kinder vom Leben, von den Eltern, Erziehern, Richtern angepackt werden, desto tiefer werden sie in ihre Phantasien gedrängt, in die Dissozialität, in die Kriminalität." In der Öffentlichkeit war das Bild weit verbreitet, dass die kriminellen wilden Cliquen die Vorschule für das große Verbrechertum seien, das sich in den Ringvereinen organisierte. Jugendliche dagegen scheint das Leben der Wilden Cliquen durchaus fasziniert zu haben, und es

Viele waren bei den Wirten verschuldet und dadurch von ihnen abhängig.

ist bekannt, dass es während der Inflationszeit unter Schülern eine gewisse Anzahl von Bewunderern gab.

GELEGENHEIT MACHT DIEBE UND MÖRDER

Die ersten Jahre nach dem Krieg waren eine raue Zeit, in der die Achtung eines Menschenlebens und des Eigentums anderer weniger ausgeprägt waren als in normalen Zeiten. Die Erfahrungen des Krieges und die blanke Not trieb viele Menschen in die Kriminalität, die unter anderen Umständen wohl gar nicht damit in Berührung gekommen wären. An der Spitze des Eisberges standen die Serienmörder, die die Menschen das Gruseln lehrten. Allen voran Fritz Haarmann, der in Hannover zwischen 1918 und 1924 mindestens 24 Jungen und junge Männer umgebracht hatte und dafür Ende 1924 zum Tode verurteilt und dann hingerichtet wurde.

Doch solche Horrorszenarien gab es nicht nur im fernen Hannover, sondern auch in Berlin – und hier gleich zweimal. Friedrich Schumann, der als „Massenmörder vom Falkenhagener See" in die Kriminalgeschichte einging, wurde 1921 wegen sechsfachen Mordes hingerichtet; zusätzlich war er noch wegen einer ganzen Reihe anderer Delikte zu weiteren Strafen verurteilt. Wahrscheinlich waren dabei längst nicht alle Morde bekannt, die er begangen hatte. Zwar konnten ihm im Gerichtsverfahren nicht mehr als die sechs nachgewiesen werden, aber die Ermittler gingen davon aus, dass es mit einiger Sicherheit tatsächlich eine ganze Reihe mehr gewesen waren. Seinem Anwalt Erich Frey gestand er am Abend vor seiner Hinrichtung, insgesamt 25 Morde begangen zu haben. Ob das den Tatsachen entspricht, ist bis heute ungeklärt.

Der dritte Fall war der des Carl Großmann. Er wurde 1922 des Mordes an 23 Frauen beschuldigt und vor Gericht gestellt. Großmann hatte in den Jahren 1918 bis 1921 immer wieder Frauen in der Gegend um den Schlesischen Bahnhof in Friedrichshain angesprochen. Sie stammten aus der Provinz und waren in der Hoffnung auf ein neues Leben in Berlin gestrandet – eine Illusion ausgerechnet in der kalten, rauen und unbarmherzigen Millionenmetropole. Großmann sprach die meist verzweifelten Frauen an und lockte sie mit der Aussicht auf eine Stelle als Hauswirtschafterin in seine Wohnung in der Nähe der Schillingsbrücke. Hier tötete er sie, zerteilte ihre Körper und entsorgte die Leichenteile im Engelbecken und im Luisenstädtischen Kanal. An dem Tag, an dem er auf frischer Tat überführt wurde, fand die Polizei verkohlte Hände in seinem Ofen. Es

Aktenzeichen:

Familienname: Grossmann

Vornamen (Rufname unterstreichen): Carl Friedrich Wilh.

Vor- und Zuname des Vaters: Carl G.

Vor- und Zuname der Mutter: Sophie geb. Brüssel

Geburts-Tag, -Monat und -Jahr: 13. 12. 63.

Geburts-Ort: Neuruppin

Verwaltungsbezirk: [illegible]

Staat: Pr.

Familienstand, ob ledig, verheiratet, verwitwet, geschieden mit (Vor- und Zunamen der Ehegattin)

Letzter Wohnort, Gemeinde: Gipsstr. 21 / Langestr. 88/89

Für Reichsausländer **Heimatsstaat:**

Religionsbekenntnis: ev.

Stand (Beruf, Gewerbe): Schlächter

Militärverhältnis: –

Vorbestrafungen: [illegible]

Jetzt verhaftet wegen: [illegible]

Bemerkungen: Am 23. 8. 21 hier wegen Mordverd.

Personalbeschreibung. 1

(Die zutreffenden Angaben sind zu unterstreichen.)

1. **Grösse:** 1 m 71 cm (sehr klein, klein, mittel, gross, sehr gross).
2. **Gestalt:** (schwächlich, schlank, untersetzt, kräftig, stark).
3. **Schulterneigung:** (schräg, wagerecht).
4. **Haar:** b (Farbe, Fülle). Glatze
5. **Bart:** [illegible] (Farbe, Form, Fülle).
6. **Gesicht:** – (Farbe, Form, Fülle).
7. **Stirn:** (hoch, geneigt, niedrig).
8. **Auge:** (blau, grau, gelb, gelbrot, hell- dunkelbraun, schwarz).
9. **Augenbrauen:** b (Farbe, Form: bogenförmig od. zusammengewachsen).
10. **Nase:** (klein, mittel, gross, dick, schmal, breit, eingedrückt, geradlinig, wellig, Stumpf-Adlernase).
11. **Ohren:** (klein, mittel, gross, abstehend, anliegend, durchlocht).
12. **Mund:** (klein, mittel, gross, dünne Lippen, aufgeworfene Lippen).
13. **Zähne:** (vollständig, lückenhaft, auffallend gross oder klein, schräg gestellt, falsches Gebiss oben oder unten).
14. **Kinn:** (spitz, breit, Doppelkinn, Grübchen).
15. **Hände und Füsse:** (wenn besonders gross oder klein).
16. **Gang und Haltung:** (wenn besonders auffallend).
17. **Sprache:** [illegible] (Mundart, fremde Sprache, stotternd, lispelnd, auffallend tiefe oder helle Stimme).
18. **Besondere Kennzeichen:** (ins Auge fallende Eigenheiten: Narben Leberflecke, Muttermale, X- oder O-Beine, Verkrüppelungen, Tätowierungen u. s. w.)

II tat bei: „Erinnerung an Berlin K. G." mit Lorbeerkranz eingerahmt.

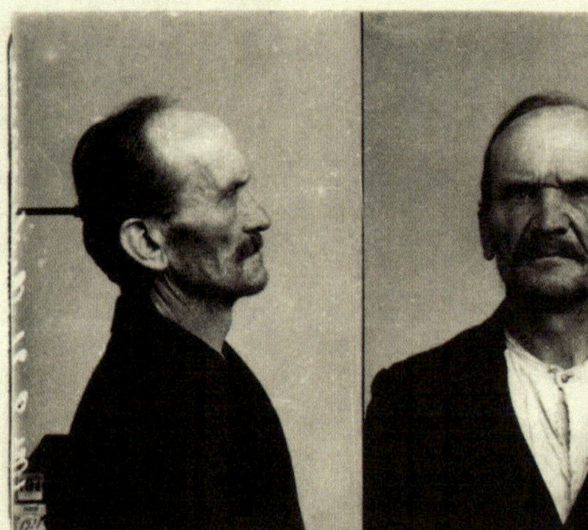

Eigenhändige Unterschrift der Person:

Carl Grossmann

hatte aber quälend lange gedauert, bis die Polizei dem Frauenmörder auf die Spur kam – bis dahin waren Leichenteile von 23 Frauen aufgefunden worden. Im Sommer 1921 hatte man fast täglich menschliche Überreste gefunden. Die Ermittler gingen davon aus, dass Großmann vermutlich um die 100 Frauen ermordet hatte. Man spekulierte, dass er einen Teil zu Wurst- und Dosenfleisch verarbeitet und an seinem Wurststand am Schlesischen Bahnhof verkauft hatte. Bevor er sein Urteil erhielt, beging er im Juli 1922 im Gefängnis Moabit Selbstmord.

Erkennungsdienstlicher Personalbogen des Serienmörders Carl Großmann

Diese drei Fälle waren von besonderer Brutalität und ragten aus der Masse der Verbrechen heraus. Aber sie waren ein Synonym für eine Zeit, in der viele Werte an Bedeutung verloren, immer häufiger auch die Achtung vor dem Leben anderer Menschen. Insofern gehören sie in diese Beschreibung der Inflationszeit, auch wenn sie nicht direkt damit zu tun haben. Serienmörder gibt es aber zu jeder Zeit – in Deutschland setzte 1929 Peter Kürten Düsseldorf in Angst und Schrecken, als er zwischen Februar und November acht Morde beging. Solche Taten beeinträchtigten natürlich das ohnedies schon zunehmend geschwächte Sicherheitsgefühl der Menschen noch weiter, was in einer in allen Kreisen der Bevölkerung als schwere Krise empfundenen Zeit besonders ins Gewicht fiel.

Ganz so brutal ging es bei den typischen inflationsbedingten Verbrechen in den allermeisten Fällen nicht zu, obwohl wir ja schon sahen, dass die Zahl der Morde in den Inflationsjahren stieg. Für gute Kriminalgeschichten mit einem „Helden“ waren die stets sensationshungrigen Berliner, die sich nicht selten heimlich ins Fäustchen lachten, wenn es einen der „Richtigen“, nämlich einen Wohlhabenden traf, immer zu haben, das galt nicht nur für die Inflationszeit. Aber in diesen Jahren konnte ein Meisterdieb die Herzen oder zumindest die Achtung der Hauptstädter in besonderem Maße gewinnen. Zumal, wenn seine Opfer wohlsituiert waren.

Ein solcher Meisterdieb war zweifellos Karl Friedrich Bernotat. Und weil Bernotat nicht mit Gewalt und Brutalität vorging, sondern mit Geschick und einer gewissen Eleganz, wurde er auch als „Gentleman-Verbrecher“ bezeichnet. Eigentlich hatte Bernotat es gar nicht nötig, heimlich in die Villen und Wohnungen reicher Leute einzusteigen und sich ihr Hab und Gut anzueignen, denn er war selbst durchaus wohlhabend. Als erfolgreicher Autohändler mit internationalen Geschäftskontakten hatte er sich eine goldene Nase verdient, lebte gemeinsam mit seiner Frau im feinen Halensee in einer schicken Achtzimmerwohnung. Selbst einen Rennstall nannte er sein Eigen. Aber Bernotat hatte eine Leidenschaft für schöne und teure Dinge wie Teppiche, Kunstobjekte, Gemälde, die er selbst mit seinen nicht geringen Einnahmen wohl nicht kaufen konnte. Und vor allem hatte er eine Leidenschaft, die er nur bedingt mit Geld befriedigen konnte: Er war ein Bibliomane, er liebte Bücher in einer völlig übersteigerten Form, und zwar alte, antiquarische Bücher. In seinen Bücherregalen standen Raritäten, seltene Ausgaben, Erstausgaben in kostbaren Ledereinbänden, für die man viel Geld hinlegen musste. Auch wenn Bernotat wohlhabend war – so reich, dass er diese Lust auf teure Bücher befriedigen konnte, war er dann doch nicht. Und so musste er zu einem unkonventionellen Mittel greifen, um seine Leidenschaft zu befriedigen: Er brach in die Häuser der Besitzer ein und stahl Bücher.

Gab es eine bessere Tarnung, als allseits anerkannter Geschäftsmann selbst ein Leben im Wohlstand zu führen? Wohl kaum. Und so flog Bernotat auch nur durch einen dummen Zufall auf. Denn er gab sich nicht nur der Leidenschaft für Bücher hin, sondern auch der für Frauen. Und weil Berlin in den Inflationsjahren in dieser Hinsicht so viele Möglichkeiten bot, hatte er keine Schwierigkeiten, auch diese Leidenschaft zu befriedigen – außerehelich, versteht sich. Gerne begab er sich zu diesem Zweck in eine Pension, die sich eigens auf die Ermöglichung intimer Kontakte in ihren Zimmern spezialisiert hatte. Eines Nachts aber passierte ein Malheur, denn einer Kundin wurde der Schmuck geraubt. Unglücklicherweise hatte sich Bernotat just an jenem Abend von seiner Frau freimachen können und sich mit einer unbekannten Dame in der Pension, in der er Stammkunde war, getroffen. Eine Angestellte verdächtigte ihn, der Täter zu sein, denn er habe bei einer früheren Gelegenheit bereits einen Pelzmantel aus der Pension mitgehen lassen. Der Vorwurf erwies sich zwar als ungerechtfertigt, aber Bernotat musste dennoch mit aufs Polizeirevier. Einem Kommissar mit Namen Ernst Gennat, der später als Leiter der Berliner Mordinspektion noch Berühmtheit erlangen sollte, kam dieser wohlhabende Automobilhändler wohl trotzdem irgendwie merkwürdig vor. Er besuchte ihn zu Hause, und während dieses Besuchs fielen ihm all die kostbaren Bücher in den Bücherschränken und die auffallend wertvolle Wohnungseinrichtung auf. Gennat durchstöberte die Fahndungskarten des polizeilichen Erkennungsdienstes und stutzte, als er auf einer der Karten einen über ein Foto geklebten Zettel mit der Aufschrift „Verstorben“ fand. Der Kommissar löste den Zettel – und fand ein Foto von Karl Friedrich Bernotat. So konnte der Meisterdieb schließlich doch überführt werden. Neben Büchern und wertvollen Einrichtungsgegenständen hatte er auch Schmuck gestohlen. Bernotat wurde im Januar 1923 vor Gericht gestellt. Sein

Verteidiger war Erich Frey, doch nicht einmal dieser äußerst gewiefte Anwalt konnte den Meisterdieb vor seiner Strafe bewahren. Bernotat wurde zu einer zehnjährigen Zuchthausstrafe verurteilt. Er hatte während der Verhandlung den Rat seines Anwalts, alles zu gestehen und auf ein mildes Urteil zu hoffen, nicht befolgt, sondern im Gegenteil alle Vorwürfe vehement abgestritten. Nach seiner Freilassung erlag er bald wieder seiner Bibliomanie, wurde 1937 erneut ertappt und verurteilt. Doch inzwischen herrschte in Deutschland ein anderer Ton – die Nationalsozialisten waren seit vier Jahren an der Macht und kannten mit Kriminellen wie Bernotat kein Pardon. Nach einer vierjährigen erneuten Zuchthausstrafe kam er in „Sicherheitsverwahrung" und wurde 1943 „auf der Flucht erschossen", wie es nach einer Ermordung durch die Nazi-Schergen so oft in den Akten hieß.

Ebenfalls für Aufsehen sorgte nach dem Krieg ein neues Phänomen: die Fassadenkletterer. Dabei handelte es sich um sportliche Diebe, die an den Wänden der Villen und der Nobelhotels hochkletterten und sich über die meist nicht gut gesicherten Fenster Zugang verschafften. Da sie zuvor genau überprüften, wann die

Der „Gentleman-Verbrecher" Karl Bernotat im Sulky

Bewohner des Hauses oder die Gäste des Hotels abwesend waren, konnten sie, einmal eingestiegen, in aller Ruhe das Haus nach wertvollen Gegenständen und Geld durchsuchen. Viele Berliner hegten eine – nicht immer nur – stille Verehrung für diese Diebe, deren Mut und Geschicklichkeit sie bewunderten. Und außerdem raubten sie ja nur die Reichen in ihren Tiergarten-Villen aus – sollte man mit denen etwa Mitleid haben? Sogar Hugo Stinnes wurde zum Opfer, als er 1923 in Berlin im Adlon residierte. Seine Frau hatte eine Dose mit Fett dabei –Fett war selbst für einen wohlhabenden Mann wie Stinnes zu jener Zeit nur schwer zu bekommen und daher ein kostbares Gut. Als er und seine Frau eines Tages in ihr Zimmer zurückkamen, mussten sie feststellen, dass ein Unbekannter über die Fassade eingebrochen war und nicht nur den teuren Schmuck der Gattin gestohlen hatte, sondern auch die Dose mit Fett hatte mitgehen lassen.

FRAUEN ALS KRIMINELLE

Frauen nutzen für ihre kriminelle Handlungen gerne ihre weiblichen Reize, das war während der Inflation nicht anders als zu allen anderen Zeiten. Und dabei spielte es keine Rolle, ob sie sich in der sogenannten besseren Gesellschaft bewegten oder sich ihre männlichen Opfer in zweifelhaften Cafés oder düsteren Spelunken suchten. Zu den Damen der ersten Kategorie zählte die „Gräfin Colonna“. Sie war der Kopf einer Verbrecherbande, die 1919 das wohlhabende Tiergartenviertel heimsuchte und immer wieder erfolgreich Einbrüche in die Villen der Reichen verübte und Schmuck und sonstige wertvolle Gegenstände mitgehen ließ. Die Polizei schien machtlos, und bald sprachen die Hauptstädter vom „Gespenst von Berlin“, wie immer in vergleichbaren Fällen mit einer gewissen Portion Bewunderung, zumal es ja in den Augen vieler auch diesmal nicht die Falschen traf. Es kann kaum überraschen, dass die Zeitungen die Geschichten über die Einbrüche gern und ausführlich brachten. Doch ein Mann klemmte sich hinter die Bande: Albert Dettmann. Der Polizeibeamte, ein gutaussehender Einzelgänger, galt zwar als „Fahndungsass“, aber da er immer wieder bei seinen Vorgesetzten aneckte, brachte er es über den Grad eines Oberwachtmeisters nicht hinaus. Dettmann kam der Bande – oder besser: ihrem Kopf – auf die Spur. Dabei handelte es sich eben um jene „Gräfin Colonna“. Die 25-Jährige machte sich an wohlhabende Männer heran, wickelte sie um den Finger und war damit in der Lage, die Wohnungen ihrer Opfer auszuspähen. Dann traten die anderen Bandenmitglieder in Erscheinung. Dabei handelte es sich unter anderem um den Bruder der „Gräfin“, eine Freundin, die sich als „Baronin de Belly“ ausgab sowie zwei weitere männliche Komplizen. Während die „Gräfin“ ihrem Opfer in ihrer eigenen Wohnung ein paar schöne Stunden gönnte, stiegen ihre Komplizen in die Wohnungen der Opfer ein und raubten alles, was sie mitnehmen konnten.

Die Geschädigten waren weit davon entfernt, die „Gräfin“ oder auch die „Baronin“ mit dem schmerzhaften Verlust ihres Eigentums in Verbindung zu bringen. Albert Dettmann aber schleuste sich in die Gruppe ein, indem er den Spieß umdrehte. Er wusste, dass jede Frau ihren schwachen Punkt hat und traf ihn offenbar bei der Gräfin sehr genau, jedenfalls verliebte sie sich in ihn und ließ ihn nahe an sich heran. So kam er ihr auf die Schliche, und im November 1919 schlug er zu. Die „Gräfin“ und der Rest der Bande wurden verhaftet. Nun stellte sich heraus, dass die „Gräfin“ keineswegs adlig, sondern als Tochter eines Maurermeisters von kleinbürgerlicher Herkunft war und tatsächlich Ella Stutz hieß. Unter großer Anteilnahme von Presse und Öffentlichkeit wurde sie im Juni 1920 zu einer 14-monatigen Gefängnisstrafe verurteilt; nach neun Monaten gelang ihr jedoch die Flucht. Sie blieb ihrem Metier treu, wurde 1928 erneut verhaftet und verurteilt, zog später nach Australien. Ihre Spur führt 1938 nach England, acht Jahre später in die USA. Danach tauchte sie nie wieder auf. Ihr Fall aber war in Berlin so berühmt, dass die Koop Film 1926 sogar einen Film unter der Regie von Kurt Gerron mit dem Titel *Kellerkavaliere. Der Liebe Lust und Leid* drehte. Albert Dettmann durfte darin einen Kriminalkommissar spielen. Kurz danach erlitt er allerdings einen Schlaganfall und starb mit nicht einmal 50 Jahren.

> Frauen nutzen für ihre kriminellen Handlungen gerne ihre weiblichen Reize.

Aufsehen erregte auch der Fall der Rosa Genschow, mit dem der Kriminalkommissar Ernst Engelbrecht befasst war und über den er später berichtete. Eines Abends saß Engelbrecht gerade im Kreise von Gästen daheim, als ihn ein Anruf aus dem Polizeipräsidium erreichte. Es ging um einen Mann, der in einer Likörstube in Friedenau plötzlich von sehr starkem Unwohlsein befallen und in eine Rettungsstelle gebracht worden war – hier war er verstorben. Den Abend hatte er laut Zeugenaussagen gemeinsam mit einer Frau verbracht. Als Engelbrecht, der Bereitschaftsdienst bei der Mordkommission hatte, am selben Abend die Leiche begutachtete, wies diese eine auffallend gelbe Färbung auf. Der Arzt war der Ansicht, es handle sich um eine Überdosis Opium, und so begab sich Engelbrecht in die Likörstube, um Zeugen zu befragen. Schnell stellte sich heraus, dass der Mann, ein in der Gegend bekannter Butterhändler, sich mit seiner Begleitung in eine Nische zurückgezogen hatte, wo beide ungestört waren. Dort hatten sie sich eine Reihe von Schnäpsen gegönnt, dann war die Frau plötzlich verschwunden. Der Butterhändler fühlte sich nach dem Verschwinden seiner Begleiterin zunehmend unwohl, brach zusammen und verstarb wenige Minuten nach Aufnahme in der Rettungsstelle, ehe er nochmals das Bewusstsein wiedererlangt hatte. Der Wirt berichtete weiter, dass er die Frau schon einige Male in seiner Likörstube gesehen habe – und zwar mit verschiedenen Männern. Sie sei, so schätzte er, stets auf Herrenbekanntschaften aus.

Engelbrechts Kollegen vom zuständigen Polizeirevier gelang es noch am selben Abend, die Frau mit dem Namen Rosa Genschow ausfindig zu machen. Nachdem sie zunächst geleugnet hatte, den Mann überhaupt zu kennen, gestand sie, mit dem Butterhändler einige Schnäpse getrunken zu haben. Sie habe ihn auf der Straße angesprochen und ihm vorgeschlagen, mit ihm in die Likörstube zu gehen – mit dem Ziel, ihn dort auszurauben. Sie habe ihn betrunken machen wollen, aber das habe nicht funktioniert, und so habe sie ihm heimlich Opium in den bitteren Likör geträufelt, um ihn zu betäuben. Als er daraufhin apathisch geworden sei, habe sie sein Geld aus der Brieftasche entwendet und sich schließlich entfernt. Den Tod des Mannes habe sie aber nicht beabsichtigt. Bei weiteren Befragungen stellte sich bald heraus, dass Rosa Genschow eine gewerbsmäßige Diebin war. Ihre Masche war stets dieselbe: Sie sprach Männer an, lockte sie in eine Likörstube, betäubte sie durch kleinere Mengen Opium oder Morphium, die sie ihnen heimlich in den Likör schüttete, und stahl dann Geld, Uhren oder was sich sonst anbot. Sie hatte sich einen ganz besonderen Trick angewöhnt, denn sie richtete es für gewöhnlich so ein, dass der Mann erst das Bewusstsein verlor, wenn beide schon wieder draußen auf der Straße waren. Dann rief sie eine Droschke, nannte dem Kutscher die Adresse des Mannes und trug ihm auf, ihn nach Hause zu fahren. Den Besitz ihrer Opfer hatte sie entweder schon an sich genommen, bevor sie die Droschke gerufen hatte, oder sie erledigte das während der Fahrt und stieg dann aus, bevor die Droschke das Ziel erreicht hatte. Selbst ein Kriegsgerichtsrat zählte zu ihren Opfern. In seinem Fall war sie jedoch anders vorgegangen, denn sie war mit zu dem Mann nach Hause gegangen und hatte ihn erst in der Wohnung betäubt – und diese dann mithilfe eines Komplizen ausgeräumt.

Nachdem sie sie betäubt und ausgeraubt hatte, beauftragte Rosa Genschow einen Droschkenkutscher, ihre Opfer nach Hause zu fahren.

Rosa Genschow war zweifellos kein Einzelfall, auch wenn die Tatsache, dass ihr letztes Opfer verstarb, ungewöhnlich war. Sie habe mit Raffinement, skrupellos und kaltblütig ihre Opfer ausgeschaltet, fand Kommissar Engelbrecht. Und doch wollte er nicht einfach den Stab über sie brechen, denn ein Blick auf ihr Leben eröffnete die Welt einer Frau, die vom Schicksal wirklich nicht verwöhnt wurde. Und die durch die Inflation in den Abgrund der Kriminalität gestürzt wurde.

Sie war 1889 geboren, also inzwischen Anfang 30. Als Tochter eines verarmten und früh gestorbenen Rittergutsbesitzers aus Danzig und einer morphiumsüchtigen Mutter war sie früh auf die schiefe Bahn geraten, zumal sie immer wieder für ihre Mutter Drogen beschaffen musste. Es dauerte nicht lange, bis auch die Tochter süchtig wurde. Mehrfach wurde sie von den Behörden in Erziehungsheime gesteckt, konnte aber immer wieder entfliehen. Inzwischen war sie den Drogen vollkommen verfallen, wie sich schon nach kurzer Zeit in der Untersuchungshaft zeigte, in der sie auf

Entzug gesetzt wurde. Rosa Genschow wurde schließlich zu einer mehrjährigen Gefängnisstrafe verurteilt. Das Gericht billigte ihr mildernde Umstände zu, weil sie ihr Opfer nicht hatte umbringen, sondern nur bestehlen wollen. Engelbrecht war zwar der Ansicht, dass Genschow äußerst verschlagen zu Werke gegangen sei, indem sie sich zunächst das Vertrauen ihrer Opfer erschlichen und diese dann mit Drogen außer Gefecht gesetzt habe. Aber er war mit den mildernden Umständen einverstanden. Denn es stellte sich auch heraus, dass Genschow das Geld benötigt hatte, um ihrer Mutter eine Entziehungskur zu finanzieren. So betrachtete Kriminalkommissar Engelbrecht sie nicht nur als Täterin, sondern auch als Opfer der Umstände der Zeit. Andere Beobachter sahen in ihr allerdings schlicht eine verkommene Kriminelle.

DIE POLIZEI GREIFT DURCH – RAZZIEN IM NACHTLEBEN

„Die ersten Nachkriegsjahre und der Beginn der Inflation hatten in Berlin unhaltbare Verhältnisse gezeitigt", schrieb Engelbrecht in einem seiner Bücher, die er in späteren Jahren über seine Dienstzeit verfasste. Hatte Berlin selbst an Unter- und Halbweltexistenzen schon einiges zu bieten, so wurden zusätzlich zahlreiche weitere Kriminelle aus dem ganzen Reich und aus dem Ausland an die Spree gelockt wie die Motten ins Licht. „Allerlei Gesindel", wie Engelbrecht meinte, das die für Verbrechen günstige Inflationszeit auszunutzen versuchte. Verbrecher aller Art, Dirnen und ihr Anhang hätten sich vor allem auf den Straßen rund um die Friedrichstraße und im Westen in aufdringlichster Weise breitgemacht. Was aber diese Zeit mindestens genauso prägte, waren die Hunderten häufig zwielichtigen Lokale, die Nacht für Nacht ihre Türen öffneten. Raubüberfälle auf der Straße wurden zu einer alltäglichen Erscheinung, ebenso zahlreiche Einbrüche und andere Delikte. Es war eine außergewöhnliche Situation, bedingt durch die Kriegsniederlage und die Inflation, die auch mit außergewöhnlichen Mitteln bekämpft werden musste. Und so führte die Berliner Polizei Nacht für Nacht Razzien durch, um dem auswuchernden Nachtleben mit seinen vielen illegalen Lokalen, in denen ahnungslose Besucher aus der Provinz abgezogen wurden, und den vielen illegalen Spielhöllen, die wie Pilze aus dem Boden schossen, zu Leibe zu rücken.

Ziel dieser nächtlichen Razzien war es, die kleinen Verbrecher aus ihrem Umfeld zu vertreiben und die größeren möglichst hinter Gitter zu bringen. Die Vorbereitung einer Razzia war höchste Geheimsache, denn es kam immer wieder vor, dass eingeweihte Polizeibeamte Kontakte zu denen pflegten, die sie eigentlich dingfest machen sollten, und sich für rechtzeitige Warnungen bezahlen ließen. War ein Ziel ausgesucht worden, rückte die Polizei nachts, selten vor null Uhr, an und sperrte ganze Straßenzüge vollständig ab. So wurden zum Beispiel die Linden-Passage, die Georgenstraße am Bahnhof Friedrichstraße und andere kleinere Straßenzüge abgeriegelt. Die erfolgreichsten Razzien fanden aber direkt in der Friedrichstraße statt. Die Polizei sperrte den gesamten Abschnitt von der Weidendammer Brücke bis zur Leipziger Straße mitsamt allen Seitenstraßen. Gab der Einsatzleiter den Startschuss, so verständigten sich die beteiligten Beamten von Straßenzug zu Straßenzug und riegelten sie allesamt ab. Auf diese Weise gingen den Polizisten immer wieder gesuchte Straftäter und Kleinkriminelle ins Netz. Allerdings konnte es bei dieser Art Netzfahndung nicht ausbleiben, dass auch harmlose Spaziergänger in ihre Fänge gerieten und gemeinsam mit den Verbrechern auf das Polizeipräsidium gebracht wurden. Selbst in Berlin stationierte französische Offiziere teilten dieses Schicksal. Zumeist nahmen die Unschuldigen ihre vorläufige Festnahme mit Humor; es konnte ja auch ganz spannend sein, einmal ein paar Stunden auf dem Polizeirevier zu verbringen, wenn es dort hoch her ging. Andere waren verspannter. Immer wieder habe es vor allem Frauen gegeben, die die Abwesenheit ihres Gatten nutzten, um sich einmal ungestört das Berliner Nachtleben und alles, was es so zu bieten hatte, anzusehen – wurden sie von der Polizei einkassiert, hatten sie oft große Angst, dass ihre Ehemänner so über ihre heimlichen nächtlichen Ausflüge Kenntnis bekamen, so Engelbrecht. Erschwert wurde der Polizei die Feststellung der Personalien, weil viele Kriminelle über „Flebben" verfügten – gefälschte Papiere, die in bester Qualität überall in Berlin leicht zu bekommen waren.

> Die Berliner Polizei führte Razzien durch, um dem ausufernden Nachtleben zu Leibe zu rücken.

Auch wenn keine Rede davon sein kann, dass die Berliner Polizei die Kriminalität in den Griff bekam, so blieben die Razzien nicht ohne Wirkung. Es gab Nächte, in denen bis zu 1000 Personen festgenommen wurden, und es kam vor, dass dabei mehr als 100 von der Polizei Gesuchte ins Netz gegangen waren. Die Straßen glichen nach einer Razzia oft einem Schlachtfeld. Zahlreiche Stich- und Schusswaffen, Schlagringe, Einbrecherwerkzeug, Kokainpäckchen und vieles mehr, das die Besitzer noch gerade eben so vor ihr Festnahme von sich werfen konnten, fanden sich dann auf dem Pflaster.

Die Razzien fanden aber nicht nur auf der Straße statt, sondern auch in vielen der Nachtlokale, die während der Inflationsjahre aus dem Boden schossen wie Pilze. Die Bandbreite war groß und reichte von billigsten Spelunken bis zu den mondänen Lokalitäten im Westen rund um den Kurfürstendamm.

Andere Einrichtungen existierten nicht länger als eine Nacht, dafür wurden Kohlekeller ebenso genutzt wie klein- oder großbürgerliche Wohnungen, die kurzfristig umgeräumt wurden. Bei dieser Art von Lokalen handelte es sich um nicht lizensierte Einrichtungen, weshalb die Polizei stets bemüht war, sie auszuheben. Hier trafen sich die Verbrecher, die Prostituierten, aber auch ganz normale Bürger, die entweder zufällig in den Genuss kamen, eine völlig überteuerte Flasche schlechten Sekts zu trinken oder von Anreißern auf der Straße gezielt angelockt wurden.

Solche Nachtlokale verfügten oft über einen geradezu erstaunlichen Mitarbeiterstamm. Dazu gehörten Kellner, Spanner, Anreißer, Schlepper – und ohne mindestens eine Nackttänzerin konnte so ein Laden kaum existieren (dazu später mehr). Die Anreißer standen an Straßenecken oder in Hausnischen und versuchten, die Passanten anzulocken, wobei sie über das, was die Gäste erwartete, großspurige Versprechungen machten, die diese Läden nur in den seltensten Fällen erfüllen konnten. Waren ein Passant oder eine Gruppe überredet, übernahm sie der Schlepper, der sie mit einem Auto zum Nachtbetrieb fuhr. Er hielt aus Sicherheitsgründen nie direkt vor dem Haus, in dem sich das Lokal befand, sondern ein paar Häuser entfernt. Hier wurden die Gäste vom Spanner übernommen, der sie unter größten Sicherheitsmaßnahmen zum Lokal führte. Von den versprochenen Genüssen blieben meist nur der schlechte Sekt und eine häufig völlig talentlose Nackttänzerin, deren Ziel es für gewöhnlich war, einen der männlichen Gäste später noch abzuschleppen – wobei der Ort für das Stelldichein häufig ein schmuddeliger kleiner Nebenraum war, in dem man dann zur Sache ging. Oft gab es für die Gäste aber auch ein böses Erwachen, denn

> Die Lokale waren durch ein ausgefeiltes Sicherheitssystem gegen polizeiliche Maßnahmen geschützt.

im Lokal fand sich stets eine Reihe von Mädchen, die über flinke Finger verfügten und dem Gast die Brieftasche oder die Uhr entwendeten, ohne dass er das bemerkte. Die Beute reichten sie ebenfalls unbemerkt an ihre „Freunde“ weiter, die damit das Lokal verließen. Nicht selten wurden dem Gast auch Schlafmittel oder Drogen verabreicht, wie es auch Rosa Genschow gemacht hatte. Wachte er dann am nächsten Tag bar seiner Brieftasche auf, war das Lokal schon ausgeräumt, und der Kellerraum sah wieder aus wie ein Kellerraum. Eine andere Masche war, dass eines der Mädchen mit dem Gast das Lokal verließ und ihn in eine dunkle Seitengasse führte, wo er dann von ein paar Komplizen verprügelt und bestohlen wurde. In den seltensten Fällen erstatteten die Opfer am nächsten Tag Anzeige – erstens konnten sie meistens keine konkreten Angaben machen, und zweitens war ihnen die ganze Sache viel zu peinlich, um damit zur Polizei zu gehen.

Kein Wunder, dass es das Ziel der Polizei war, solche Lokale auszuheben. Das war allerdings gar nicht so einfach. Denn die einen Lokale existierten nur für einen so kurzen Zeitraum, dass sie ihnen gar nicht erst auf die Spur kam, ehe die Läden schon wieder geschlossen und an einem anderen Ort neu eröffnet wurden. Und die anderen Lokale waren durch ein ausgefeiltes Sicherheitssystem gegen polizeiliche Maßnahmen geschützt, zu dem sich auch mehrere Wirte zusammenschlossen, um sich gegenseitig zu warnen. Draußen vor dem Haus stand der erste Spanner, im Hausflur der zweite und hinter der Tür meist ein dritter. Bis die Polizei in das Lokal eingedrungen war, hatten die darauf geschulten Betreiber oft im Handumdrehen das Inventar so weit abgebaut, dass es sich auf den ersten Blick um eine rein private kleine Feier zu handeln schien. In nicht wenigen Fällen gelang es den Gästen auch, durch einen zweiten Ausgang den Ort zu verlassen, ehe die Polizei eindringen konnte. Und sollte dies nicht der Fall sein, waren natürlich alle völlig ahnungslos und wussten nichts von einer illegal betriebenen Lokalität. Selbst wenn die Beamten noch größere Mengen Sekt, benutzte Gläser und Unmengen von Zigarettenkippen fanden, reichte das nicht aus, um irgendwelche Maßnahmen zu ergreifen. In anderen Fällen waren die Vertuschungsversuche jedoch nicht so erfolgreich. Das galt vor allem für die permanent betrieben Lokalitäten wie das berüchtigte Dalles in der Schönhauser Straße. In solchen Läden wurde die Polizei regelmäßig vorstellig, und es gelang den Beamten immer wieder, sich Zutritt zu verschaffen, zum Beispiel verkleidet als betrunkene Touristen, die sich nach dem Einlass dann als Vertreter der Staatsgewalt herausstellten, als sie ihre Pistolen zückten.

Das Nachtleben war in den Zwanzigern in Berlin berüchtigt. Die Kriminalität aber auch. Eintänzerinnen und Eintänzer in einer Berliner Bar

Die Raffkes und Inflationsgewinnler traf man in den mondänen Lokalen rund um den Kudamm. Hier vergnügten sich oft Hunderte von Gästen und auch eine Reihe zweifelhafter Damen. Die oft illustren Gäste waren bass erstaunt, wenn sie von der Polizei abtransportiert wurden, denn sie glaubten sich aufgrund ihres Status vor solchen Aktionen geschützt. Kriminalkommissar Engelbrecht musste beispielsweise immer wieder den ausgezeichneten Sicherheitsdienst des Potpourri in der Bellevuestraße überlisten. Vor dem Eingang des Lokals standen drei breitschultrige Aufpasser mit finsterer Ausstrahlung, und die Bellevuestraße war bis zum Potsdamer und zum Kemperplatz durch Spanner abgesichert, die jede auffällige Regung auf der Straße sofort meldeten. Wenn Engelbrecht und seine Kollegen dem Laden einen Besuch abstatten wollten, mussten sie sich schon etwas einfallen lassen. „Es gelang mir nur dadurch, daß ich mich durch einen Bart und eine andere Körperhaltung unkenntlich machte, durch diese Spannerkette hindurchzukommen. Einen Betrunkenen markierend, schlenderte ich die Bellevuestraße entlang, setzte mich einen Augenblick auf die Kante des Bürgersteigs und wartete, bis der im Inneren des Hauses stehende Spanner im Auto eingetroffenen Gästen gerade die Tür öffnete. Schnell wurde der Bart heruntergezogen und die Pistole herausgerissen, und schon sprang ich dem Spanner, der gerade wieder die Tür schließen wollte, in den Arm." Der Spanner ließ ihn in einer ersten Schrecksekunde hinein, und Engelbrecht rief mit einem Pfiff auf seiner Trillerpfeife seine Kollegen zur Hilfe – „und die Erledigung eines der bekanntesten und elegantesten Nachtlokale war uns geglückt", wie er nicht frei von Selbstgefälligkeit in seinem Buch *15 Jahre Kriminalkommissar* erzählte.

Weniger effektiv konnte die Polizei die vielen Spielhöllen kontrollieren, was daran lag, dass sie illegal waren, häufig die Orte wechselten und die Polizei daher gar nicht wusste, wo gerade eine für kurze Zeit ihre Türen geöffnet hatte, um den Gästen das Geld aus der Tasche zu ziehen. Schon wenige Monate nach dem Ende des Krieges kursierte ein Witz in der Hauptstadt: „Ein Mann geht eilig eine dunkle Straße entlang. ‚Psst, Robert! Wohin willst du?', ruft ihn ein anderer an. ‚In den Klub, die Bank sprengen!' Da fragt der andere: ‚Hast du ein System?' Robert antwortet: ‚Nee, ne Handgranate!'" Aus der Luft gegriffen war dieser kleine Witz nicht, denn immer wieder kam es zu Überfällen auf Spielhöllen, und zwar nicht nur auf die vielen illegalen, sondern auch auf die legalen. So wurde im Februar 1919 der Klub Deutscher Rennsport, der in einer mondänen Wohnung in der Augsburger Straße, in der Nähe der Kaiser-Wilhelm-Gedächtniskirche, untergebracht war, ein Opfer von Dieben. Hier traf sich die Halbwelt mit der Welt der Großen, die den Nervenkitzel suchten. Filmstars waren hier ebenso zu Gast wie bekannte Kabarettkünstler. Doch in dieser Nacht suchte eine Bande von zehn bewaffneten Männern, zumeist in Soldatenuniformen, das Etablissement heim. Die Täter konnten sich über fette Beute freuen. Sie zwangen die rund 80 Gäste, darunter viele Männer mit dicker Brieftasche und viele mit kostbarem Schmuck behängte Frauen, in das größte Zimmer und eigneten sich seelenruhig deren Eigentum an. Der Überfall wirkte auf die Opfer professionell und sehr planmäßig durchgeführt. Damit niemand die Polizei rufen konnte, durchschnitt einer der Täter rasch die Telefonleitungen, andere besetzten alle Türen. Trotzdem gelang einem Angestellten die Flucht. Er holte aus dem nächstgelegenen Polizeirevier Hilfe, aber als die Beamten an der Ecke Nürnberger und Augsburger Straße auftauchten, nahmen die Diebe, die inzwischen das Haus verlassen hatten, sie unter Beschuss. Einer der Polizisten wurde dabei tödlich verletzt. Die Diebe konnten unerkannt entkommen. Kein Wunder, dass der Fall in Berlin für viel Aufsehen sorgte. Bald stellte sich heraus, dass diese Bande schon mehrfach vergleichbare Überfälle verübt hatte. Geschnappt wurde sie nicht.

DER TANZ AM ABGRUND

„DER BODEN VON BERLIN GLÜHT“ – DIE TANZWUT

Neue Tänze erobern Berlin: Tanzpaar beim Cakewalk

Leben! Das war es, was viele Menschen nach den Erlebnissen an den Fronten und den Entbehrungen zu Hause wollten, trotz der Krise, die sie nun durchlebten, oder gerade deswegen erst recht. Die Hoffnung, die mit dem Ende des Krieges und der Revolution kam, war für viele, dass nun alles besser würde. Politische Mitsprache der unteren Klassen und der Frauen, eine bessere Versorgungslage und eine allgemeine Freiheit, ein Durchatmen, ein Schlussmachen mit althergebrachten Konventionen, wie es manch einer schon vor dem Krieg gefordert hatte – das war die Hoffnung, die sich mit der neuen Zeit verband. Manche dieser Hoffnungen sollten schon bald bitter enttäuscht werden, durch die unbarmherzige Politik der Siegerstaaten, durch die verantwortungslose Uneinigkeit und Unfähigkeit der Politiker und Parteien und durch die Währungskrise, in die Deutschland erst langsam hinüberglitt und dann abstürzte. Der Krieg hatte zudem Schäden an den Seelen vieler Menschen verursacht. Es gab einiges nachzuholen, so stieg beispielsweise die Zahl der Hochzeiten in Deutschland rapide an. Es dauerte nicht lange, bis auch eine Welle von Ehescheidungen über das Land schwappte, denn viele dieser Ehen hatten keine andere Grundlage als eben den Nachholeffekt, die Angst, etwas versäumt zu haben, oder eine materielle Absicherung. Das reichte in vielen Fällen nicht für eine dauerhafte Beziehung, und da sich vor allem die Frauen jetzt aus alten Zwängen zunehmend befreiten, ergriffen sie immer stärker die Initiative. Entweder indem sie ihre Ehe beendeten, weil sie darin nicht die erhoffte Erfüllung fanden, oder weil der Mann fremd ging oder weil sie sich selbst außerehelich betätigten – und das zumindest in den größeren Städten nicht mehr unbedingt heimlich. Dass die Zahl der Geburten weiter zurückging, hatte nicht nur etwas mit weit verbreiteter Not zu tun, sondern auch damit, dass viele junge Großstadtfrauen sich ein Leben als Ehefrau, Hausfrau und Mutter im herkömmlichen Sinne nicht mehr vorstellen konnten.

Manche Menschen zogen sich in ihrer Trauer und ihrer Verletzung zurück, aber der Berliner an sich war von einem anderen Schlag: Die Hauptstädter wollten tanzen. Revolution, Straßenkämpfe, politische Morde, vage Zukunftsaussichten? Egal, dann erst recht! Quasi in dem Augenblick, als die deutschen Abgesandten am 9. November 1918 den Waffenstillstand unterzeichneten, wurden die ersten Tanzvergnügen veranstaltet. Den Behörden war das ein Dorn im Auge, die Zeiten waren nicht danach, fanden sie – und verlängerten das Verbot von Tanzveranstaltungen, das schon seit Kriegstagen bestand. Nur in der ersten Silvesternacht nach dem Krieg machten sie eine Ausnahme. Was in dieser Nacht geschah beschrieb das *Berliner Tageblatt*: „Demonstrationen von Zehntausenden. Die Luft ist wie elektrisch geladen, eine politische Hochspannung ohnegleichen. Der Boden von Berlin glüht. So ist das alte Jahr zu Ende gegangen in fiebernder Erregung, und es scheint, als ob man von nichts anderem wüßte als von dem Ernst der Stunde. Aber schon zieht das Konfetti sorgloser Silvesterbrüder seine Schlangen, und lebenshungrige Männer und Mädchen tanzen in das neue Jahr. Die Musik spielt in Hunderten von Lokalen Tänze über Tänze. Walzer, Foxtrott, Onestep, und die Beine rasen wie verhext über die Diele, die Röcke fliegen, der Atem jagt, Sektpfropfen knallen (und was für ein Sekt!), Arme fuchteln begeistert in der Luft, und das Prosit Neujahr klingt über die Straßen, in denen eben noch der Schritt der Demonstranten klang.

Wir wollen nicht moralisieren, aber wir dürfen schon sagen: so ein Silvester hat Berlin noch nicht erlebt. Mit dem Fallen des Tanzverbots stürzte sich das Volk wie ein Rudel hungriger Wölfe auf die lang entbehrte Lust. Und nichts kann ihm seine Festesfreude stören. Was feiert der Berliner? Die Freiheit, feiern zu dürfen, wie es ihm gefällt. Er feiert diese Sekunde, die ihm heute gibt, was sie ihm morgen vielleicht nicht mehr gewähren kann. Die verlängerte Polizeistunde, die Fessellosigkeit des Worts, das Trinken vor dem Ertrinken. Und wenn der Berliner recht feiern will, muss er tanzen. Und er tanzt. Nie ist in Berlin so rasend getanzt worden. Silvestertänze. Im Zirkus Busch echte und schlechte Tänzerinnen, Kunsttanz, Tanz im Kostüm, Tanz ohne Kostüme, überall Rhythmus, Dreiviertel-, Viervierteltakt und der donnernde Beifall des vollen Hauses. Im Blüthner Saal etwas weniger für die breite Masse aber ebenfalls vor doppelt überfülltem Hause Tanz, Tanz, Tanz. Und wenn das Temperament in Flammen aufgeht wie bei Hannelore Zieglers Radetzky Marsch trampelt der ganze Saal und man erwartet, dass im nächsten Augenblick 1500 Menschen auf die Stühle springen und die Beine durch die Luft wirbeln werden. Und überall hier und dort, im Norden, im Westen, im Süden und in den Vororten Silvesterbälle an allen Ecken. Tanztees mit Eintrittsgeld und ohne. Wenn es kein Eintrittsgeld kostet, kostet der Kaffee zweimal so viel und der Kuchen ist teurer wie Gänseleber. Ohne Eintrittsgeld ist auch nicht billiger. Ein grüner Tee mit grauem Gebäck 4 Mark und 5 Mark. Was tut's? Hauptsache, daß getanzt wird und es wird getanzt zwischen Dreivierteltakt und Straßenwirrwarr, zwischen Konfetti und roten Fahnen gleiten die Paare hinüber ins neue Jahr."

Die Tanzwut, wie das Phänomen bald genannt wurde, ließ sich auch nicht dadurch aufhalten, dass am Silvestertag Tausende Berliner Kellner in den Streik traten. Am Abend zogen 8000 Streikende durch die belebten Straßen, und eine Reihe bekannter Cafés musste schließen. Zwei Tage später war die Streikbewegung stark angewachsen, 20 000 Kellner sollen gestreikt haben, viele Cafés und Gastwirtschaften konnten gar nicht öffnen. Und wehe denen, die es doch taten. In solchen Fällen konnten die aufgebrachten Kellner auch schon einmal handgreiflich werden. Als 1500 von ihnen am zweiten Tag des Jahres, als manch ein Berliner vermutlich immer noch seinen Silvesterrausch nicht ganz ausgeschlafen hatte, wütend in das noble Hotel Adlon am Pariser Platz eindrangen, schreckten sie auch vor Gewalt nicht zurück. Auch der Chef des Hauses, Louis Adlon, wurde nach einem Bericht der *Vossischen Zeitung* verletzt. Die Gäste, darunter hochrangige Vertreter der Alliierten, ergriffen erschrocken die Flucht.

Die Tanzwut aber war nicht zu stoppen. Die Berliner Behörden reagierten entsetzt. In zwei neuen Gewohnheiten der Berliner sahen sie

„Berlin tanzt wieder." Illustration von Herbert Rothgaengel, 1919

jetzt offensichtlich die größten Gefahren und verboten sie ausdrücklich: das Fischen mit Handgranaten in den Seen rund um die Hauptstadt und das Tanzen. Rigoros gingen sie gegen illegale Tanzdielen vor – an nur einem Tag wurden im Januar 1919 fünf dieser versteckten, heimlich betriebenen Einrichtungen geschlossen. Doch überall schossen diese verbotenen Tanzdielen wie Pilze aus dem Boden, in Kellern, Hinterhöfen, Seitenstraßen und mondänen Bürgerwohnungen. Getanzt wurde auch in Parks oder Naherholungsgebieten und sogar mitten auf der Straße. Nahte die Polizei, wurde der Spaß abgebrochen und an anderer Stelle fortgeführt. „Der Tanz wird zur Manie, zur idée fixe", schrieb Klaus Mann noch mehr als 20 Jahre später fasziniert. Die Behörden fochten einen nicht zu gewinnenden Kampf gegen diese Tanzwut. Die Polizei kam gar nicht hinterher mit ihren Einsätzen, und eine Aktion der Gesundheitsbehörde, die auf Tausenden Plakaten vor einem Zusammenhang zwischen dem Tanzen und einer Erkrankung an Syphilis warnte: „Berlin, halt ein, besinne dich, dein Tänzer ist der Tod", war nur dazu geeignet, den beißenden Spott der Kabaretts zu entfachen. Dann versuchten es die Stadtoberen mit einer neuen Taktik und erlaubten im Frühjahr 1919 die Öffnung von einigen Veranstaltungsorten, die bereits vor dem Krieg existiert hatten. Aber die Berliner ließen sich nicht vorschreiben, welche Orte gerade angesagt waren, und so verpuffte auch diese Aktion. „Großmama tanzte in kleinen Schuhen mit einem jungen Partner. Schließlich ging auch das Kinderfräulein zum Fünf-Uhr-Tee in irgendein Kaffeehaus. Und die Hausfrau tanzte ebenfalls dort voller Innigkeit und Andacht – Wange an Wange – verrenkte sich graziös und war auch sonst kein gutes Vorbild", schrieb ein Zeitgenosse.

Im Oktober 1919 kapitulierten die Behörden vor der Berliner Tanzwut und erlaubten wieder alle Tanzveranstaltungen. Am realen Geschehen änderte das wenig, mit der Ausnahme, dass jetzt keine langwierigen Gerichtsprozesse wegen Verstößen gegen das Tanzverbot mehr stattfinden mussten. Tanzwut wurde ein feststehender Begriff. Sie sei für manche Menschen eine Kompensation gegen die Trübsal der Zeit gewesen, für manche auch ein Ausgleich zwischen nüchternem Spießertum und berauschendem Leichtsinn, glaubte Hans Ostwald einige Jahre später.

Getanzt wurde weiterhin und nun erst recht in Dielen, Bars, Kaffeehäusern, Privatwohnungen und dunklen Hinterhofkellern. Es entstanden Tanzcafés, in denen schon am Nachmittag getanzt wurde, und Modenschauen kamen kaum noch aus ohne das Angebot an die Gäste, anschließend das Tanzbein schwingen zu können. Das Berliner Nachtleben explodierte förmlich. In bestimmten Gegenden

Ohne Bubikopf ging in den 1920er-Jahren gar nichts mehr.

der Stadt, vor allem im Norden, rund um den Schlesischen Bahnhof, am Alexanderplatz mit dem nahen Scheunenviertel und natürlich im schicken Westen rund um den Kurfürstendamm konnten die Berliner und ihre zahlreichen ausländischen und valutastarken Gäste auf ein kaum überschaubares Angebot an Restaurants, Cafés, Dielen, Likörstuben, Kellergewölben in dunklen Hinterhöfen, die oft nur für eine Nacht ihre Tore öffneten, um dann weiterzuziehen, bevor die Polizei sie ausnehmen konnte, zurückgreifen. „Alle tanzen in Berlin, von den Milliardären bis zu den Arbeitern, von siebzigjährigen Greisen und Greisinnen bis zu siebenjährigen Unschuldskindern, von Milliardären bis zu bettelarmen Vagabunden, von richtigen Prinzessinnen bis zu Prostituierten; genauer: sie tanzen nicht, sondern sie gehen auf geheiligste Weise und lassen dabei wildeste Negerrhythmen durch ihre Seele tosen ... die Hälfte des bürgerlichen Berlins ist vom Fünf-Uhr-Tee bis zum Schließen der Restaurants ‚Kankan‘, eine Negerstadt“, stellte der russische Dichter Andrej Belyj – mit offensichtlichem Unbehagen – fest.

Die Tanzwut ging einher mit einer neuen Frauenmode – die Röcke wurden deutlich kürzer, die Oberteile enger, und vor allem 1922/23 orientierte sich die Damenwelt an den Prostituierten, besonders an den sogenannten Tauentzien-Girls. Der Bubikopf galt bald als der letzte Schrei, der Garçonne-Typ wurde populär. Auch das war ein Zeichen deutlich veränderter Moralvorstellungen. Ursprünglich wurden Frauen die Haare kurz geschnitten, um sie als Gesetzesbrecherinnen, vorzugsweise als Prostituierte, zu brandmarken. Die modernen Prostituierten trugen ihre kurzen Haare nun plötzlich nicht mehr mit Schmach und Pein, sondern aus modischem Bewusstsein und selbstbewusst. Nachdem die berühmten Tauentzien-Girls sich Bubiköpfe schneiden ließen, eroberte dieser Haarschnitt sehr schnell die Damenwelt und wurde zum letzten Schrei. Jede junge und nicht wenige ältere Frauen, die sich urban und modern fühlten, trauten sich bald ohne einen Bubikopf kaum noch auf den Kurfürstendamm.

Und jetzt, da Deutschland kulturell nicht mehr vom großen Teil des Rests der Welt abgeschnitten war, schwappten neue Musik und neue Tänze über den großen Teich herüber. Der wilde Jazz spaltete die Geschmäcker. Er war bei den einen schlicht als „Negermusik“ verpönt, so zum Beispiel bei dem Schriftsteller Emil Ludwig, der in der sicheren Erwartung lebte, diese neue Mode aus den USA werde bald wieder vergessen sein, der Deutsche neige schließlich doch eher zur ernsthaften klassischen Musik. Für viele andere war er eine Offenbarung, Ausdruck von purer Lebensfreude, ein unverzichtbarer Begleiter der Nacht. Die Foxtrott-Anhänger weckten Andrej Belyjs besonderes Interesse, als er 1921 für zwei Jahre an die Spree kam. „Ich schaute sie mir an, wie sie durch die Motzstraße und die Tauentzienstraße herunterstolzierten; es sind bleiche, hagere Jünglinge mit geschniegelten Scheiteln in hellen Smokings und mit dem besonderen Ausdruck verrückter, vor sich hinstarrender Augen; etwas Ernstes, krankhaft Ernstes liegt in ihrem Gang; als gingen sie nicht, sondern trügen die Reliquie eines geheiligten Kultes vor sich her; was auffällt, ist ihr Tänzeln mit dem unmerklichen Hochfedern zur Seite bei jedem dritten Schritt; erst später kam ich dahinter: sie – ‚foxtrotten‘, das heißt, sie führen in Gedanken einen Foxtrott aus; das raten ihnen die Tanzlehrer, wahre Lebenslehrer für den Kreis der Berliner Jugend, die die Schwarze Internationale des modernen Europa bildet …“ Denn Belyj war natürlich klar, dass der Foxtrott kein Berliner Phänomen war, sondern in vielen Ländern und Städten getanzt wurde.

> „Die Schieber tanzen Foxtrott in den Palace-Hotels. Machen wir doch mit!“

Das hatte auch nur bedingt mit der nun während der Inflationsjahre einsetzenden Enthemmung zu tun, immerhin eroberten Jazz und Foxtrott längst auch andere Gegenden der Welt. Aber sie waren genau die passende Begleitmusik des Berliner Lebensgefühls der Jahre 1919 bis 1923. Die neue Musik verdrängte gleichwohl nicht die deutschen Schlager, die ebenso ein Sinnbild dieser Zeit wurden. Und mit dem Jazz kamen auch die neuen Tänze: Jimmy oder Shimmy, Foxtrott, Cakewalk; aber getanzt wurde auch der enge, erotische Tango. Der Tanz begann um fünf Uhr nachmittags und endete um fünf Uhr morgens. Auch in den Zeiten, in denen es wegen des Kohlemangels eine Sperrstunde gab, die von der Polizei zumeist gar nicht überwacht werden konnte. Berlin tanzte, ob in den billigen Arbeiterkaschemmen, ob in den noblen Hotelbars, ob in privaten Bürgerwohnungen oder in den dunklen Hinterhof- und Kellerlokalen der Halb- und Unterwelt. Politik, Hunger, Elend, Krise, Inflation? Egal. „Berlin stand in der Revolution: während die Maschinengewehre knatterten, wurde in den Salons und Bars getanzt. Lichtstreiks, Wasserstreiks und Verkehrsstreiks brachen aus – in München, im Rheinland, in Thüringen raste Bürgerkrieg; der Tanz ging weiter. Das Ruhrland wurde besetzt und das Inflationsfieber bebte durch das Reich – und sie tanzten Fox und Jimmy zur Jazzband", so Hans Ostwald. Die ganze Stadt schien sich in ein einziges Nachtlokal verwandelt zu haben, auch tagsüber. Man tanzte alles weg – die Erinnerung an den Krieg, die Leere der Gegenwart und die Unsicherheit der Zukunft.

„War irgendein Deutscher naiv genug, sich eine reinigende Wirkung von einer Revolution zu erwarten? Als ob wir überhaupt jemals eine Revolution gehabt hätten! Alles Schwindel! Alles Illusion!", schrieb Klaus Mann im Rückblick auf diese Zeit. Und er fuhr in einem Stil fort, mit dem er der Atemlosigkeit dieser Zeit nahekommen und zugleich ihren Slang aufnehmen wollte: „Die Schieber tanzen Foxtrott in den Palace-Hotels. Machen wir doch mit! Schließlich will man auch kein Spielverderber sein ... Die Herren und Damen duften nach ‚Khasana' (made in Germany: fast so fein wie Coty); die Band spielt ‚Ausgerechnet Bananen' – es sind echte Neger, garantiert dunkelhäutig, keine Falle. Wir finden Jazz ‚fantastisch', ‚kolossal'; es ist eine Novität, der letzte Schrei. Hört doch, wie sie schreien: ‚Eine Miezekatze hatse, aus Angora mitgebracht – und die hatse, hatse – mir gezeigt die ganze Nacht.' Und sonst hatte sie nichts zu tun? Da sind wir doch gewitzter ... Fabelhaft, der synkopierte Rhythmus ... Dieses Tempo ... Der Herr dort drüben bestellt schon die dritte Flasche Champagner: muss Valuta haben ... ‚Komm mit mir nach Brasilien, komm mit mir in die Pampas ...' Ist das ein Shimmy? Na, ist ja ganz egal ..."

„STOLZ, PERVERS ZU SEIN" – DIE SEXWUT

Die Tanzwut aber war nur der harmlosere Ausdruck dieser Zeit, die alle bis dahin gekannten Maßstäbe verlor. Ein anderer, wesentlich weniger harmloser, war das, was man fast schon als Sexwut beschreiben kann. Es war nicht nur so, dass die Frauenmode gewagter wurde und sie nun Bein zeigten und nackte Schultern. Vorbei war die Zeit, als junge Mädchen unter Aufsicht ihrer Mütter nachmittags ins Café gingen. Junge Frauen der Großstadt wollten jetzt etwas erleben und es den Männern gleichtun. Das hatten sie, die die Heimatfront während des Krieges aufrechterhalten hatten, sich schließlich verdient. Ein bloßes Zurückdrehen der Zeit und der Gewohnheiten und Sitten gab es nicht und konnte es nicht geben. Doch diese Entwicklung nahm bald immer rasantere Züge an, nicht nur die Tanzwut prägte sie. Bald sprach man von einer allgemeinen Erotisierung des Lebens. Die sogenannte „freie Liebe" habe erstaunliche Ausmaße angenommen, beschrieb der Journalist Curt Riess das Berliner Leben der Inflationsjahre. „Man verstehe recht: Nicht, daß Menschen, die einander liebten, nun miteinander ins Bett gingen, obwohl sie vielleicht gar nicht oder anderweitig verheiratet waren. Das hatte es früher auch gegeben, es wurde freilich nach Möglichkeit totgeschwiegen. Jetzt gehörte es dazu, ‚miteinander zu schlafen' – gleichgültig, ob man den Partner oder die Partnerin liebte oder auch nur zu lieben glaubte. Es gehörte einfach dazu. Es war schick, Verhältnisse zu haben."

Mit der Zensur fielen nach dem Ende des prüden Kaiserreiches auch die Hüllen. Die neue Zeit war wild und frei, Konventionen waren nur da, um gegen sie zu verstoßen. Die herkömmlichen Vorstellungen von Moral und Sitte, auf die das Bürgertum so lange stolz gewesen war und als deren Hüter es sich gegenüber einer verruchten Arbeiterschaft einerseits, einer in seinen Augen nicht selten zügellos lebenden Oberschicht andererseits gesehen hatte, sanken parallel zum Wert der Mark gegenüber dem Dollar ins scheinbar Bodenlose. Gerade das Laster wurde nun zur Sehnsucht dieses Bürgertums. Kitschige Sexliteratur eroberte die Regale der Buchhandlungen, und selbst seriöse Verleger nutzten diese Konjunkturphase, um damit Geld zu machen. Eine ganze Reihe von zum Teil kurzlebigen, mehr oder wenigen eindeutigen Zeitschriften und Magazinen wurden an den Mann und auch an die Frau gebracht, manchmal unter den Ladentischen, oftmals aber auch ganz offen auf der Straße.

Ganz vorne dabei war das Kino. Konrad Lange, der ehemalige Rektor der Tübinger Universität, zählte in einer scharfen Kritik am Kino rund 70 Filme auf, die in diese Kategorie passten, darunter

Streifen wie *Sündiges Blut, Das Laster, Die schöne Sünderin, Die Spur seiner Sünden, Das Recht der freien Liebe, Sklaven der Sinnlichkeit, Kinder der Liebe, Moderne Töchter, Die Tochter der Prostituierten, Das Haus des Lasters, Die entkleidete Braut, Lu, die Kokotte, Der Herr der Liebe* oder *Der Leibeigene (ein Kriminalproblem, sensationell, erotisch, sadistisch)* – um nur einige wenige zu nennen. Das waren längst nicht alle vergleichbaren Filme, aber Lange konnte mehr nicht aufzählen – er verstarb 1921. Mädchen und Frauen kleideten sich wie die Tauentzien-Girls,

„Bis früh um Fünfe ...!“ In Berlin amüsiert man sich, was das Zeug hält. Aquarell von Lutz Ehrenberger, 1922

die sie selbst vom Sehen kannten, oder wie die Huren auf den Bildern und Karikaturen, die zu Artikeln über das verruchte Berliner Nachtleben abgedruckt wurden.

Das musste zwangsläufig auf die Jugendlichen abfärben. Mit dem Geld wurden auch die Liebe und der Sex inflationär, gerade bei den ganz jungen Leuten. Die Jugend habe einen neuen „Realismus der Liebe" entdeckt, so Sebastian Haffner. „Es gab einen Ausbruch sorgloser, hektischer, fröhlicher Leichtlebigkeit. Typisch folgten Liebesaffären einem extrem schnellen Lauf ohne Umwege. Die Jungen, die in jenen Tagen lieben lernten, übersprangen die Romantik und umarmten den Zynismus." Stefan Zweig hatte eine ähnliche Entwicklung kurz zuvor schon in seinem Heimatland Österreich erlebt, wo es ebenfalls eine Inflation großen Ausmaßes gegeben hatte. Aber verglichen mit Berlin erschien ihm das jetzt nur als „mildes und schüchternes Vorspiel", denn die Deutschen brachten „ihre ganze Vehemenz und Systematik in die Perversion". Die jungen Mädchen „rühmten sich stolz, pervers zu sein; mit 16 noch der Jungfräulichkeit verdächtig zu sein, hätte damals in jeder Berliner Schule als Schmach gegolten, jede wollte ihre Abenteuer berichten können und je exotischer, desto besser." Zweig glaubte, dass vieles von dieser Attitüde nur gespielt war; heute würde man vielleicht sagen, man musste „cool" sein, um mithalten zu können. Richtig ist sicher, dass alles was mit Sex zu tun hatte, bald kein Ausdruck mehr von neuer Freiheit war, sondern immer mehr zum Zwang wurde, zur Obsession, zur Sucht und genauso wie die Tanzwut zum Ventil für Ängste und ein Laissez-Faire des Augenblicks. „Morgen ist Weltuntergang" hieß nicht umsonst ein beliebter Spruch dieser Zeit. Die Wirtschaft war im Niedergang begriffen, die Politik sowieso; Deutschland war geächtet, die Wunden des Krieges in den Seelen vieler Menschen waren noch nicht verheilt, und das Leben war ohnehin ungerecht. Warum sollte man sich dann noch viele Gedanken über die Zukunft machen? Ja, man musste überleben. Aber selbst in einer solch hoffnungslosen Zeit hatte das Leben so viel zu bieten – man musste es nur nutzen, niemand wusste, wie lange das noch möglich war. Diese Einstellung riss alle althergebrachten Grenzen zwischen Arbeiterschaft, Mittelstand und Oberschicht ein.

Mit dem Geld wurden auch die Liebe und der Sex inflationär, gerade bei den ganz jungen Leuten.

Ein wichtiger Ausdruck dieser Einstellung war die Nacktheit. Nackt, das war das neue Zauberwort. Nacktlokale, Schönheitsabende und Nacktlounges schossen aus dem Boden und waren der neueste Schrei beim aufgeklärten Publikum, vorausgesetzt, es konnte sich die Ausflüge dorthin leisten. Mit den Fesseln des Kaiserreichs fielen auch die der althergebrachten Konventionen. An ungezählten Orten des Nachtlebens wurden diese Events nun angeboten. Unzählige Nachtlokale wandten sich mit einem entsprechenden Programm an ihr Publikum, von piekfeinen Etablissements im Westen bis zu Halbwelt-Kaschemmen im armen Norden. Entweder steuerten die Nacht- und Nacktschwärmer die Läden gezielt an, oder sie wurden von meist jugendlichen Schleppern auf der Straße mit Versprechungen über nackttanzende Damen und Amüsements, an denen man auch selbst aktiv teilhaben konnte, angelockt. Auch Taxi- und Droschkenfahrer kannten die einschlägigen, aber häufig wechselnden Adressen und konnten ihren Fahrgästen entsprechende Tipps geben. Dabei war es völlig egal, ob der Herr alleine unterwegs war oder noch eine Dame an seiner Seite hatte. Viele dieser Clubs lagen versteckt in Hinterhöfen, wo es zumeist erst noch ein paar Stufen hinunter ging. Der oder die Besucher wurden an einem Tisch platziert, wo ihnen eine völlig überteuerte Flasche Sekt oder Champagner serviert wurde. Irgendwann ging es dann los mit der Show, die meistens vorgetragen wurde von Damen des Gewerbes, manchmal auch als Mutter-Tochter-Gespann.

Bei der Darbietung handelte es sich um billige Abklatsch-Nummern des berühmten amerikanischen Tanzstars Isa Duncan, und Kritiker bezeichneten die Tanznummern bisweilen als „nacktes Gehopse“, doch der künstlerische Wert stand nicht im Vordergrund. Und falls der Besucher doch einmal enttäuscht sein sollte, so wurde er zweifellos durch die besondere Aufmerksamkeit einer der Tänzerinnen getröstet, die sich nackt auf seinem Schoß rieb, um sein Interesse zu steigern. Denn nach der Show sollte die Nacht ja noch keineswegs zu Ende sein. Für das weitere, natürlich kostenpflichtige, Vergnügen standen schmierige Separees oder Räume zu Verfügung. Die Gattin konnte mitmachen, warten oder sich selbst eine der Tänzerinnen auswählen. Es gehörte geradezu zum guten Ton, dass auch Frauen mitmachten – und gerne auch mit anderen Frauen. Die Zeiten waren schließlich frei, und man probierte aus, was gefiel. Für eine Zeit lang waren diese Nacktklubs ein echter Erfolg, und fast jede Likörstube bot ein entsprechendes Programm, vielleicht nicht jede Nacht, aber doch regelmäßig. Das sprach sich im In- und Ausland herum, und Berlin bastelte kräftig an seinem Image als Sündenbabel der Welt. Und wurde ein Lokal von der Polizei ausgehoben, so gab es in der nächsten Nacht zwei neue.

Wer es stilvoller haben wollte und Glück oder die richtigen Bekanntschaften hatte, wurde vielleicht zu einer der ebenfalls zu dieser Zeit in großer Zahl stattfindenden privaten Veranstaltungen, den sogenannten Schönheitsabenden, eingeladen. Sie fanden zumeist in großen, mondänen Privatwohnungen des gehobenen Bürgertums statt. In gediegener Atmosphäre machte es buchstäblich jeder mit jedem. Ehepaare kamen gemeinsam und gingen gemeinsam, vergaßen aber in den Stunden dazwischen ihr Ehegelübde. Was man am Körper trug, wurde am Empfang abgegeben. Auch die Stars des Nackttanzes (zu ihnen kommen wir gleich) boten in dieser Atmosphäre eine Kostprobe ihrer Qualitäten. Bald musste Neues geboten werden, um sich von der Konkurrenz abzusetzen. So vollführte beispielsweise ein Ehepaar in seiner Wohnung in der Motzstraße den Geschlechtsakt auf einer Bühne vor Publikum, das sich animieren ließ, es ihnen nachzutun. Der Mann namens Bodo Reimers hatte noch kurz zuvor als Oberstleutnant seinem Kaiser treu gedient, doch die Reichswehr wurde abgebaut, neue Verdienstmöglichkeiten mussten her – und warum sollte man nicht das Angenehme mit dem Nützlichen verbinden?

Zuschauer der „Schönheitstänze" in einem Berliner Nachtlokal haben Larven auf, um ihre Anonymität zu wahren.

Die Schönheitsabende des Ehepaars Reimers, die ab dem Herbst 1919 stattfanden und über die die Presse nach ihrem Bekanntwerden lustvoll berichtete, waren beispielhaft für eine Reihe vergleichbarer Veranstaltungen, die sich in bürgerlichen Kreisen großer Beliebtheit erfreuten. Denn, so betonte der Journalist Hans Ostwald, damals sei vieles im Verborgenen geblieben, weil die politischen Wirren der Zeit die Menschen abgelenkt hätten. Bei seinen Schönheitsabenden habe das Ehepaar vor einem sehr zahlungskräftigen Publikum in Duettszenen eheliche Vertraulichkeiten der intimsten Art gezeigt. Als die Sache öffentlich wurde, ließen sich manche Szenen nach den Angaben von Journalisten, die darüber berichteten, nicht einmal andeuten. Die Schaubühne war Ostwalds Schilderung zufolge ein als Junggesellenzimmer eingerichteter Raum. Ein zweites Zimmer, das durch eine Schiebetür mit der Bühne verbunden war, diente als Zuschauerraum. Dieser war mit rund 40 Damen und Herren in eleganter Toilette voll besetzt. Im Publikum, das die Polizei an dem Abend, an dem die Sache aufflog, vorfand, waren unter anderem ein Pfarrer, ein Arzt, mehrere Kaufleute, Monteure und Dreher sowie vier verheiratete Frauen aus gutbürgerlicher Gesellschaft.

Ostwald berichtete: „Die beiden Räume waren durch einen weitmaschigen Mullschleier getrennt, der auch während der Darbietungen nicht entfernt wurde. Er ließ aber den Blicken der Zuschauer trotz des gedämpften Lichtes freien Spielraum und war auch nur dazu da, um den Reiz der Sache zu erhöhen. Die Vorführungen begannen mit den Rezitationen zweier Gedichte, die ein weißhaariger Mann vortrug und die den Zuschauern andeuteten, was ihnen geboten werden sollte.“ Die Polizei kam diesem Treiben auf die Spur, weil der Leutnant und seine Ehefrau Fotografien des Geschehens als Postkarten in Umlauf brachten, um die Einnahmen zu steigern. Was genau bei den Darbietungen gezeigt und auf den Postkarten dargestellt wurde, verschwieg Ostwald seinen Lesern und Leserinnen. Aber er beendete die Schilderung mit dem Hinweis, es werde erzählt, „daß die Zuschauer an anderen Stellen ähnliche Darbietungen genießen konnten – nach englischer Art, wie in eingeweihten Kreisen behauptet wird“. Auf eine andere Idee kam ein ehemaliger Landwirt aus Dahlem. Er gründete eine Internationale Künstlergesellschaft, deren einziger Zweck in der Organisation von Sexpartys bestand. Als er aufflog, wurde er zwar verhaftet und verurteilt, aber das Gericht hielt ihm zugute, dass die Teilnehmerinnen von nicht zweifelhafter Art gewesen seien. Es handelte sich um rund 60 Mädchen aus „besseren“ Kreisen – kaum eine war älter als 16 Jahre.

Was Klaus Mann von diesem vielfältigen Angebot der Reichshauptstadt persönlich miterlebte, wissen wir nicht genau. Aber begeistert zeigte er sich allemal: „‚Schaut mich nur an!' schmetterte die deutsche Kapitale, prahlerisch noch in der Verzweiflung. ‚Ich bin Babel, die Sünderin, das Ungeheuer unter den Städten. Sodom und Gomorra zusammen waren nicht halb so verderbt, nicht halb so elend wie ich! Nur hereinspaziert, meine Herrschaften, bei mir geht es hoch her, oder vielmehr, es geht alles drunter und drüber.' Das Berliner Nachtleben, Junge, Junge, so was hat die Welt noch nicht gesehen! Früher mal hatten wir eine prima Armee; jetzt haben wir prima Perversitäten. Laster noch und noch! Kolossale Auswahl! Es tut sich was, meine Herrschaften! Das muss man gesehen haben!"

DREI STARS DES NACKTTANZES

Die Frage, ob sich dieser Trend zuerst im allgemeinen Nachtleben bemerkbar machte oder dort, wo die Stars agierten, also auf der Bühne, ist vergleichbar mit der Frage, was zuerst da war: die Henne oder das Ei. Aber eines ist klar: Mit dem Beginn des Zeitalters der Demokratie setzte sich auch das Zeitalter der Massenkultur mehr und mehr durch. Wenn sich damals auf der Bühne Tänzerinnen und Tänzer so frei fühlten, ihre Darbietungen in dem Zustand zu präsentierten, wie die Natur sie geschaffen hatte, dann hatte das eine Wirkung auf das Publikum. Das gilt bis auf Ausnahmen wie Hamburg und München sicher nicht für die Provinz. Aber in der aufgeregten, nervösen, gehetzten Großstadt Berlin, die sich jetzt als Weltstadt fühlen durfte und zugleich das Gefühl hatte, Moral nach alter Sitte sei ja doch nur etwas für diejenigen, die sich so einen Luxus leisten konnten oder wollten, hatte es zweifellos eine große Ausstrahlung auf das Publikum, wenn sich die Künstlerlinnen und Künstler auf der Bühne entkleideten. Das Verhältnis des Publikums zu den kleinen und großen Stars, ob auf den großen Bühnen oder in den kleinen Kabaretts und Dielen und umgekehrt war so, dass beide Seiten sich gegenseitig inspirierten. In einer Zeit, in der der Film noch in den Kinderschuhen steckte, es kein Fernsehen und kein Internet mit sozialen Medien gab, übernahmen diese Funktion die Bühnen, von denen es in Berlin ja scheinbar unendlich viele gab.

Es waren drei Frauen, die zu Stars des Nackttanzes und damit zu typischen Erscheinungen der Inflationszeit wurden: Lola Bach, Celly de Rheidt und vor allem Anita Berber. Viele Frauen sahen damals und sehen heute in ihren Auftritten einen wichtigen Beitrag zur Emanzipation, die anderen Künstlerinnen und Sexsymbolen wie Josephine Baker, Marylin Monroe oder der Pop-Ikone Madonna den Weg geebnet haben. Ohne die besondere Situation der Inflationszeit mit ihrem Tanz der Milliarden, ohne ihre fieberhafte Vergnügungssucht, ihren nicht selten zwanghaften Freiheits- und Vergnügungstrieb und ohne das Gefühl, in einer „tollen" Zeit zu leben, in der man mitnehmen sollte, was geht, wäre dieses Phänomen so, wie wir es jetzt beschreiben, vielleicht gar nicht möglich gewesen – oder zumindest nur in einer abgespeckten Variante.

Die vermutlich erste Nackttänzerin war Lola Bach, mit bürgerlichem Namen Margarete Adolf. Viel wissen wir gar nicht über die junge Dame, nicht einmal ihr genaues Geburtsdatum und ihren Todestag. Sie soll um 1900 in Dresden geboren sein. Tanzen war wohl von ihrer Kindheit an das Thema ihres Lebens, und so kam sie vermutlich während des Weltkrieges als Elevin an das Ballett der Dresdner Oper. Der Anwalt Erich Frey berichtete in seinen Memoiren von einem Gespräch aus dem Jahr 1921, in dem sie gesagt habe: „Der ideale Frauenkörper in Bewegung – das war für mich Tanz." Nach Berlin kam Adolf, die sich bald Lola Bach nannte, noch während des Krieges. Ein älterer

Frauen bei einer Akt-Performance in der Weißen Maus in der Jägerstraße

Mann, vermutlich ein Privatgelehrter, den Frey in seinem Buch „Dr. Römer" nennt, wahrscheinlich um sich vor Regressansprüchen abzusichern, brachte sie in die Hauptstadt. Er erkannte in ihr genau den idealen Frauenkörper, von dem Lola Bach sprach – und mit dem man viel Geld verdienen konnte. Die junge Frau interessierte sich für den naturalistischen Tanz, ihr Vorbild sah sie vor allem in der Tänzerin und Choreografin Isadora Duncan. Die US-Amerikanerin gilt als Wegbereiterin des modernen sinfonischen Ausdrucktanzes, die klassische Konzertmusik in Tanz übersetzte. Ihr Körper- und Bewegungsempfinden orientierte sich am griechischen Schönheitsideal. Lola Bachs künstlerischer Anspruch war also hoch und da sie aus dem Ballett geflogen und ihres Elternhauses verwiesen worden war, nachdem sie mit „Dr. Römer" eine Liaison eingegangen war, finanzierte dieser seiner jungen Partnerin die weitere tänzerische Ausbildung. Er gründete die Gesellschaft der Freunde der Kunst. Lola Bach versammelte eine Reihe weiterer junger Tänzerinnen um sich, und das Lola-Bach-Ballett erfreute das Publikum mit seinen Tänzen, bei denen die Darbietenden bald den größten Teil dessen fallen ließen, was sie am Körper trugen. Der Charakter der Veranstaltungen, für die „Römer" einen Saal des Logenhauses in der Joachimsthaler Straße mietete, war halb privat, halb öffentlich. Wer in den Genuss der Tanzdarbietungen kommen wollte, musste Mitglied der Gesellschaft der Freunde der Kunst werden – und unterschreiben, dass er oder sie keinerlei moralischen Anstoß am Gebotenen nahm.

> Das Lola-Bach-Ballett erfreute das Publikum mit seinen freizügigen Tänzen.

Im Sommer 1921 ging „Römer" mit seiner Tanztruppe aber auch an die Öffentlichkeit. Gemeinsam mit Walter Kollo arrangierte er Vorführungen des Balletts mit Lola Bach als Star in der Kleinkunstbühne Potpourri am Potsdamer Platz. Mit großem Erfolg, denn auch hier fielen die Hüllen. Das Publikum war begeistert, der Ruhm Lola Bachs und ihrer Mittänzerinnen wuchs im gleichen Maß wie die Einnahmen „Römers". Lola Bach tanzte, ließ alle Hüllen fallen – das war genau das, wonach das Berliner Publikum der Inflationszeit jetzt mehr und mehr gierte.

Dumm nur, dass auch die Behörden aufmerksam wurden. Schon in die Gesellschaft der Freunde der Kunst hatte die Polizei einen beamteten Spitzel eingeschleust, weil sie Hinweise bekommen hatte, dort gehe es nicht allzu züchtig zu. Und bald sollten sowohl „Römer" als auch Lola Bach Ärger mit den Behörden bekommen. Der Vorwurf lautete Erregung öffentlichen Ärgernisses, die Sache kam zur Anklage und vor Gericht, und „Römer" wandte sich an Anwalt Frey. Er lud ihn zu sich nach Hause in seine Wohnung in der Lützowstraße ein. Für die Öffentlichkeit war der anstehende Prozess nichts weiter als eine pikant-heitere Komödie, schrieb Frey Jahrzehnte später, aber für ihn sei der Fall Lola Bach „eine echte Frauentragödie der Inflationszeit" gewesen.

Nachdem Frey an jenem Abend in „Römers" Wohnung eingetroffen war, führte ihn ein Diener in einen großen Raum. „Auf Kissen und Teppichen lagen an den Wänden entlang Menschen. Ich ahnte sie mehr, als ich sie sah." Frey wurde an einen Tisch geführt. Wände und Decken waren mit schwerem Brokat von der Decke bis zum Boden verhängt. „Plötzlich erklang leise Musik. Von der Decke her flammte ein bläulicher Scheinwerferkegel quer durch den Raum. Dort wo er die gegenüberliegende Wand traf, wurden Vorhänge beiseite gerafft. Und dann sah ich Lola Bach. Sie saß zusammengesunken wie im Schlaf auf einer riesigen silbernen Schale, die von drei Männern im Frack hoch über ihren Köpfen gehalten wurde. Langsam, gemessen schritten die Frackmänner auf die Mitte des Raumes zu. Und mit jedem Schritt senkten sie die Schale, und mit jedem Schritt richtete die Frau sich mit windenden Bewegungen auf, bis sie in voller Größe dastand." Ihr Oberkörper war nackt. Von der Hüfte abwärts steckte sie in einer langen Hose aus schwarzem, zottigem Fell. Der Kontrast zu ihrer weißen, mattglänzenden Haut war, so empfand es der zunehmend eingenommene Frey, raffiniert. „Die Männer hoben sie aus der Schale, in der die steife Pelzhose stehenblieb wie ein steifer Behälter. Lola Bach war jetzt so gut wie nackt. Von einem goldenen Hüftreif flossen ein paar bunte Seidenbänder herab." Geradezu atemlos berichtete Frey weiter: „Was dann kam, war Magie. Es war kein Tanz mehr. Es war eine berauschende, übergangslose Folge von allem, was je irgendwo auf der Welt getanzt worden war. Vom Kasotchok der russischen Steppe zum spanischen Flamenco, vom ballinesischen Tempeltanz zum Liebestanz des Harems, zum Walzer, zum Tango ... Ich war wie verzaubert, wie benommen. Einmal, als sie an mir vorüberflog, sah ich ihre Augen. Sie waren weit aufgerissen, dunkel und traurig. Mir war, als hafte ihr Blick etwas länger auf mir."

Frey war fasziniert von der jungen, nackten Lola Bach, deshalb sind seine Erinnerungen aus späteren Zeiten mit Vorsicht zu genießen, weil er sie vielleicht doch allzu sehr in Schutz nahm. Nach einem Treffen mit ihr entschloss er sich, sie vor Gericht zu verteidigen und nicht „Römer". Denn Bach eröffnete ihm Einblicke in ihr

Leben, das überhaupt nicht zur strahlenden, erfolgreichen Tänzerin, die als erster Nacktstar Berlins berühmt wurde, passte. Sie war „Römer" verfallen, und er hatte sie davon überzeugt, nackt auf der Bühne zu tanzen, als es nach dem Krieg keine Zensur mehr gab. Doch bald musste sie feststellen, dass immer wieder Mädchen, die sie für ihre Tanztruppe engagiert hatte, einfach wegblieben. Sie ließen sich von älteren Herren aushalten – „Römer" hatte diese Verhältnisse angebahnt. Sie entfremdete sich von ihm und wollte sich trennen, doch er gab ihr ein weißes Pulver, und sie fühlte sich stark, nachdem sie es geschnupft hatte: Kokain. Sie wurde zunehmend abhängig von dem Pulver und von Römer. Schließlich beging ihre beste Freundin, die sich ebenfalls einem Herrn hingegeben hatte, Selbstmord, weil sie aus der Situation nicht mehr herauskam und mit ihrer Sucht nicht mehr leben wollte. Deshalb und weil es um das Thema Nacktheit auf der Bühne ging, bezeichnete Frey diesen Fall später als ein typisches Frauenschicksal aus der Inflationszeit.

Das war der Stand, als Frey ihre Verteidigung gegen den Vorwurf der „Erregung öffentlichen Ärgernisses durch unzüchtige Handlungen" übernahm. Der Prozess fand schließlich im Januar 1923 vor der 6. Strafkammer des Landgerichts II Berlin-Moabit statt und sollte sich zu einem echten Kuriosum auswachsen. Das Gericht schien eine gute Adresse zu sein, denn es hatte im Herbst 1921 auch den Prozess um Arthur Schnitzlers Skandalstück *Reigen* verhandelt – der mit einem glatten Freispruch für die Schauspielerin Getrud Eysoldt geendet hatte. Allerdings hatte eine andere Strafkammer wenige Tage zuvor eine andere Nackttänzerin, Celly de Rheidt, zu einer hohen Strafe verurteilt. Eine bittere Niederlage für Frey, denn sie war nicht nur eine gute Freundin, sondern er auch ihr Anwalt. Auf der Anklagebank saßen noch ein paar andere Personen, doch das Augenmerk der sensationslustigen Öffentlichkeit lag auf Lola Bach. Zur Enttäuschung der zahlreichen Interessierten im Gerichtssaal wurde das Publikum auf Antrag Freys aber ausgeschlossen.

Frey hatte eine Taktik ausgetüftelt, die den ohnehin schon aufsehenerregenden Prozess endgültig in die Berliner Prozessgeschichte eingehen ließ. „Die Anklage lautet auf Erregung öffentlichen Ärgernisses durch unzüchtige Handlungen", begann er und fuhr fort: „Nacktheit an sich kann niemals unzüchtig sein. Das haben schon Gerichte im Kaiserreich festgestellt." Und dann rückte er mit seinem Vorschlag heraus: Das Gericht solle sich höchstpersönlich davon überzeugen – dafür müsse es sich die Darbietungen Lola Bachs vor Ort ansehen. Der Richter, ein Mann, der bekannt war für seinen gesunden Berliner Humor, ließ sich nicht lange bitten und verkündete seinen Beschluss: Das Gericht – neben dem Richter der Staatsanwalt, die Schöffen und die Gerichtsschreiber – würde sich in der kommenden Woche tagsüber im Potpourri einfinden, um dort in der Gesellschaft der Freunde der Kunst das nicht öffentlich Dargebotene anzusehen und abends das öffentliche Programm in Augenschein zu nehmen. Die Presse, die ebenfalls ihre Vertreter schicken durfte, hatte ihre Sensation, die Öffentlichkeit nahm großen Anteil.

Am Tag des Geschehens stand Lola Bach sichtbar nervös auf der Bühne. „Fangen Sie endlich an“ knurrte der Vorsitzende. „Sofort Herr Präsident“, sagte Lola Bach und machte einen Knicks. Und dann tanzte sie. Sie begann mit dem Tanz *Frühlingsstimmen*, es folgte *Die Motte flog zum Licht*, eine Darbietung, bei der sie lediglich noch leichte wehende Schleier um die Hüften trug. In dem Pantomime *Mode-Ballett* war sie nur mit Hüten der allerletzten Mode und Stöckelschuhen bekleidet. Der Höhepunkt aber war *Die Nonne*. „Sie war ganz nackt. Doch sie tanzte so raffiniert, daß man sich ihrer Nacktheit nicht bewusst wurde“, schrieb ihr Anwalt. Am Abend kam es schließlich im Potpourri zur abgemilderten öffentlichen Aufführung der Tanzkunst Lola Bachs. Die Prozessbeteiligten waren auf dem Balkon platziert worden. Aber diesmal ging es so züchtig zu, dass nach Angaben enttäuschter Zeitungsberichterstatter Bachs Darbietungen überhaupt nicht als Nackttanz bezeichnet werden konnten. Gleichwohl geizte das Publikum im ausverkauften Haus nicht mit Applaus und Blumensträußen, die auf die Bühne gereicht wurden. Lola Bach wurde schließlich zu einer einmonatigen Gefängnisstrafe auf Bewährung verurteilt, „Römer“ zu einer höheren Strafe, die er aber in eine Geldzahlung umwandeln konnte. Da das Gericht das Strafmaß nicht

Strafverteidiger Erich Frey war begeistert von Lola Bachs Darbietungen.

an die Maßstäbe der Inflation anlegte, waren die 18 000 Mark, die er zu zahlen hatte, lächerlich wenig.

Ob sie nun weiterhin von „Römer" gezwungen wurde zu tanzen, oder ob Lola Bach doch nicht der Unschuldsengel war, als den ihr Anwalt sie in seinen Erinnerungen darstellte, muss offen bleiben – jedenfalls stand sie schon wenige Wochen nach der Urteilsverkündung erneut auf der Bühne, und die in diesem Fall offenbar sehr emsigen Polizeispitzel, die keinen Abendtermin scheuten, um Lola Bachs Züchtigkeit zu überprüfen, nahmen sie erneut in Augenschein. Ob die andauernden polizeilichen Überwachungen in der Hauptstadt der Grund waren, warum Bach auf Tournee ging, ist unbekannt. In den folgenden Jahren sind Auftritte in Düsseldorf und Hamburg belegt. Doch dann erkrankte Lola Bach an Tuberkulose. Ihr letzter bekannter Auftritt fand 1928 in Wesermünde statt, zwei Jahre später verstarb sie vermutlich. Sie war nicht die bekannteste Nackttänzerin in der Inflationszeit, in der das Publikum nach Nacktheit gierte. Aber sie war wohl die erste und machte die Bahn frei für zwei andere Stars des Nackttanzes – Jahre, bevor die farbige Schönheit Josephine Baker Berlin in einer abgemilderten und kommerzielleren Form betörte.

Auch Celly de Rheidt ließ ihre Gewänder auf der Bühne fallen.

Auch Celly de Rheidt war nur eine kurze Karriere vergönnt, allerdings zog sie sich freiwillig vom Nackttanz zurück. Wie Lola Bach stieg auch sie im ersten Nachkriegsjahr ins Geschäft ein, war zu diesem Zeitpunkt aber schon 30 Jahre alt. Gemanagt wurde sie von ihrem eigenen Ehemann, dem Leutnant a. D. Alfred Seveloh. 1919 verfügte das Celly de Rheidt-Ballett sogar über ein eigenes Etablissement in der Motzstraße, ansonsten tanzte sie auf fremden Bühnen. Auch Celly de Rheidt ließ ihre Gewänder auf der Bühne fallen und sorgte für Begeisterung und Empörung, allerdings auch für Spott. Auch wenn die Kassen klingelten – nicht alle Zuschauer waren von ihren Darbietungen aus künstlerischer Sicht überzeugt.

Das vorwiegend reife Publikum bekam aber auf der Bühne einiges geboten, vom Walzer in durchsichtigen Gewändern und einer Frühlingsserenade nach Musik von Lecombe, bei der sich die Tänzerinnen oben frei machten, über eine erotische Pantomime mit dem Titel *Opiumschlummer*, sadistisch-wollüstigen Spielen, bei denen sich das Publikum gewöhnlich besonders aufmerksam zeigte, bis hin zu einem Stierkampf, bei dem Celly ihr letztes durchsichtiges Gewand dazu nutzte, das Tier zu besiegen. Höhepunkt der Darbietung war ein vom Orchester begleitetes Mysterienspiel, bei dem auch Rheidt eine Nonne gab, die, weil vom Pfad der Tugend abgekommen, aus ihrem Orden ausgestoßen wurde und sich daraufhin voller Verzweiflung den Habit vom Leibe riss.

Einen ihrer Auftritte beschrieb ein Beobachter ausführlich: „Wir befinden uns in einem großen Festsaal einer Berliner Privatgesellschaft. Der Glanz der Kronleuchter erlischt, ein kleines Orchester stimmt die Zuhörer auf das Kommende. Dann ein kurzer Vortrag von Harry de Rheidt über den starken künstlerischen Willen Celly de Rheidts. Ob dieser sich auch ganz durchsetzen wird, so führte der Vortragende aus, das muß erst die Zeit lehren. Jedenfalls zu prüfen wäre, ob unser Volk schon reif genug ist, den idealen Wert der Darstellung des unverhüllten Menschen ohne Sinnesreiz, d. h. so weit das zum ästhetischen Genuß gehörende Maß überschritten wird, erfassen zu können. Ein Walzer eröffnet, den Celly de Rheidt mit ihrem Ballett in kurzen durchsichtigen Schleiergewändern bei violetter Beleuchtung tanzt. Ein kurzes Geigenspiel – von neuem treten die Tänzerinnen hervor und tanzen ein wildes Bacchanal in rotem Purpurlicht. Auch bei diesem Tanz wieder das durchsichtige Schleiergewand, jedoch eine Brustseite schon unverhüllt.

Dann folgt die Pantomime ‚Opiumrausch', in welcher eine böse Fee – verkörpert durch Celly de Rheidt – einem dem Laster verfallenen Chinesen sinnverwirrende Tänze in einer entsprechenden Körperbekleidung vorgaukelt und den Wahnsinniggewordenen zu ihrem Opfer wählt. Weiter ein kurzer andalusischer Kastagnettentanz. Im Spiel der Glieder wogt und webt das den Körper zunächst verhüllende, wenn auch schon manchmal ihn teilweise enthüllende Umschlagetuch, dann wird es fortgeschleudert und die Tänzerin vollendet den Tanz mit völlig entblößtem Körper, der nur noch von einem Schleier hauchartig bedeckt, aber nicht mehr verdeckt ist. Noch eine mit den jungen Tänzerinnen flott und hübsch ausgeführte Paraguaya, die nackten Oberkörper mit Perlschnüren behangen, und dann kommt der Höhepunkt des ganzen Tanzabends, der Mensch, der sittlich und körperlich befähigt ist, sich in reiner Nacktheit zu zeigen! Dank der schrittweisen Vorbereitung ist der Zuschauer immer mehr auf das Schöne in den Tänzen hingelenkt und dadurch seine innere Beruhigung erzielt worden. Dem großen Wagnis ist die Bahn geebnet: ein Mysterium ‚Die Nonne', nach dem bekannten Gemälde Calderons ‚Renunziation' zur Darstellung gebracht. Nach einem Cellosolo bewegt sich ein Zug von Nonnen und Mönchen durch den Saal zu der in düsteres violettes Licht gehüllten Bühne. Unter den Nonnen befindet sich Immakulata – von Celly de Rheidt dargestellt – welche ihr abgelegtes Keuschheitsgelübde gebrochen hat. In feierlicher Form soll sie verstoßen werden. In der Darstellung der inneren Erregung und Verzweiflung zeigt Celly de Rheidt erneut ihre mimische Gestaltungskraft. Da plötzlich ein Ruck – Immakulata reißt ihre Kutte herunter und bietet ihren jungen nackten Leib dar! Bezüglich des Stoffes gab es Meinungsverschiedenheiten der Besucher, man sprach auch von Unsittlichkeit und Verletzung religiösen Empfin-

Das Celly-de-Rheidt-Ballett um 1923

dens. Doch eine hohe Kunst, deren Pflege auch Celly de Rheidt nicht abzusprechen ist, darf unseres Erachtens sogar die tiefsten Tiefen der menschlichen Leidenschaften, gleich ob sie auf profanem oder religiösem Gebiet liegen, aufwühlen ..."

Die Reaktionen waren also gemischt, wie selbst dieser wohlwollende Beobachter zugeben musste. Sie habe „zu viel Speck auf dem Rücken" und sei auch schon zu alt, um so zu tanzen, wie sie tanze, schrieb deutlich weniger wohlwollend die Zeitschrift *Das Tage-Buch*. Und der Schriftsteller Herwarth Walden, Gründer der Zeitschrift *Der Sturm*, war kaum freundlicher, wenn er meinte: „Jedenfalls kann sie nicht tanzen." Andere Kritiker scheuten auch vor dem Ausdruck „Hopserei" nicht zurück. Aber es gab durchaus auch positive Stimmen, und am Ende entschied ohnehin das Publikum, und das strömte in Scharen in die Tanzvorstellungen. Auch Celly de Rheidt geriet in den Fokus der Justiz und musste sich, wie oben schon erwähnt, ebenso wie Lola Bach vor Gericht verantworten, sogar kurz vor Bach, deren Prozessauftakt sich hingezogen hatte. Sie wurde zu einer Geldstrafe in Höhe von 21 000 Mark verurteilt. Kurt Tucholsky hatte sich schon im November 1920 in der *Freiheit* über die Aufregung, die die Nackttänze Celly de Rheidts vor allem bei Kirchenvertretern auslösten, ausgelassen: „Daß auch nur ein einziger Mensch etwa deshalb frommer würde, weil sich Celly de Rheidt an diesem Abend nicht die Hosen auszieht, ist nicht anzunehmen." Doch ihre Karriere als Nackttänzerin endete bald. Als auch ihr Mann – wegen Kuppelei – vor Gericht stand und verurteilt wurde, trennte sie sich von ihm, siedelte nach Wien über, wo sie einen Theaterdirektor heiratete und zog sich bald vom Tanz zurück. Ein Comeback-Versuch scheiterte ein paar Jahre später. Celly de Rheidt starb 1969 in Hamburg, wo sie auf dem Friedhof Ohlsdorf begraben liegt.

Doch zur bekanntesten unter den Berliner Nackttänzerinnen wurde Anita Berber, ein exzentrischer Megastar, wie man vielleicht heute sagen würde. Sie füllte die Klatschspalten, sorgte für Skandale, Empörung und Bewunderung. Geboren 1899 in Leipzig als Tochter des Violinvirtuosen Felix Berber, kam Anita kurz nach Ausbruch des Krieges nach Berlin, begann eine Tanzausbildung, hatte erste erfolgreiche Auftritte und wurde kurz nach Kriegsende Mitglied des Balletts von Celly de Rheidt. 1920 lernte sie Sebastian Droste kennen, dessen bürgerlicher Name eigentlich Willy Knobloch lautete, ein Tänzer, der als aufgehender Stern galt. Sie gingen eine Liaison miteinander ein, nicht nur auf der Bühne. Ihr Programm wurde bald bekannt, weil es etwas Neues bot: Nicht als Erste, aber doch als eine der Ersten ließ sie alle Hüllen fallen. Und wurde der Star unter den Nackttänzerinnen.

Sie hatte wohl einen künstlerischen Anspruch, zum Beispiel mit ihrem Programm *Tänze des Lasters, des Grauens und der Ekstase*. Dunkel und dick geschminkt tanzte sie auf den Bühnen, in großen Hallen, Varietés und bei privaten Veranstaltungen wie den sogenannten Schönheitssalons. Der Tänzer Joe Jenčík, der Berber live sah und bereits 1930 ein kleines Büchlein über ihre Tanzkunst veröffentlichte, beschrieb darin zum Beispiel den Tanz *Astarte*: „Die Tänzerin schreitet verhaltenen Schritts Stufen hinab, die aus einer imaginären Höhe herabfallen. Sie trägt einen herrlichen Umhang, der Kopf wird umfächelt von einem stolzen Büschel wertvoller Federn. Sie bleibt mit einem nachdrücklichen Pas chassé stehen und schaut sich gebieterisch um. In einer fürstlichen Geste streift sie ihren Umhang ab und erscheint halb nackt in der Bleiche des Mondes." Ideologisch, so Jenčík, habe Berber mit diesem Tanz gedroht. Er wirke asexuell, hoheitlich unnahbar, und die Frau darin lache alle Männer aus. Vor allem die dummen Prädikatisten, die sie einstimmig und monopolhaft zu ihrer Geliebten erklärten. Sie lachte auch über die Frauen, die meinten, Anita sei eine begeisterte Anhängerin des Kults von Lesbos. Sie lachte über alle, die an ihre Androgynität oder ihre sexuelle Ambiguität glaubten. „Durch Astarte konnte sie in souveräner Form ihre Zugehörigkeit auf dem Gebiet der Erotik und Sexualität unter Beweis stellen: Sie war nichts und gehörte niemandem ... Erotik und Sex waren perfekt in sie eingefaßt, und in ihr selbst entladen sich die Kräfte der mächtigen Ströme des Geschlechtstriebs."

Nur: Solche Tiefgründigkeit interessierte den Mainstream nicht. Das lag sicher auch daran, dass sie sich das falsche Publikum aussuchte, wenn sie in Varietés tanzte, in denen es ums nackte Vergnügen ging, nicht um die große Kunst. Und es lag sicher auch an ihrem Verhalten, gab es doch immer wieder Geschichten über die Berber, in denen sie nur mit einem offenen Mantel bekleidet in einer Bar auftauchte und in ihrer Innentasche vergeblich nach Zigaretten suchte oder auf der Straße fremde Männer ansprach und fragte, ob sie gegen Bezahlung mit ihr schlafen wollten. Da fiel es dem Publikum schwer, sich auf die Kunst zu konzentrieren, die viele ohnedies nicht zu erkennen vermochten.

Bald wurde sie auch als Model engagiert, und das neue Medium Film wurde auf sie aufmerksam. Sie spielte in einer ganzen Reihe von Werken wie *Die Prostitution* und *Unheimliche Geschichten* mit, die heute zum Teil verloren und vergessen sind. Eine Rolle als Tanzdouble bekam sie auch in Fritz Langs *Dr. Mabuse, der Spieler*. Aber Berbers künstlerische Ansprüche waren eben nicht das, was das Publikum interessierte. Die Leute wollten die Berber auf der Bühne nackt tanzen sehen, das war die Sensation, und das entsprach dem wüsten Zeitgeist. Und nur, weil sie dieser Forderung nachkam wie keine andere, war sie ein Star. Die Journalistin Grete Müller erinnerte sich an ihre Auftritte und das, was sie auslöste: „Umbrandet von Begierde, von Klatsch vom heißen, künstlich hellen Licht der Nachtlokale. Sie war eine der ersten Nackttänzerinnen. Zu einer Zeit, da die Frauen noch dick waren und ihren Überschuss an Fett klug und schämig hinter Kleiderhüllen verbargen, sprang sie mit ihrem gertenschlanken Körper ins Rampenlicht. Damals war Nacktheit noch eine Sensation und über ihr Kostüm, das aus einem einzigen Brillanten bestand, sprach die halbe Welt.“ Und genau damit wurde sie zum Ausdruck dieser Jahre, in denen die Grenzen des Schams so rasant fielen wie der Wert der Mark, in denen das Laster zur Sehnsucht des Bürgertums wurde und der Tanz und die Nacktheit eine Ventilfunktion bekamen. Anita Berber verkörperte den Geist dieser Zeit, in der viele Menschen nicht mehr an eine Zukunft zu glauben vermochten, wie wohl keine andere, sie tanzte den Weltuntergang, wie ein späterer Kritiker meinte. „Eine Gegenwart, die keine Illusionen hat, nimmt auch den Frauenkörper ohne Verschleierung als öffentliches Schaustück an“, schrieb der Schriftsteller Felix Salten mit Blick auf Anita Berber und die Inflationsjahre.

Anita Berber mit ihrem Partner Sebastian Droste

Das Publikum lag ihr zu Füßen. Junge Frauen und Mädchen schminkten sich wie Berber und wollten so verrucht wirken wie ihr Vorbild. Sie kreierte den Garçonne-Look – Frauen, die wie Männer gekleidet waren, was als besonderer Ausdruck von Emanzipation galt –, der gerade Mode unter jungen Frauen wurde, nicht, aber sie ritt als eine der Ersten erfolgreich auf seiner Welle. Sie trug Smoking lange bevor Marlene Dietrich, mit der sie befreundet war, damit berühmt wurde. Sie fiel auf, immer und überall, wo sie auftauchte. Der Schriftsteller Leo Lania beschreibt in einem biografischen Roman über Berber eine Szene, die mit großer Wahrscheinlichkeit so oder doch sehr ähnlich stattgefunden hat und von der es unzählige vergleichbare gibt: „Als Anita am Kurfürstendamm aus dem Auto stieg – Zobelpelz, Monokel im grell bemalten Gesicht unter rotem Haarschopf –, blieben Passanten stehen, Huren liefen herbei, bildeten beinahe ehrfürchtig eine Gasse, durch die Anita ins Lokal stürmte.“ 1923, im schlimmsten Jahr der Inflation, stand Berber auf dem Zenit ihres Ruhms. Sie tanzte das, was zunehmend ihr Leben ausmachte, und so hießen bekannte Performances *Cocain* oder *Morphium*. Denn ihr Partner Droste hatte sie mit den Drogen bekannt gemacht, und bald war Berber der Sucht nach dem weißen Pulver vollkommen erlegen. Der körperliche Verfall begann, nicht zu übersehen für ihre Umwelt. Sie wurde immer hemmungsloser – wenn ein Zuschauer pöbelnd Kritik an ihrer Tanzdarbietung äußerte, konnte es passieren, dass sie auf den Tisch vor ihm sprang, ihn mit Sekt begoss oder auch, wenn sie mit Drogen vollgepumpt war, auf seinen Kopf urinierte oder eine Flasche Champagner auf seinem Kopf zerschellen ließ. So geschah es beispielsweise in der Weißen Maus, einem der bekanntesten Etablissements, mit schöner Regelmäßigkeit, bis der Besitzer sich nicht mehr anders zu helfen wusste, als sie hinauszuwerfen.

Der körperliche Verfall begann, nicht zu übersehen für ihre Umwelt.

Berber entwickelte sich immer mehr zur Skandalnudel. Sie lebte offen bisexuell, hatte Freundinnen; aber die Zeiten, in denen sich Frauen und Männer reihenweise für sie ruinierten, wie es der Schauspieler Rudolf Forster, mit dem sie gemeinsam vor der Kamera gestanden hatte, schrieb, gingen vorbei. In Wien fabrizierte sie während eines längeren Aufenthaltes gleich mehrere Skandale und wurde gemeinsam mit Droste des Landes verwiesen. Von ihrem Partner trennte sie sich beruflich wie privat, oder besser: Er trennte sich von ihr. Der schwer kokainabhängige Droste erkrankte wenige Jahre später und verstarb 1927 im Alter von 29 Jahren an Tuberkulose. Berber holte sich bald einen neuen Tanzpartner an ihre Seite. Aber ihr Stern sank nun unaufhaltsam, besonders in Berlin. Die Faszination des anspruchsvollen Nackttanzes verlor deutlich an Kraft, das Verruchte wurde langweilig. Als um die Jahreswende 1923/24 die Stabilisierung des Lebens in Deutschland einsetzte, hatten die Menschen auch zunehmend genug vom Exaltierten, das die Inflationsjahre ausgemacht hatte. Vielleicht ermüdete es sie einfach, vielleicht fühlten sie sich auch unliebsam an die aus den Fugen geratene Zeit der Inflation erinnert; auf der Bühne waren jetzt „oben ohne“ und lange, durch die Luft fliegende Beine in Ordnung, aber dazwischen war wieder mehr Verpackung angesagt, die noch erahnen ließ und Überraschungen barg. Nacktheit wurde in einer abgemilderten Form zum Mainstream.

Anita Berber, Lola Bach und Celly de Rheidt waren nicht nur Vorbilder für zahllose mehr oder weniger talentierte Nackttänzerinnen in zahlreichen Lokalitäten der Stadt, sondern sie öffneten die Türen für das Phänomen der erotischen Revue, das es zwar schon vorher in Paris und New York gegeben hatte, das aber gleich nach der Inflationszeit in Berlin erst so richtig durchstartete. Die Handlungen waren ebenso dürftig wie die Textilien, aber die Revuen an den Berliner Revuetheatern der Zwanzigerjahre waren so, wie die sensationslüsternen Berliner es mochten: „riesig, temporeich, durch und durch weltstädtisch und voller Sex à la Girlkultur“, wie es der US-amerikanische Historiker Mel Gordon zusammenfasst. Einer der ganz Großen der Revueszene war James Klein, der an der Komischen Oper Stücke wie *Zieh dich aus* und *Alles nackt* auf die Bühne brachte. Noch einmal Mel Gordon: „Revuen waren ein weiterer Beleg für die Berliner Raffinesse – welche andere Stadt konnte sich schon eines solchen erotischen Gesamtkunstwerks rühmen?“ Die großen Revuen, bei denen viel nackte Haut gezeigt wurde, waren als Folge der Nacktkultur während der Inflationszeit entstanden, die ihrerseits ein Produkt der Krise war. Sie gingen mit der nächsten Krise ab 1930 wieder ein und wurden ersetzt durch große Vergnügungspaläste und Themenrestaurants wie das Haus Vaterland.

Anita Berber machte während der Jahre nach der Inflation immer häufiger durch provokante Auftritte auf sich aufmerksam. Es waren Geschichten, die die Zeitungen noch immer liebten, jetzt aber waren die Leser nicht mehr fasziniert, sondern wohlig abgestoßen, wenn die Berber einem Zuschauer eine Champagnerflasche auf den Kopf schlug, weil er während einer Tanznummer lautstark gefordert hatte, sie solle sich endlich ganz ausziehen. Sie ging auf Tourneen in Deutschland und im Ausland. 1928 erkrankte sie während einer Gastspielreise in arabischen Ländern wie ihr früherer Partner Sebastian Droste infolge ihres Drogenkonsums an Schwindsucht. Ihre Rückreise konnte sie nur mithilfe von Künstlerkollegen finanzieren. Am 10. November 1928 verstarb sie im Kreuzberger Krankenhaus Bethanien.

DAS GESCHÄFT DER STADT – KAUFSEX UND DROGEN

KLAPPERKISTEN, STEINHUREN, SEX AN JEDER ECKE – PROSTITUTION EROBERT DIE STADT

Gerhard Lamprechts Film *Die Verrufenen* spielt im Berlin nach dem Ersten Weltkrieg. Szene mit Aud Egede-Nissen als Straßenmädchen Emma

Über Anita Berber kursiert, wie schon erwähnt, die Anekdote, sie sei ab und an durch die Stadt gelaufen und habe fremde Männer gefragt, ob sie mit ihr für Geld Sex haben wollten. Ganz aus der Luft gegriffen dürfte diese Erzählung nicht sein, sie zeigt eine Tendenz, die in den Jahren der Inflation in Berlin deutlich sichtbar wurde: Die Grenzen zwischen Gelegenheits- und berufsmäßiger Prostitution verschwammen, und so könnte man nach einem Blick auf die nackten Zahlen zu der Ansicht kommen, die Bedeutung des käuflichen Sex sei während der Inflationszeit zurückgegangen. Doch das Gegenteil war der Fall – sie nahm außerordentlich zu. Die Berliner erfanden eine ganze Reihe verschiedener Typenbezeichnungen für die Damen des Gewerbes. Mel Gordon hat 17 verschiedene Kategorien ausgemacht – acht für Prostituierte, die auf der Straße arbeiteten, neun für die, die drinnen ihrem Gewerbe nachgingen (in Klammern die Anzahl, die sich vermutlich auf den Anfang der Dreißigerjahre bezieht, aber ohne Zweifel mit denen der Inflationszeit vergleichbar war). Am untersten Ende der Kette der draußen arbeitenden Frauen standen die Straßendirnen, die ihre Kunden irgendwo im Tiergarten oder am Bülowplatz befriedigten; sie wurde ironisch auch Frischluft-Frauen genannt (600). Bei den Halbseidenen, der mit Abstand größten Gruppe, handelte es sich um Gelegenheitsprostituierte. Das waren angestellte Frauen – Sekretärinnen, Verwaltungsangestellte, Verkäuferinnen –, die sich nach Feierabend oder am Wochenende Geld dazu verdienten. Da sie nicht polizeilich registriert waren, wurden sie während der Inflationszeit auch Drückebergerinnen genannt, ebenso Fünf-Uhr-Frauen, weil sie vor allem am späten Nachmittag, nach Feierabend, ihrer Nebentätigkeit nachgingen (bis zu 55 000). Die Kontrollmädchen, auch Klapperkisten oder Strichmädchen genannt, gehörten zu den Prostituierten, die sich regelmäßig bei der Sittenpolizei meldeten und von Amtsärzten auf Geschlechtskrankheiten untersucht wurden (8750). Die Münzis waren schwangere Frauen und Mädchen. Da das Angebot äußerst gering war, waren ihre Preise hoch (25). Nutten waren knabenhafte Mädchen im Alter bis etwa 20 Jahre, die häufig zu zweit Kundschaft suchten (rund 30 000). Steinhuren wurden Frauen genannt, die sich anboten, obwohl sie keine attraktiven Körper besaßen. Darunter waren auch Frauen mit fehlenden Gliedmaßen oder körperlichen Deformierungen. Sie standen zumeist auf der Oranienburger Straße (400). Stiefelmädchen boten ihre Dienste als Dominas an, ihre speziellen Leistungen waren an der Farbe ihrer Stiefel zu erkennen (350). Zu den Prostituierten, die sich auf der Straße anboten, gehörten auch die berühmten Tauentzien-Girls. Sie lockten auf der Tauentzienstraße südlich der Gedächtniskirche ihre Freier an und waren ein äußerst beliebtes Thema in den Zeitungen. Wer wollte, traf auch auf Mutter-Tochter-Gespanne (2500).

Die größte Gruppe der Frauen und Mädchen, die drinnen arbeiteten, waren die sogenannten Telefon-Mädchen. Dabei handelte es sich um Mädchen im Alter von zwölf bis 17 Jahren, die sich oft nach berühmten Filmstars nannten. Interessenten konnten sie per Telefon ordern, dann wurden sie per Limousine geliefert. Der gleichen Altersgruppe gehörten die Medizin-Mädchen an, die bei „Apothekern" bestellt werden konnten. Der Preis dieser jungen Mädchen war sehr hoch (3000). Die Demie-Castors waren Amateurhuren, die aus gutsituierten bürgerlichen Familien stammten und über einen festen Arbeitsplatz in gewissen Einrichtungen für höhere Ansprüche verfügten (500). Fohsen arbeiteten unabhängig und annoncierten in Zeitungen als Masseusen oder Maniküren (2500). Die Bezeichnung Domina spricht für sich (1500), auch Minetten befriedigten die sado-masochistischen Wünsche ihrer Kundschaft und bedienten Besucher der Stadt gerne in noblen Hotels in der Friedrichstadt (350). Masochistisch veranlagt waren die Rennpferde (200). Schließlich gab es noch die Tischfrauen, die sich ihren kultivierten Kunden zunächst in privaten Nachtklubs rund um den Kudamm zu interessanten Gesprächen auf hohem Niveau und auch gerne mehrsprachig zur Verfügung stellten, ehe sie ihre Dienste in einem Separee vervollständigten. Zudem gab es noch die Chontes – polnisch-jüdische Prostituierte der untersten Klasse, die rund um den Alexanderplatz, ganz in der Nähe des Polizeipräsidiums, arbeiteten.

Nutten waren knabenhafte Mädchen im Alter bis etwa 20 Jahre, die häufig zu zweit Kundschaft suchten.

Prostitution war in Deutschland grundsätzlich verboten und wurde bestraft, es sei denn, die Frauen gehörten zu den sogenannten Kontrollmädchen. Dabei handelte es sich um offiziell bei der Sittenpolizei registrierte Prostituierte. Ein großes Problem war zu jeder Zeit die Ausbreitung von Geschlechtskrankheiten, weshalb die Behörden bemüht waren, das käufliche Gewerbe unter Kontrolle zu halten – was ihnen, zumal während der Inflationsjahre, nicht gelang. Offiziell registrierte Sexarbeiterinnen mussten sich regelmäßig jede Woche oder alle 14 Tage im Polizeipräsidium ärztlich untersuchen lassen. Den Vorgang, der bis 1927 obligatorisch war, beschrieb ein Berliner Polizeikommissar: „Kaum ist der gewaltige zur Arbeit drängende Menschenstrom verebbt, springt ein neuer Bach aus 1000 Quellen aus allen Richtungen, springt aus eintönigen Mietskasernen und dunklen Torwegen, wird zum Fluss und bald zum Strom. Der Alexanderplatz ist das Sammelbecken. Hier münden die unzähligen Adern in einem Menschenfluss der – nicht zur Arbeit – die Dirksenstraße hinunter gleitet bis zur letzten Tür des Polizeipräsidiums. Der ewig fließende Strom der Prostitution! Da klappern sie dahin auf hochhackigen Schuhen in kurzen Röckchen, die die Floor bestrumpften Beine zeigen. Viele ohne Hüte, mit sauberen stark kondolierten Frisuren, manche mit einer sittsamen Tändelschürze.

Eines fällt mir sofort auf: diese Frauen, die hier mit ihrem Kontrollbesuch zur Sitte gehen, sind nicht die eigentlichen Prostituierten der Weltstadt, sie sind die Dirnen des kleinen Mannes. Sie gehen mit hastigen Schritten dahin, als hätten sie es sehr eilig. In ihrem Gang drückt sich eine Geschäftigkeit aus, die wie ein leises Wichtigtun anmutet. Sie sind ja sozusagen im Dienst und pünktliches Erscheinen ist ihnen Pflicht. Nicht rechts, nicht links sehen sie, und die dreisten Scherzworte der Droschkenchauffeure auf dem Autohalteplatz, die begehrlichen Blicke der Hausdiener, die ihren Handwagen über das Pflaster schieben, prallen wirkungslos an den Mädchen ab.

Schnell rutschen sie durch einen breiten Torweg die Treppen hinan, schieben sich rasch noch einmal die sorgfältig frisierten Haare zurecht, streichen den Rock glatt und treten auf den kahlen, amtlich nüchternen Korridor, in dem eine endlose Türenreihe wie das Gebiss eines Ungeheuers die Ankommenden anblickt. An einem Schalter müssen sie vorbei. Dahinter sitzt ein Beamter der Sittenpolizei, der das vorgewiesene Kontrollbuch prüft und den Namen der Erschienenen vermerkt. Leise plaudernd stehen oder sitzen die Mädchen in Gruppen beieinander und warten geduldig, bis sie an die Reihe kommen. Sie wissen, sie sind hier nur Nummern. Noch weniger: sind unpersönlich. Ihre Körper, die sie willig und ohne Sträuben dem polizeilichen

Zwang zur Besichtigung darbieten, sind hier nur gewerbliche Betriebe, die auf ihre Unschädlichkeit oder Gemeingefährlichkeit von Amts wegen untersucht werden. Schematisch mechanisch. Dann gehen sie wieder ruhig und anständig, wie es der § 18 des polizeilichen Reglements in väterlich ermahnendem Ton vorschreibt, die steinernen, kalten Treppen hinunter. Jede Stufe bringt Entfernung von der Polizei und damit ein Aufatmen. Sie treten durch das Tor und wandeln sich in einer Sekunde: aus der noch eben nummerierten, von gefängnisartigen Räumen wie von einem Alb Bedrückten ‚Sittendirne' wird mit einem Ruck das Mädel, das mit herausfordernden Blicken, erhobenem Kopf und dreist federndem Gang nach ‚Freiern' Umschau hält. Schon den Posten am Tor streift ein halb noch höhnischer, halb schon aufreizender Blick, und der Heimweg wird zum Strich."

Schon vor dem Krieg mussten sich die registrierten Prostituierten regelmäßig zur Untersuchung im Polizeipräsidium am Alexanderplatz einfinden. Zeichnung von Heinrich Zille, 1909

Dass die inoffizielle Prostitution in Berlin rasant anstieg, konnte Kriminalkommissar Ernst Engelbrecht täglich feststellen, nachdem er im Dezember 1920 im Zuge der Neueinteilung der Polizeibezirke nach der Gründung Groß-Berlins zum Leiter der Sittenpolizei in Charlottenburg ernannt wurde. Zu seinem Bereich gehörten auch der Kurfürstendamm und die umliegenden Straßen. Nach seiner Auffassung war die Bekämpfung der käuflichen Liebe bis dahin zu lax gewesen, und so entschloss er sich zu einem harten Vorgehen, obwohl er, wie er ausdrücklich in seinem Buch *15 Jahre Kriminalkommissar* betonte, nichts gegen Frauen gehabt habe. „Die Tauentzienstraße und der Kurfürstendamm waren in den Jahren 1918–1921 das Dorado der heimlichen Prostitution geworden, es war also unter allen Umständen eine strenge Handhabung der sittenpolizeilichen Überwachung erforderlich", fand Engelbrecht. Von mittags bis zum frühen Morgen waren daher von nun an täglich in diesem Gebiet ununterbrochen Patrouillen der Sittenpolizei unterwegs. Wenn ein Mädchen oder eine junge Frau sich verdächtig gemacht hatte, wurde sie auf die nächste Polizeiwache gebracht und, wenn sie der gewerblichen Unzucht überführt worden war, zur Sittenpolizeistelle Charlottenburg. „Hier war dann auch immer ein reger Betrieb. In der ersten Zeit waren es allnächtlich häufig dreißig oder vierzig Mädchen, die der Polizei ins Garn gegangen waren, unter Kontrolle befindliche Dirnen, die, den polizeilichen Verfügungen widersprechend, verbotene Straßen betreten oder sich gar der Kontrolle entzogen hatten, und junge Mädchen, die häufiger, in selteneren Fällen das erstemal, auf dem Wege des Lasters betroffen worden waren." Den Anstieg der Prostitution in seinem Gebiet bezifferte Engelbrecht auf ungefähr das Dreifache, was er unter anderem auf eine allgemeine Verwahrlosung der Jugend zurückführte. Als besonders erschreckend empfand er die große Zahl von sogenannten Pensionaten im Westen Berlins, in denen junge Mädchen gewerbsmäßig verkuppelt wurden. Oft seien die abenteuerhungrigen Mädchen, die hier arbeiteten, zunächst unter ganz unverdächtigen Umständen angelockt worden, wurden zu Freundinnen des Hauses – bis sie sich in den Fängen der Chefin des Pensionats befanden. Die Aushebung eines Pensionats in der Nürnberger Straße machte klar, dass die Einrichtungen untereinander eng vernetzt waren: Nachdem die Polizei die Wohnung besetzt hatte, stellte sie fest, dass ständig Telefonanrufe anderer Pensionate eingingen. Die dortigen Chefinnen fragten an, ob Bedarf an Mädchen bestehe, weil bei ihnen das Geschäft schlecht lief oder ob ihnen mit Mädchen ausgeholfen werden könne, weil ihnen die Kundschaft die Türe einrenne.

Wie offen die Prostitution selbst am helllichten Tage an belebten und bekannten Ecken ablief, beobachtete Klaus Mann, als er sich 1923 zum ersten Mal in Berlin aufhielt. Mit seinen 17 Jahren pilgerte er durch die Straßen der Millionenmetropole und beschrieb die Prostituierten, die „allabendlich mit preußischer Disziplin die Tauentzienstraße entlangmarschierten", aus seiner Sicht: „Manche von ihnen waren kindlich jung, während andere die tiefen Furchen um Mund und Augen mit keiner Schminke mehr cachieren konnten. Es gab frierende kleine Mädchen im abgeschabten Mäntelchen, stolze Kokotten im Pelz, üppige Blondinen mit gemütlich rheinischem Akzent, fesche Jüdinnen mit einladend feuchtem Blick. Es gab Weiblichkeit in jeder Preislage, für jeden Geschmack, selbst für den ausgefallensten. Einige der Damen – grimmige Matronen in streng geschnittenen Kostümen – fielen durch hohe Stiefel aus rotem oder grünem Leder auf. Es war eine dieser Gestiefelten, die mir zu meinem Entzücken heiser zuflüsterte: ‚Magste mein Sklave sein?', wozu sie auch noch eine Reitgerte an meiner Wange vorbei durch die Luft zischen ließ. Ich fand es wundervoll." Aber seine Empfindungen waren ambivalent. „Ich konnte keine der bunten Damen betrachten, ohne innerlich aufzuseufzen: ‚Armes Ding! Was für ein Leben sie führt!' Aber solche Reaktion war künstlich und konventionell; der Seufzer kam nicht von Herzen." Ehrlicher sei die Reaktion gewesen, als er als kleiner Junge beim Blick auf eine Frau mit großer Oberweite gefragt worden sei, ob ihm das gefalle und er darauf geantwortet habe: „Schön find' ich's gerade nicht, aber ich seh's gern." Mit den Berliner Huren sei es ihm ähnlich gegangen – schön fand er sie nicht, „aber es machte mir unendliches Vergnügen, ihrer grellen Prozession zuzuschauen".

Es gab nichts, was es nicht gab; manch einem gefiel das, anderen nicht. Aber jedem, der nach Berlin kam, fiel diese Sexualisierung des öffentlichen Raumes sofort ins Auge. Der italienische Journalist Luigi Barzini fasste das breite Angebot so zusammen: „Männer verkleideten sich als Frauen, Frauen als Männer oder als kleine Schulmädchen; es gab Frauen mit Stiefeln und Peitschen in den verschiedensten Farben, Formen und Größen, die unterschiedliche passive oder aktive Vergnügungen verhießen [...] Junge, frisch gewaschene und hübsche Frauen waren im Übermaß erhältlich. Man brauchte sie nur zu bitten und zuweilen nicht mal das, man konnte sie zum Preis eines Abendessens oder eines Blumenstraußes haben: Ladenmädchen, Sekretärinnen, Flüchtlinge aus Rußland, nette Mädchen aus ruinierten guten Familien. Manche von ihnen weinten nach dem Akt theatralisch auf dem zerzausten Bett, nachdem sie das Geld angenommen hatten."

Vielen Besuchern der Stadt fiel auf, dass es in Berlin nicht ein festes Rotlichtviertel gab wie in Paris, Hamburg oder Amsterdam. Es gab verschiedene Ecken in der Stadt, an denen sich die Prostitution abspielte. Neben Tauentzienstraße und Kurfürstendamm gehörten unter anderem der Alexanderplatz und seine dunklen Seitenstraßen dazu, ebenso die Gegend um den Stettiner Bahnhof. So kam einem zeitgenössischen Beobachter beispielsweise das sogenannte Poetenviertel nahe dem heutigen Nordbahnhof wenig poetisch vor. Hier, wo die Straßen nach romantischen Dichtern wie Novalis, Eichendorff und Tieck benannt sind, war nicht die Romantik beherrschend, ganz im Gegenteil: „In nächtlicher Stunde erscheinen die Häuser übernatürlich hoch. Die Fenster: schwarze Flecken an grauen Wänden. Der trübe Lichtschein einer Laterne hängt um ein Schild: Hotel garni. Zimmer von zwei Mark an ... Dieser Stadtteil macht den Eindruck eines Bordellviertels. Überall kleine Hotels, Absteigerquartiere. Überall Prostituierte, die den Wanderer am Arm zerren. Die Straßen sind finster. Die Dirnen verbraucht."

Es gab nichts, was es nicht gab; manch einem gefiel das, anderen nicht.

Ein besonders dunkles Kapitel dieser Jahre war der rasante Anstieg der Kinderprostitution. Es wurden sogar spezielle Kinderbordelle eingerichtet (ein Phänomen, das allerdings in anderen Großstädten vermutlich häufiger auftrat als in Berlin, wo es viel mehr andere Möglichkeiten für Verkehr mit Minderjährigen, auch ganz jungen, gab). Der junge Arzt Georg Löwenstein, der unter anderem am Städtischen Obdach in der Fröbelstraße in Prenzlauer Berg arbeitete und in der Deutschen Gesellschaft zur Bekämpfung der Geschlechtskrankheiten aktiv war, kannte aus seiner Arbeit eine ganze Reihe von Fällen von Kinderprostitution. In einem, der vor Gericht kam, stellte sich heraus, dass der Zuhälter einige Mädchen entführt und in ein solches Kinderbordell eingesperrt hatte. Die interessierten Männer sprach er in Kaffeehäusern an. Im Kampf gegen die Prostitution könne die Kinderprostitution nicht vernachlässigt werden, schrieb Löwenstein und forderte, nicht allein repressive Maßnahmen anzuwenden. Dieser Kampf müsse auch auf einer sittlichen und ethischen Grundauffassung vom Leben fußen. Wahrlich ein frommer Wunsch. Eine Brutstätte der Kinderprostitution sollen übrigens ausgerechnet die städtischen Fürsorgeheime gewesen sein, in denen unbedarfte Kinder und Jugendliche mit erfahreneren Altersgenossen in Kontakt kamen und für das Gewerbe angeheuert und angelernt wurden. Das wurde häufiger öffentlich kritisiert, aber nicht geändert. Auch Kommissar Engelbrecht teilte diese Kritik. „Ich kann wohl sagen, dass ich während meiner fünfzehnjährigen Tätigkeit als Kriminalkommissar nicht ein einziges junges Mädchen gefunden habe, das durch die Fürsorgeerziehung wirklich endgültig gebessert wurde, ganz im Gegenteil, die meisten dieser Mädchen verließen die Fürsorgeerziehung weit verdorbener, als sie sie angetreten hatten."

Parallel zu der zeitweilig geradezu explodierenden Kinderprostitution stieg auch die Zahl der von Geschlechtskrankheiten befallenen Schulkinder. Der Journalist und Romanautor Fritz Zielesch berichtete 1921 im *Berliner Tageblatt*, dass im Virchow-Krankenhaus 133 geschlechtskranke Kinder behandelt wurden, drei Jahre später hatte sich die Zahl mit 250 fast verdoppelt. Doch das war sicherlich nur die Spitze des Eisbergs, denn dass die Dunkelziffer der nicht gemeldeten Fälle um ein Vielfaches höher gewesen sein dürfte, liegt auf der Hand.

Ein Ausdruck der Inflationszeit ist aber auch eine andere Tatsache: Viele Kinder im Schulalter wurden keineswegs von Erwachsenen verführt oder zu sexuellen Handlungen gezwungen – sie machten das aus freien Stücken. Sie nahmen sich, so waren Experten sich einig, das Verhalten der Erwachsenen zum Vorbild. Wenn überall Sex eine große Rolle spielte, musste das auch Auswirkungen auf die Jüngsten haben. Ein am Virchow-Krankenhaus tätiger Arzt konnte beispielsweise eine ganze Reihe von Mädchen im Alter von zwölf Jahren und darunter aufzählen, die mit gleichaltrigen Schuljungen verkehrten und dafür Geld nahmen. In einem Fall hatte ein elfjähriges Mädchen, das bei einer Vergewaltigung infiziert worden war, innerhalb eines Jahres 20 gleichaltrige Jungen angesteckt. Bekannt wurden auch überraschend viele Fälle, in denen die Anbahnung des Verkehrs nicht von Erwachsenen ausgegangen war, sondern von den Kindern und Jugendlichen selbst. Solche Tatbestände konnten in Gerichtsprozessen eindeutig festgestellt werden. Es gab sie auch, und manchmal sogar noch extremer, in der Provinz.

Ein Rückgang war dagegen bei den sexuellen Gewaltdelikten festzustellen. Gewalt anzuwenden war in vielen Fällen gar nicht nötig. Konrad Haemmerling alias Curt Moreck, der mit seinem *Führer durch das lasterhafte Berlin* einige Jahre später zeigte, dass er nicht zu den prüden Beobachtern zählte, meinte mit Blick auf die Inflationsjahre: „Der Mann hat es nicht nötig, Angriffe auf die weibliche Geschlechtsehre zu machen, weil ihm Mädchen und Frauen, ja Kinder, in einer solchen Weise entgegenkommen, daß er genügend seinen Lüsten frönen darf … Die Töchter bester Stände und Familien gaben sich den jungen Männern preis. Es war kein Unterschied zwischen Dienstmädchen, Verkäuferin und Haustochter. Die besten Tanzstunden waren Zusammenkünfte sich preisgebender Mädchen mit ihren Beischläfern."

Dass die Zahl der Abtreibungen rapide zunahm, kann vor diesem Hintergrund nicht überraschen. Erich Wulffen, Autor von Werken wie *Das Weib als Sexualverbrecherin*, berichtete 1923: „Ganze weibliche Genossenschaften sitzen auf den Anklagebänken. Bei der wahllosen Preisgabe, der das weibliche Geschlecht zu huldigen begann und noch huldigt, ist der Erzeuger oft unbekannt; Kinderwäsche ist schwer zu haben, Milch sehr teuer geworden. Die wirtschaftlichen Zustände lassen kein Mitleid für die ‚Vielzuvielen' aufkommen; der Ungeborene ist glücklich zu preisen." Ärzte hätten sich verleiten lassen, geschäftsmäßig Abtreibungen vorzunehmen, und kein Monat vergehe, ohne dass es zu aufsehenerregenden Verhaftungen komme. „Keine Frau, kein Mädchen macht sich mehr ein Gewissen daraus, ihre Leibesfrucht wegzubringen. Die Arbeiterin, die Verkäuferin, die höhere Tochter – zur Zeit der Tanzstunde! – alle treiben ab. Die Furcht vor dem Strafgesetz hat nachgelassen. Die Gerichtsverhandlungen tragen immer mehr das Gepräge von Zufallskomödien."

Wulffen gehörte nicht gerade zu den Vorkämpfern der Frauenrechte, und er scheint, was uns heute aufstößt, für all die ungewollten Schwangerschaften ganz allein die Frauen verantwortlich gesehen zu ha-

Hans Baluschek, *Porträt einer Rummelnutte*, 1923, aus dem Zyklus *Porträts asozialer Frauen*

ben. Abgesehen davon war seine Beschreibung jedoch real. Und ganz gleich, ob die Frau aus sozialem Elend in die Situation geraten war oder weil sie dem Leben frönte, so kam er immerhin zu dem Schluss, dass die Frauen sich „das ihr von der Männergesetzgebung verweigerte Recht auf den eigenen Körper immer weniger streitig machen lassen. Auch hier setzte sich eine feministische Forderung trotz allen Widerständen durch und zwingt der Gesetzgebung Zugeständnisse ab, die sie mit Widerwillen, aber unweigerlich gewähren muss." Da täuschte sich Wulffen allerdings, denn Abtreibung wurde in Deutschland auch mit einer Gesetzesnovelle, die 1926 vom Reichstag verabschiedet wurde, nicht straffrei gestellt.

Es gibt die Schätzung, dass um das Jahr 1930 herum in Berlin rund 150 000 Menschen in unterschiedlichen Funktionen vom Sexgewerbe lebten. Damit war diese Branche zweifellos ein wichtiger Wirtschaftszweig. Während der Inflationszeit lag die Zahl derer, die ihren gesamten Lebensunterhalt oder zumindest einen Teil davon auf diese Weise verdienten, ohne Zweifel noch um einiges höher, denn die Prostitution war mit Sicherheit erheblich weiter verbreitet, als die offiziellen Zahlen vermuten lassen. Dass Frauen sich an Männer verkauften, Männer an Frauen, Frauen an Frauen und Männer an Männer, wurde mit den Kursverlusten der Mark immer alltäglicher. Viele, gerade junge Leute, gehorchten der Not, aber ebenso auch ihren Trieben; was zunächst wie eine neue Freiheit erschien, konnte jedoch bald zum Zwang, zur Obsession werden. Polizeibeamte und konservative Sexualwissenschaftler sprachen in solchen Fällen gerne abfällig von „wurmstichigen" Mädchen und jungen Frauen. Kriminalkommissar Ernst Engelbrecht war da rücksichtsvoller in seiner Beschreibung seiner „Klientel", die er aus seiner alltäglichen Arbeit kannte. Die meisten Mädchen seien Opfer der Zeitverhältnisse gewesen, aber auch ihrer individuellen Veranlagung. In vielen Fällen sah Engelbrecht jedoch die Hauptschuld bei den Eltern, die ihren gefallenen Töchtern zu wenig Verständnis und zu wenig liebevolle Fürsorge entgegengebracht hätten. In den Fällen, bei denen die jungen Mädchen von einer starken sexuellen Veranlagung geprägt seien, stammten sie aus „Kreisen, in denen vom sittlichen Empfinden überhaupt nicht gesprochen werden" könne. Andere Eltern hätten

Was zunächst wie eine neue Freiheit erschien, konnte bald zur Obsession werden.

ihre Töchter wegen eines vergleichsweise leichten Fehltritts aus dem Hause gejagt, was oft einen sittlichen Absturz zur Folge gehabt habe – bedingt schlicht durch die Not. Engelbrecht ließ bei seiner Kritik auch keineswegs die Männer außen vor, wie das zu dieser Zeit noch immer häufig geschah: „Die Männer trifft hier eine große Schuld, denn es ist ja leider Usus geworden, jedes ungeschützte junge Mädchen als Freiwild zu betrachten."

Nicht wenige junge Damen aus bürgerlichem Hause wurden eine Zeit lang zu gefallenen Mädchen, so lange, bis der Rausch der Inflation vorbei war. Eine mit Blick auf die Moral junger Mädchen beunruhigende Episode wurde bekannt, als ein Berliner Beamter den Ingenieur F. anzeigte, weil dieser sexuellen Verkehr mit seiner noch jungfräulichen Tochter gehabt hatte. Der besorgte Vater warf dem Angeklagten vor, er habe das Mädchen gemeinsam mit seiner Frau in seine Wohnung am Kudamm gelockt und dann unzüchtige Handlungen an ihm vollzogen. Beides entsprach durchaus den Tatsachen, allerdings war das Mädchen ganz freiwillig mit in die Wohnung gekommen. Und nicht nur sie, wie sich nun während der polizeilichen Ermittlungen herausstellte, sondern noch viele weitere junge Mädchen aus bürgerlichen Kreisen. In dem Prozess, den der Vater anstrengte, trat eine ganze Reihe junger Damen auf, die allesamt ebenfalls zu Gast in der eleganten Wohnung des Ingenieurs gewesen waren und, wie die Berichterstatter vermerkten, mehr schamhaft verschwiegen, als sie aussagten. Es stellte sich heraus, dass der Besuch so vieler hübscher, junger und elegant gekleideter Mädchen in der Wohnung bald den Nachbarn aufgefallen war. Und mehr noch: Sie waren häufig Zeugen von Szenen geworden, die bei geöffnetem Fenster stattgefunden hatten, und bei denen es sich eindeutig um Liebesakte gehandelt habe. Das bestritten der Ingenieur und seine Frau auch gar nicht, aber sie stritten ab, dass sie die Mädchen dazu gezwungen hätten – und weil ihnen das Gegenteil nicht nachgewiesen werden konnte, wurden sie vom Gericht freigesprochen. Lakonisch bemerkte der Journalist Hans Ostwald dazu: „Übrigens war Berlin mehr erregt gewesen über die Annahme, daß F. gewaltsam vorgegangen [sei], als über die Tatsache, daß die jungen Mädchen freiwillig an erotischen Spielen teilgenommen [hatten]. Ein Zeichen vom Fortschritt der Erotisierung." Kurzum: Dass die jungen Mädchen sich diesen Spielen hingegeben hatten, empfanden viele Berliner offenbar gar nicht als besonders bemerkenswert.

Aber viele junge und auch gar nicht mehr so junge Frauen, gerade aus dem Mittelstand, wurden im wahrsten Sinne des Wortes durch die Not auf die Straße getrieben, und zwar auch ohne aus einem

Elternhaus vertrieben worden zu sein. Es genügte ja schon, als Kriegswitwe ein paar Kinder durchbringen zu müssen, wofür die staatliche Unterstützung zu keinem Zeitpunkt der Inflation ausreichte. Wer keine Ware mehr hatte, um per Tauschhandel seinen Lebensunterhalt irgendwie zu sichern, hatte oft nur noch eine Option: Sex. Es gab ihn praktisch an jeder Straßenecke, in jeder Couleur und zu niedrigen Preisen, so empfand es der US-amerikanische Literat Robert McAlmon, der in Paris lebte und in die deutsche Hauptstadt reiste. Er berichtete: „Unter den Linden konnte man nachts nie mit Sicherheit wissen, ob man von einer Frau oder einem Mann in Frauenkleidern angesprochen wurde. Das war egal, doch das Traurige daran war, daß zahllose normale junge Deutsche buchstäblich alles taten, vom Haschischverkauf bis zu jeglicher Form der Prostitution, um Geld für sich und ihre Angehörigen, für ihre verwitweten Mütter und ihre jüngeren Geschwister zu verdienen.“ Wie weit verbreitet die Prostitution im Inflations-Berlin letztlich war, ist schwer zu ermessen. Dafür müsste man zunächst klären, was der Begriff eigentlich genau bedeutete – doch das war in einer Zeit, in der die Grenzen verschwammen, gar nicht möglich. Was

Der Journalist und Kulturhistoriker Hans Ostwald beschrieb in seiner *Sittengeschichte der Inflation* die Zustände in der Stadt.

war beispielsweise mit den Frauen, die zu einem Schieber oder Raffke zogen, um an seiner Seite die Früchte seiner Tätigkeit zu genießen? Was mit den Frauen, die von manchen Beobachtern abschätzig als „Ehedirnen“ bezeichnet wurden, weil sie reiche Männer heirateten? Und was war mit den sogenannten Valuta-Mädchen, die sich einen Ausländer mit Devisen schnappten? Wie sollte man junge Männer, nicht selten ehemalige sportlich trainierte Offiziere mit guter Bildung und guten Umgangsformen bezeichnen, die sich älteren Damen für eine gewisse Zeit andienten? Jeder musste überleben, manche wollten auch nur Spaß haben oder verbanden beides miteinander. Aber der Begriff der Prostitution verlor den eigentlichen Sinn, als Zehntausende sich in komplexe sexuelle Beziehungen verwickelten, die allesamt finanzieller Natur waren, schreibt Mel Gordon zu recht. Das moralische, bürgerliche Fundament des wilhelminischen Kaiserreiches brach schneller zusammen als die kaiserlichen Armeen im Jahr 1918 an der Westfront. Nicht wenige, die die Entwicklung skeptisch sahen, sprachen von einer Niederlage der bürgerlichen Moral.

GESCHMINKTE JUNGEN AUF DEM KUDAMM – DAS HOMOSEXUELLE BERLIN

Noch etwas anderes wurde in der wilden Zeit der Inflation in Berlin zu einer alltäglichen Erscheinung: die Homosexualität. Eine schwule Subkultur hatte es an der Spree schon seit Langem gegeben, und manch ein Berliner hatte sich schon während des Krieges darüber mokiert, dass an den Körpern gefallener kaiserlicher Offiziere Spitzenunterwäsche gefunden wurde. Auch ein entsprechendes Nachtleben hatte es bereits seit langer Zeit gegeben. Schon am Ende des Kaiserreiches gab es allein in der Friedrichstadt 38 Gaststätten und Kabaretts für Männer mit gleichgeschlechtlichen Interessen – nun aber verdreifachte sich diese Zahl binnen kürzester Zeit.

Denn jetzt drängte dieses homosexuelle Schattenleben ans Licht, zumindest in die Lichter der Nacht. Homosexuelle habe es natürlich immer gegeben, aber man habe darüber nicht gesprochen, weil Homosexualität ja groteskerweise verboten gewesen sei, schrieb der Journalist Curt Riess später. Doch obwohl es diese strafgesetzliche Verfolgung offiziell immer noch gab, habe jetzt plötzlich alle Welt davon gesprochen. „Der und der, die und die waren ‚so‘! Damit waren sie viel interessanter als diejenigen, die nicht ‚so‘ waren. Viele machten mit – auch das ein Berliner Ausdruck –, die im Grunde stinknormal waren.“ Tagsüber blieben Schwule im Gegensatz zu lesbischen Frauen allerdings eher diskret, auch wenn ein konservativer Beobachter wie Andrej Belyj sie allenthalben zu erblicken glaubte. Ein Polizeibeamter schätzte die Zahl der homosexuellen Männer 1922 auf 100 000, doch tatsächlich war sie zweifelsohne um einiges höher. Im Jahr 1930 waren es nach einer anderen Schätzung 350 000, was schon eher der Realität entsprechen dürfte. Berühmt wurden die typischen Berliner Tuntenbälle, die auch in großen Etablissements veranstaltet wurden. Auf solchen Bällen waren Verkleidungen der letzte Schick – besonders weibliche Filmdiven wie Asta Nielsen oder Henny Porten galten als modische Vorbilder. Der Österreicher Stefan Zweig urteilte: „Selbst das Rom Suetons hat keine solche Orgien gekannt wie die Berliner Transvestitenbälle, wo hunderte von Männern in Frauenkleidern und Frauen in Männerkleidern unter den wohlwollenden Blicken der Polizei tanzten." Wer es derber mochte, ging als Zimmermann. In den vielen schwulen Dielen waren Matrosenanzüge besonders angesagt.

Die Dielen waren die wichtigsten Anlaufstellen im schwulen Nachtleben. Vermutlich gab es davon die beachtliche Zahl von 65 bis 80. Allerdings boten sie zumeist ein sehr einfaches, nicht selten heruntergekommenes Bild. Touristen gingen eher ins Café Monbijou oder ins Dé Dé, wo entblößte, gelangweilt dreinblickende Hermaphroditen die Blicke der Gäste auf sich zogen. Eine ganze Reihe von Dielen wandte sich an Gäste mit einem bestimmten Geschmack. So waren beispielsweise die Nürnberger Diele und die Kantdiele Anlaufstellen für ältere, gut situierte Männer, die sich mit „eleganten Tunten" umgaben. Grundsätzlich aber gab es nichts, das es nicht gab im schwulen Berliner Nachtleben dieser Jahre.

Obwohl es Versuche gab, eine Schwulenbewegung zur Vertretung politischer Ziele – vor allem ging es um den Paragrafen 175 des Strafgesetzbuches, der gleichgeschlechtlichen Verkehr unter Männern verbot – ins Leben zu rufen, war der übergroßen Mehrheit der homosexuellen Männer nur am puren Vergnügen gelegen. Ebenfalls zum schwulen Leben gehörte ein Teil der Wilden Cliquen, von denen bereits gesprochen wurde. Diese Jugendlichen lebten zum Teil offen schwul und hatten ziemlich rüde Aufnahmebedingungen bis hin zur Vergewaltigung eines potenziellen neuen Mitglieds durch die gesamte Gruppe. Diese im Durchschnitt 14 bis 18 Jahre alten Jugendlichen lebten von Raub, Einbrüchen, Autodiebstahl, aber auch, wie Mel Gordon schrieb, von „wenig glamourösen Formen der Prostitution". Entweder sie verdingten sich auf eigene Kosten und Gefahr, oder sie wurden von Zuhältern oder auch von ihren Cliquen-Bullen auf den Strich geschickt.

Die schwule Prostitution nahm große Ausmaße an – ein Zeichen für das wachsende Elend einerseits, für gesteigerte Promiskuität und hohe Nachfrage andererseits. Viele Jugendliche aber wurden zweifelsohne durch das weit verbreitete Elend während der Inflation zum Gewerbe getrieben; manche auch wohl von ihren älteren Schwestern, die selbst als Prostituierte arbeiteten, dazu animiert, es ihnen gleichzutun (das war zumindest damals eine weit verbreitete Meinung). Die Zahl der Jugendlichen, die sich professionell verkauften, wurde für den Anfang der Zwanzigerjahre auf rund 25 000 geschätzt, wobei keineswegs alle dieser Jungen tatsächlich homosexuell sein mussten. Gerade in der Inflationszeit, als es für viele Jugendliche aus dem Berliner Norden um das pure Überleben – ihr eigenes oder das ihrer Familie – ging, ist die Grenze zwischen gewerbsmäßiger und Gelegenheitsprostitution sehr fließend, sodass die tatsächliche Zahl der Jungen, die sich für Geld verkauften, viel höher gewesen sein dürfte.

Gelegenheiten gab es viele. Das gewaltige Ausmaß an käuflichem Sex mit Knaben und sehr jungen Männern habe Berlin von allen vorherigen Zentren des Lasters unterschieden, so Mel Gordon. Unter Zugereisten und Touristen, die käuflichen Sex mit Jungen und jungen Männern suchten, wurde die deutsche Hauptstadt zum Place to be. Um 1930 gab es in Berlin mindestens siebenmal so viele männliche Prostituierte, die sich anderen Männern andienten, als in Deutschlands zweitgrößter Stadt Hamburg. Doch schon zehn Jahre zuvor galt, was der englische Schriftsteller Christopher Isherwood damals behauptete: „Berlin bedeutet Knaben." Die Prostitution zeigte sich zum Teil ganz offen, zum Beispiel tagsüber rund um den Alexanderplatz oder am Kudamm. Stefan Zweig beobachtete das bunte Treiben auf der Flaniermeile im Westen: „Den Kurfürstendamm entlang promenierten geschminkte Jungen mit künstlichen Taillen und nicht nur Professionelle; jeder Gymnasiast wollte sich etwas verdienen, und in den verdunkelten Bars sah man Staatssekretäre und hohe Finanzleute ohne Scham betrunkene Matrosen zärtlich hofieren." Zweigs Beobachtung zeigt auch, dass es eben nicht nur das Angebot gab, sondern auch eine große Nachfrage. Das galt auch für die alte Kaisergalerie, deren Fassaden sich Unter den Linden, Behrenstraße und Friedrichstraße langzogen. Das ursprünglich als mondänes Einkaufszentrum erbaute Gebäude im Stil der Neorenais-

> Die Dielen waren die wichtigsten Anlaufstellen im schwulen Nachtleben.

sance war ziemlich heruntergekommen und bot in seinen zahlreichen Cafés gute Gelegenheiten, um ins Geschäft zu kommen. Hier verdienten vor allem die sogenannten Puppenjungs, Stricher im Alter zwischen neun und 13 Jahren, von denen es einige Jahre später einige Tausend gegeben haben soll, ihr Geld. Die mit Abstand größte Gruppe unter Berlins männlichen Prostituierten waren jedoch die Strichjungen, auch Blaue Jungens oder Löwenbabys genannt, von denen sich bis zu 25 000 in den Foyers der Hotels, den schwulen Bars und Lokalen und im Tiergarten herumtrollten und Ausschau nach Kundschaft hielten. Ab neun Uhr morgens fanden sie sich in der Nähe der besseren Hotels oder auch bei den öffentlichen Bedürfnisanstalten ein und boten sich potenziellen Kunden an. Laut Mel Gordon gab es eine klare Verteilung der Kundschaft nach Tageszeiten: Am frühen Morgen seien britische Geschäftsmänner das Hauptziel gewesen, am Nachmittag schüchterne amerikanische Touristen, später knauserige deutsche Provinzler. Und nachts ging es dann auf die schwule Piste.

„Berlin bedeutet Knaben." – Der britische Schriftsteller Christopher Isherwood lebte einige Jahre in Berlin und verkehrte selbst in den einschlägigen Etablissements.

Auch für lesbische Frauen hatte Berlin sehr viel zu bieten. Lesbisches Leben hatte sich schon vor dem Krieg viel offener öffentlich gezeigt als schwules. Nachdem Paris vor dem Krieg das lesbische Zentrum der Welt gewesen war, wurde es nun mehr und mehr die deutsche Hauptstadt. Ab 1924 konnte die Stadt an der Seine der Konkurrenz von der Spree nicht mehr das Wasser reichen. Das lesbische Nachtleben explodierte förmlich. Noch einmal Mel Gordon, der die Aspekte des „queeren" Nachtlebens, wie wir heute sagen würde, gründlich ausleuchtete: „Wie die anderen Bewohner Berlins beneidete man auch die lesbischen Frauen um ihr außergewöhnliches Nachtleben. Ob sie nun als ‚Freundin' verheiratet oder alleinstehend waren, sie stellten sich in scheinbar promisken Kapriolen und neckischen öffentlichen Zuneigungsbekundungen zur Schau. Erotische Kolumnen und reich detaillierte Geschichten über kurze romantische Affären zählten zum Standardrepertoire jeder lesbischen Publikation. Und so gut wie alle lesbischen Organisationen, vor allem jene mit ernsthaften politischen Ambitionen, veranstalteten wöchentliche Nachtpartys mit jeder Menge Alkohol sowie exklusive Maskenbälle von Ende Dezember bis Februar." Legendär wurde der Toppkeller in der Schöneberger Schwerinstraße 13, in dem auch Anita Berber, Celly de Rheidt und die Sängerin Claire Waldoff verkehrten. Allerdings wurde er erst 1924 gegründet. Aber klar ist, dass vergleichbare Lokalitäten stets in einem Boden wurzeln, der schon vorher bereitet wurde. Eine Besonderheit des lesbischen Berlin waren die lesbischen Gesellschaftsvereine. Die Mitglieder trafen sich regelmäßig zu gemeinsamen Freizeitaktivitäten und fuhren auch zusammen in Urlaub. Von diesen Vereinen gab es in den späten Jahren der Weimarer Republik etwa 30, und sie konnten bis zu mehrere Hundert Mitglieder haben. Zu Beginn der Zwanzigerjahre dürfte die Zahl noch nicht so groß gewesen sein.

Schließlich hatten auch die Vertreter des „dritten Geschlechts" ihre eigenen Anlaufstellen im Nachtleben. Für Touristen aus dem In- und Ausland gehörten sie bald nach dem Krieg zu Berlin wie die Spree und das Brandenburger Tor. Die Zahl der Etablissements für echte Transvestiten blieb stets gering, schon aus dem einfachen Grund, weil die Zahl dieser Menschen viel kleiner war als die der homosexuellen Frauen und Männer. Aber Transvestiten waren „in". Robert McAlmon berichtete nach einem Besuch in Berlin 1923: „Einige Deutsche erklärten, sie seien echte Hermaphroditen, und ein älteres Exemplar dieser Art fand sein Vergnügen darin, jedes Mal als ein anderer Frauentypus die schicken Kabaretts zu besuchen: entweder als elegante Dame oder als Wäscherin, als Straßenverkäuferin oder als genügsame Familienmutter. Er mutete dabei sehr komisch an, und sein Erscheinen löste stets Heiterkeit aus." Feminin gekleidete männliche Jugendliche hatten als professionelle oder auch als Gelegenheitsprostituierte gute Verdienstchancen, weil die Nachfrage stets groß war. „Man sagte mir", schrieb Klaus Mann später in seinem Erinnerungsbuch *Der Wendepunkt*, „dass es sich bei manchen der hübschesten und elegantesten [Prostituierten] um verkleidete Knaben handelte. Das konnte ich kaum glauben angesichts der souveränen Anmut, mit der sie ihre gewagten Mäntel und Hüte zu Schau trugen. Ich fragte mich, ob sie unter ihren erlesenen Garderoben wohl Seidenmieder trugen. Ich stellte mir das als komischen Anblick vor – ein Knabenkörper in einem rosafarbenen Leibchen mit Spitzenbesatz. Kein besonders angenehmer Anblick indes“, fand er. Mann machte sich auch Gedanken über einen Aspekt, der vielleicht gerade in dieser Zeit, die ja auch eine der Rebellion gegen alles Althergebrachte und „Normale“ war, nicht aus dem Auge verloren werden darf: „Ob es unter diesen malerischen, wiewohl leicht abstoßenden Zwitterwesen wohl russische Fürsten gab? Oder Söhne preußischer Generäle, die in derart bizarrer Manier gegen die strengen Grundsätze ihrer Väter aufbegehrten?“

Wie dem auch sei – Touristen und Klatschreporter liebten die Transvestiten, die für sie zum Berliner Lokalkolorit zählten. Das konnte schließlich zu kuriosen Ergebnissen führen. Als 1932 die amerikanische *Vogue* für einen Berlin-Artikel eine vollkommene Frau suchte, lief sich der Journalist in den Nobelhotels, Cafés und großen Vergnügungspalästen, die zu dieser Zeit ein wichtiger Bestandteil des

Transvestiten im Eldorado in der Motzstraße

Nachtlebens waren, die Füße wund – die vollkommene Frau wollte sich einfach nicht finden lassen. Schließlich riet ihm ein wissender Berliner, er solle es doch im berühmtesten Transvestitenlokal, dem Eldorado, versuchen. Der Journalist tat wie ihm geraten – und siehe da: Er fand seine „schöne Berlinerin“. Einige Monate später schlossen die Behörden die Travestielokale allerdings und gaben damit dem stetig wachsenden Druck von rechten und kirchlichen Kreisen nach. Die Zeiten im oft beschriebenen „Babylon Berlin“ wurden bereits prüder, bevor die Nationalsozialisten die Macht übernahmen.

Berlin, in dem sich so vieles in den ersten Jahren nach dem Krieg um Sex drehte, war der passende Standort – und wahrscheinlich der einzig mögliche, so wie Sigmund Freud nur in Wien seine Theorien entwickeln konnte – für die Gründung einer Institution, die sich wissenschaftlich mit der Sexualität und der sexuellen Lust befasste: das Institut für Sexualwissenschaft von Magnus Hirschfeld. Der Mediziner widmete sich dieser neuen, längst nicht von allen anerkannten Sexualwissenschaft schon seit mehr als 20 Jahren, aber erst nach dem Ende des Kaiserreiches konnte diese Wissenschaft aufsteigen. Hirschfeld, der mehr als 200 Abhandlungen verfasste, verteidigte sexuelle Minderheiten und gilt als einer der Erfinder der künstlichen Befruchtung, der chirurgischen Geschlechtsumwandlung und anderer medizinischer Errungenschaften. Sein Ziel war es, das Thema Sexualität von allen nur erdenklichen Seiten aus zu betrachten, seien es medizinische, eugenische, psychotherapeutische, gesellschaftspsychologische, kriminologische, religionswissenschaftliche und viele mehr. Bald nannte man ihn den „Einstein des Sex“, die Wiener Psychoanalytiker beäugten ihn dagegen scheel. Für sie stand die Sexualwissenschaft noch viel zu sehr am Anfang, als dass man sie wirklich ernst nehmen könne.

„TAUENTZIEN UND KOKAIN – DAS IST BERLIN“

Die Grenzen zur Gelegenheits- und zur gewerbsmäßigen Prostitution waren in vielen dieser Lokalitäten fließend. Ein fester Bestandteil des exaltierenden Sexuallebens waren nicht nur Stimulanzen für Männer und Frauen, sondern vor allem auch Rauschgifte. Zuhälter wie Sexualwissenschaftler seien der Überzeugung gewesen, dass es sich dabei um wirkungsvolle aphrodisische Mittel handele, schrieb Mel Gordon in *Sündiges Berlin*. Große Mengen geschnupftes Kokain könnten selbst eingefleischte lesbische Frauen mannstoll und noch die frigideste Frau sexuell aktiv machen, meinten selbsternannte Experten zu wissen. Drogen überschwemmten bald nach dem Krieg das ganze Berliner Nachtleben. Es handelte sich dabei um ein in vielen Ländern Europas sowie den USA verbreitetes Phänomen, aber die deutsche Hauptstadt wurde von der Drogenwelle so massiv erfasst wie vermutlich keine andere Stadt. „Zement", „Kakao" oder „Koks", wie Kokain bei Händlern und Süchtigen genannt wurde, aber auch Morphium wurden zum Treibstoff der Nacht. Ohne ging im Berliner Nachtleben fast nichts mehr. Der junge polnische Bildhauer Rom Landau, der 1922 als Schüler Georg Kolbes in Berlin lebte, beobachtete bei seinen nächtlichen Streifzügen durch die Stadt immer wieder Frauen und Männer, die kleine Kästchen mit mysteriösem Pulver aus ihren Taschen holten, das sie von Zeit zu Zeit schnupften. „Dann funkelten ihre Augen, und sie waren für den Rest des Abends von einer beinahe gespenstischen Aufgewecktheit erfüllt."

Die Sucht griff zunehmend um sich und erreichte alle Schichten der Bevölkerung. So stellte auch Kriminalkommissar Ernst Engelbrecht fest: „Eine große Zahl der berufsmäßigen Nachtvögel beiderlei Geschlechts, Dirnen, Spieler, Zuhälter, Spanner, Schlepper und Anreißer der Nachtbetriebe, war dem Kokainlaster rettungslos verfallen. Wer zu der damaligen Zeit das Nachtleben Berlins kennenlernte, dem sind auch sicherlich die trostlosen und jammervollen Gestalten der Kokainisten, die man überall antreffen konnte, bekannt." Es war eine Sache von Angebot und Nachfrage, und wo es eine solche Nachfrage gab, fand sich auch schnell ein Angebot. An der Spree eröffnete binnen kurzer Zeit, teils in Kellern oder Privatwohnungen, eine große Zahl von – natürlich illegalen – Kokain-Cafés. Ebenso verkauften viele Dielen und Likörstuben den weißen Schnee, auf dem immer mehr Menschen talwärts fuhren. Bald machte der Spruch „Tauentzien und Kokain – das ist Berlin" die Runde. Während im Westen die Lokale, in denen Koks zu bekommen war, meistens der gehobenen Klasse angehörten, boten sie im Norden ein ärmliches und wenig einladendes Bild. So berichtete der Journalist Leo Heller, der für das *8-Uhr-Abendblatt* schrieb und häufig die Polizei bei ihren Razzien begleiten durfte, anlässlich eines solchen Ereignisses: „Wir betraten die Kokainhöhle! Spricht man dieses Wort so für sich aus, dann macht man sich dabei gewisse Vorstellungen. Ich sage es gleich: Diese Vorstellungen sind, wenigstens so weit sie diese Kokainhöhle betrafen, falsch. Denn, in der Tat, es gibt wohl nichts Unromantischeres, als es diese Räume waren, die man aus einer kleinbürgerlichen Wohnung zu einer Art Restaurant umgestaltet hatte. Das Licht der Gaslampen war durch farbiges Seidenpapier abgedämpft. An Möbelstücken gewahrte man nur Tische, Stühle und ein Piano. Keine Ruhebetten, kei-

Der Journalist Leo Heller durfte die Polizei oft bei ihren Razzien begleiten.

ne Ottomanen. Spießergeschmack konnte das vielleicht behaglich finden. Kneipenbehaglichkeit. Mehr nicht!" Die Pianistin hörte, als die Polizisten den Raum betraten, auf zu spielen und schnupfte noch rasch eine Prise. An den Tischen saß die Gesellschaft – „Herren, denen man ansah, daß sie sehr empört gewesen wären, wenn man sie für Schieber gehalten hätte." Und tatsächlich stellte sich heraus, dass sich unter ihnen mehrere Rechtsanwälte, zwei Regierungsräte vom Finanzamt und Fabrikbesitzer befanden. Um sie herum waren neben einer echten Frau Regierungsrat vor allem solche Damen, die sonst an der Friedrichstraße dem Gewerbe nachgingen, gruppiert. „Die Weiblichkeit", so berichtete Leo Heller seinen Lesern und Leserinnen, „war bleich und zeigte jene ‚übergroßen Augen', die typisch für ‚Kokser' sind."

„Es war schick, Rauschgifte zu nehmen. Kokain war eine Zeitlang Mode. Man bekam es in jedem zweiten Nachtlokal bei der Toilettenfrau …", erinnerte sich der Journalist Curt Riess an seine Aufenthalte in Berlin. Die gesetzlichen Regelungen waren zu dieser Zeit noch lasch, und Kokain wurde zum Beispiel in geringen Mengen noch als Betäubungsmittel eingesetzt. Morphium hatten viele Männer in den Kriegslazaretten kennengelernt, als sie es zur Linderung der Schmerzen verabreicht bekommen hatten und anschließend davon nicht mehr losgekommen waren. Als Händler traten die Wirte, Kellner oder Stammgäste der Etablissements auf. Bekannte Anlaufstellen waren zum Beispiel das Rattenschloß am Hafenplatz, der Zementkeller in der Karlstraße, die Flotte in der Flottwellstraße sowie Lokale in der Kurfürstenstraße und am Schöneberger Ufer, in der Marien- und Potsdamer Straße. Im alten Westen war der wichtigste Ort für den Vertrieb von Kokain ein Kellerlokal an der Möckernstraße. Wer auf der Straße kaufen wollte, konnte dies beispielsweise am Wittenbergplatz, am Potsdamer Platz und an anderen Plätzen nahezu zu jeder Tages- und Nachtzeit tun – und wenn hier oder in den angrenzenden Straßen einmal gerade kein Händler anzutreffen war, dann war das Kokain todsicher beim nächsten „Wurstmaxen“ zu bekommen, bemerkte Kommissar Engelbrecht.

Koks war in aller Munde und in manchen Kreisen Tagesgespräch. Eine angesagte Designerdroge erfand Anita Berber. Begeistert erzählten sich ihre Anhänger, dass die Berber zum Frühstück eine Mixtur aus Chloroform und Äther einnahm, und manch einer oder eine machte es ihr nach. Sie tauchte weiße Rosenblätter darin ein und biss anschließend hinein. Ab 1921 ergriff die Polizei Maßnahmen gegen die Drogenflut und führte Kontrollen und Razzien durch, die zunächst auch erfolgreich waren. Doch dann änderten die Händler ihre Taktik und führten Kokain nur noch in kleinen Mengen bei sich, so dass sie behaupten konnten, der „Zement“ sei für den Eigenbedarf, wenn die Polizei zugriff. Die größeren Mengen versteckten sie irgendwo in der Nähe ihres Stammplatzes, im Gebüsch, hinter einem Kiosk, in Hausnischen. Die Lokale wurden von Händlern beliefert, die per Telefon gerufen wurden, wenn Gäste Nachschub forderten. Diese kleinen Händler bezogen ihre Ware von „Grossisten“, aber am Handel beteiligten sich auch manche Zahnärzte, Drogisten und Apotheker. Natürlich gab es auch Betrügereien; so wurde häufig das Pulver entweder durch Zusätze gestreckt oder gleich anstelle von Kokain Sodapulver an die Kunden, die in ihrer Gier oft nicht genau hinschauten, verkauft.

> In der Friedrichstadt sollen chinesische Händler Opiumhöhlen nach heimischem Vorbild eingerichtet haben.

Wenn die Polizei ein Lokal nach Drogen durchsuchte, wurde sie oft fündig – aber selten fand sie die kleinen Drogenpäckchen direkt am Gast. Gewöhnlich waren sie irgendwo versteckt, in einer Ecke, einem Schrank, hinter einem Bilderrahmen, unter einer lockeren Diele im Fußboden. Das machte es schwierig, einen bestimmten Gast als Besitzer zu bestimmen, denn natürlich bekannte sich niemand dazu, dass ihm oder ihr das Koks gehörte. Der Wirt der Flotte, einem Laden, der bei Homosexuellen beliebt war, aber auch elegante Bürgerliche beiderlei Geschlechts sowie bekannte Künstler und Künstlerinnen begrüßen konnte, gehörte zu den von der Polizei bevorzugt besuchten Etablissements. Der Wirt organisierte daraufhin eine Zeit lang

„Geburtstagspartys“, die jeden Abend für einen bestimmten Gast veranstaltet wurden. Dieser Gast wurde von den Spannern auf der Straße angesprochen und davon überzeugt, mit in das Lokal zu kommen. Geburtstag hatte er nicht, und nach einer Weile gab der Wirt seine Taktik wieder auf, denn die Polizeibeamten fielen einfach nicht mehr darauf herein. In der Friedrichstadt sollen chinesische Händler aus dem ehemaligen deutschen Pachtgebiet Kiautschou Opiumhöhlen nach heimischem Vorbild eingerichtet haben, die aber den meisten deutschen Besuchern zu beengt waren. In anderen Lokalen bot mancher Wirt seinen Gästen einen Rückzugsraum, in dem sie in aller Ruhe ihren Rausch genießen konnten. Kommissar Engelbrecht traf in den Nächten, in denen er Kokslokale besuchte, auf manche erbärmliche Gestalten. So erinnerte er sich beispielsweise an ein junges Mädchen, das „körperlich und moralisch vollkommen verwahrlost war“ und schließlich auch der sittenpolizeilichen Kontrolle unterstellt wurde. Sie habe infolge des übermäßigen Kokaingenusses ihre Nase verloren. Ein anderes Mädchen aus besseren Kreisen sei innerhalb weniger Monate durch den Kokainkonsum körperlich und geistig so weit heruntergekommen, dass sie in eine Pflegeanstalt gebracht werden musste. Und das waren nur zwei von zweifellos sehr vielen tragischen Fällen. Wir haben schon gelesen, dass auch Anita Berber zu diesen Opfern zählte. Das Gleiche galt für die damals bekannte Schauspielerin Maria Orska, die einst als Frank Wedekinds Lulu das Berliner Publikum begeistert hatte.

Hans Ostwald schilderte in seinen Büchern *Galantes Berlin* und *Sittengeschichte der Inflation* die Erlebnisse eines Berliners, der gemeinsam mit einem ihm bekannten Ausländer durch das nächtliche Berlin zog. Möglicherweise war Ostwald selbst dieser Berliner, und vermutlich setzten sich diese Erlebnisse aus mehreren Streifzügen zusammen, auch wenn er sie aus dramaturgischen Gründen in einer Nacht zusammengefasst hatte. Wie dem auch sei: Die beiden Männer betraten eine kleine Diele in der Nähe des Bahnhofs Zoo, also irgendwo rund um den Kurfürstendamm. „Zwischen den Tischen der von großen gelben und roten, grünen und blauen japanischen Lampen erleuchteten und mit japanischen Holzschnitzereien geschmückten Diele sprang und sang ein Mädchen, deren Augen von Alkohol und anderen Narkotika glühten. Sie griff nach einem zierlichen Mann, mit dem sie kameradschaftlich scherzte. Frauen mit männlich tiefer Stimme und harten Zügen riefen ihr aufmunternd zu. Eine Dame, die mit brauner Aktenmappe hereinkam, sah ihr verliebt nach – tanzte dann auch hinschmelzend mit ihr, während der junge Mann sich zu einer Männergruppe setzte. Aber plötzlich ließ das Mädchen die Dame stehen, zog sich ihre Pelzjacke an, ging zum Schanktisch und flüsterte dort mit einem Herrn. Er stand schon seit Stunden im Sportpelz dort, hatte ab und zu mit anderen Männern gewürfelt, aber meist mit den Mädchen geflüstert. Jetzt öffnete er seinen Pelz und hielt ihn vor, so, daß niemand sehen konnte, was er dem Mädchen, das auch ihre geöffnete Pelzjacke vorhielt, in die Hand drückte. Sie kam froh nach vorn gesprungen, zeigte eine kleine braune Schachtel, öffnete sie und nahm weißes Pulver, das sie wollüstig in die Nase saugte: ‚Ach – es geht doch nichts über das Schnupfen!'

‚Gib mir auch Koks!' flehte eine, die am Fenster saß. ‚Alte Kokanistin!' sagte die Kleine , reichte ihr lachend die Schachtel – dann tanzte sie wieder und lief von einem Tisch zum anderen, mit ihren großen, glasigen Augen in das bunte Licht starrend, bald einem Mann in die Arme sinkend und mit ihm tanzend, bald mit einem der Mädchen eng umschlungen zum Takt der Musik zwischen den Tischen dahinschreitend – lachend, schwätzend, singend, trällernd – und immer wieder aus dem Schächtelchen weißes Pulver schnupfend – und immer wilder und verlangender diesen oder jenen Tänzer herausfordernd und ihren hageren Körper an ihn drückend."

Weiter ging es in dieser Nacht. Der Berliner und sein ausländischer Bekannter waren wieder auf der Straße und betraten bald ein anderes Lokal. „Ein Kokshändler drängte sich an uns heran. Der Russe kaufte: ‚Wer weiß, wie man's brauchen kann!' Das machte den Händler zutraulich und er erzählte: ‚Wissen Sie, erst, als der Krieg vorbei war, da handelte ich mit englischen und amerikanischen Zigaretten, solche, die mit Opium gemischt waren.'" Auf die Frage, woher er sie bezogen hatte, antwortete er: „Bei den Engländern und Amerikanern im besetzten Gebiet kriegten meine Leute immer, was sie brauchten. Aber die Opiumzigaretten hatten es in sich! Die munterten erst auf. Aber hinterher wirkten sie lähmend, viel schlimmer, als wenn man feste Liköre oder Schnaps getrunken hatte. Ich hab's öfter probiert. Schön war's erst. Aber nachher hatte ich Atembeschwerden, kriegte fast keine Luft – na, und ne Darmverstimmung hatte ich auch. Jetzt nasche ich nicht mehr. Ist eben mein Geschäft. Ich werde mich hüten, schließlich mein bester Kunde zu werden." Vom Nebentisch kam mit fahrigen und unsicheren Bewegungen ein junger, geschminkter Mann herüber, der mit dem Händler schon bekannt zu sein schien. Der junge Mann hielt ihm einen Geldschein hin und zwinkerte mit den Augen. Ohne Worte griff der Händler in seine Tasche und gab dem Mann ein weißes Päckchen. Der junge Mann setzte sich an den Nebentisch, sah auf seine Armbanduhr und legte einen kleinen Taschenspiegel vor sich hin. Dann schnupfte er aus dem weißen Päckchen und sah dann zufrieden und ruhig aus. „Na, das wird nicht so schlimm werden“, sagte der Händler. „Dem habe ich ein gemischtes Päckchen gegeben! Die Hälfte mindestens ist Borsäure. Das nennen wir Dielengramm. Ihnen habe ich richtigen Gramm Kokain gegeben ... Aber bei dem jungen Mann wirkt auch der Dielengramm. Passen Sie mal auf, das, wird gar nicht so lange dauern, dann wird er fidel.“ Der Händler berichtete weiter, dass seine Abnehmer auch Pförtner und Kellner von Nachtlokalen seien. Die verkauften das Kokain unter den Namen Grammophonplatten und Koko hauptsächlich an junge Leute zwischen 20 und 30 Jahren, von denen viele das Kokain an der Front oder in den Lazaretten kennengelernt hatten. Fast alle zögen das Schnupfen dem Spritzen vor, weil dann die Wirkung nicht ganz so heftig sei. Manche, so der Händler, schnupften, sobald die Wirkung nachlasse, erneut und könnten dann tagelang hellwach bleiben. Aber hinterher käme der Kater mit Angstzuständen und Verfolgungswahn. Diese Leute wären dann völlig verrückt. Der junge Mann am Nachbartisch war inzwischen munter geworden, sprang auf den Tisch und hielt eine zwar inhaltsleere, aber lustige Rede.

Ein Plakat zeigt die neue Drogenmode.

Der Händler erzählte weiter: „Fünf- bis sechstausend Kokainschnupfer haben wir sicher in Berlin. Außerdem schmuggeln wir von hier aus nach Wien und anderen Großstädten. Wir haben hier unsere Zentralen. Natürlich nicht in der Gegend, wo wir verkaufen. Neulich hätte mich die Polente beinahe gekappt. Da haben sie 'ne Kokainhöhle am Waterloo-Ufer ausgehoben – einen Keller. Ein ehemaliger Kellner unterhielt dort einen großen Vorrat. Bei dem kaufte ich auch – aber ich merkte den Braten, als die Polente in dem Keller spannte. Jetzt treffen wir uns in einem hübschen Lokal in der Besselstraße. Wenn Sie mal wieder was wollen – abends bin ich immer dort zu treffen. Wenn dann hier im Westen Betrieb ist und unsere Abnehmer was brauchen, dann telefonieren sie uns an. Dann fahren wir mit dem Autobus nach dem Kurfürstendamm und grasen die Lokale ab, besuchen auch unsere Hauptkunden, die ja immer zu bestimmten Stunden in ihren bestimmten Lokalen auf uns warten." Der junge Mann tanzte unterdessen auf dem Nebentisch. Alle Anwesenden lachten. Nur ein älterer Mann in einem zerlumpten Soldatenrock saß still und gebeugt mit zerfurchtem Gesicht, ein menschliches Wrack. Ostwald ließ seinen Erzähler weiter berichten: „Als wir hinausgingen, mussten wir an ihm vorbei. Er bat den an ihm vorübergehenden Händler: ‚Eins – ein Päckchen.' Der Händler antwortete ihm nicht. Da klammerte der Mann sich an ihn: ‚Eins, eins.' Der Händler stieß ihn ab, daß er auf den Stuhl zurücktaumelte und auf die Erde fiel. ‚Dieser Kerl', sagte er wütend. ‚Sehen Sie sich den an. Erst siebenundzwanzig Jahre! Apotheker gewesen. Konnte das Naschen nicht lassen. Ist jetzt fertig. Will einen erpressen, der Schuft.'"

Und natürlich gab es auch kritische Stimmen zum allgemeinen Drogenkonsum und seinen schlimmen Folgen. Der Journalist und Lyriker Ferdinand Hardekopf legte 1922 einer Sängerin ein Lied mit dem Titel *Die guten Droguen* in den Mund, das die *Weltbühne* veröffentlichte und das nicht zuletzt wie eine Vorhersage auf das Schicksal Anita Berbers, die sechs Jahre später an ihrem Drogenkonsum zugrunde ging, wirkt. Sex konnte diese junge Dame nicht mehr befriedigen, es mussten nun Koks und Morphium sein:

Mich langweilt die erotische Gymnastik
Sie turnt am ewig selben Apparat,
Sie wiederholt die ewig selbe Plastik,
Wie nur der primitivste Akrobat!
Nach raffinierteren Genüssen lechz' ich
Als einem noch so smarten Bräutigam:
Die Liebe bringt ja nur auf neunundsechzig,
Im besten Fall, ihr Sensationsprogramm!

Ach, dieses Reglement der Küsse!
Ist so pedantisch und so dumm!
Ich kenne hübschere Genüsse:
Ich pieke mich mit Morphium!

Wie gern hol ich die kleine Silberspritze,
die treuste Freundin, aus dem Sammt-Etui
Und stoße mir die Zaubernadelspritze
Mit süßem Schmerz in die Anatomie!
Ich nehme längst die allerstärksten Dosen
Und fälsch das unwahrscheinlichste Rezept:
Betäubt von meinen parfümierten Hosen
Mixt es der pharmazeutische Adept!

Mich degoutieren alle Küsse,
Die ganze Liebe ist so dumm!
Ich kenne hübschere Genüsse:
Ich pieke mich mit Morphium!

Ich bet sie an, die gnadenreichen Droguen,
Die uns der Erdenhäßlichkeit entziehn,
Noch nie hat meinen Sehnsuchtstraum belogen,
Das weiße Märchenpulver Cocain!
Ich schnaube es behutsam in die Nase,
Damit ich noch den letzten Hauch genieß,
Und meiner Nerven künstliche Ekstase,
Entführt mich in das schönste Paradies!

Wie lächerlich sind alle Küsse,
Die ganze Liebe ist ein Spleen,
Ich kenne hübschere Genüsse,
Ich nehme Coco-Cocain

Doch wenn dereinst der vielgeliebten Gifte,
Effekt sich nicht mehr überbieten läßt,
Dann sollen Schminke, Puder, Augenstifte,
Mich frech verzieren für das letzte Fest!
Dann soll mich Mandelblütenduft umfangen –
O Cyankali, Mörder nimm mich hin,
Extrakt des Teufels, stille mein Verlangen,
Weil ich der Liebetränke müde bin!

Wie lächerlich sind all die Küsse,
Die ganze Lust-Maschinerie!
Doch gibt's berauschende Genüsse
In Satans Zauber-Droguerie!

HASARDEURE UND GLÜCKSRITTER

„JELD SCHMECKT SÜSS – ÜBERHAUPT DOLLARS" – AUSLÄNDER IN BERLIN

Der Wettbetrüger Max Klante arbeitete mit einem Schneeballsystem bei Pferdewetten.

Im Hundekeller, einer bekannten, düsteren Kaschemme nahe dem Alexanderplatz, war in dieser Nacht nicht viel los. „Als aber der hagere Ausländer und zwei seiner amerikanischen Spielfreunde Sekt für alle und auch kalte Karbonaden und Likör verteilen ließen, füllte sich der Keller rasch. Und niemand fand etwas dabei, als nun die Ausländer kleine Metallmünzen auf den Fußboden streuten und verlangten, nur nackte Frauen dürften die Münzen auflesen. Einige der anwesenden Mädchen zierten sich lachend. Als aber eine ältere Dicke rasch entschlossen Bluse, Rock und Hemd abstreifte, sich auf die Knie niederließ und die Münzen aufgriff, entkleideten sich hastig noch mehrere Mädchen und suchten nackend das Geld auf. Die meisten anwesenden Männer lachten laut. Nur ein einziger murrte und schimpfte mit der Wirtin, daß sie das dulde. Sie antwortete: ‚Wat willste – for eenen Cent müssen die Mädchens tagelang arbeeten – Jeld schmeckt süß – überhaupt Dollars.'"

Schon diese kleine Szene zeigt: Ausländer konnten sich im Deutschland der Inflation fast alles leisten, und es war vollkommen egal, ob sie zu Hause reich oder arm waren. Sie gehörten zu den großen Gewinnern der Inflation. Mit dem in diesem Bericht Geschilderten Vergleichbares begab sich vermutlich während der schlimmsten Zeit der Inflation Nacht für Nacht in irgendeiner Likörstube oder Diele und vielleicht sogar in den schicken Bars im Westen. Andere Frauen verlegten sich auf längerfristige Beziehungen zu Ausländern, und auch für manche junge Männer waren Frauen mit Devisen ein interessantes Objekt der Begierde. Schnell machte sich für Frauen, die sich devisenstarken Ausländern an den Hals warfen, ein neuer Begriff breit: Valuta-Mädchen. Es waren vorwiegend, aber nicht nur, junge Frauen, die sich einen Ausländer angelten und sich von ihm aushielten ließen. Das waren für gewöhnlich Zweckbündnisse auf Zeit, die aus ganz unterschiedlichen Gründen zu Bruch gehen konnten; häufig, weil der Ausländer Berlin wieder verließ. Vor allem von männlichen Deutschen wurde dieses Verhalten heftig kritisiert. So meinte Hans Ostwald, es rühre aus einem den Frauen angeborenen Sklaventrieb, denn sie schlössen sich eben gerne den Siegern an – und das waren nun mal die Ausländer. Dazu geselle sich ein sehr starker Sinn für das Materielle, der jetzt auf eine starke Probe gestellt werde – da sei es doch nicht ganz unverständlich, wenn viele Frauen nicht den notwendigen Stolz und die sonst selbstverständliche Zurückhaltung aufbringen konnten. Solche Äußerungen spiegeln ganz nebenbei das Bild, das Männer damals von Frauen hatten; und übrigens auch manche Frauen, die das Treiben der Valuta-Mädchen ebenfalls missbilligten. Maximilian Harden wiederum, einer ausländerfeindlichen Haltung eigentlich unverdächtig, monierte in seiner Zeitschrift *Die Zukunft*, dass viele Frauen „schwarzen Fleischwülsten und gelben Knirpsen nachliefen". Das war eine uns heute verstörende Ausdrucksweise, mit der Harden schwarze französische Soldaten und in Berlin und Deutschland lebende Asiaten beschrieb. Allerdings traten solche in den Augen vieler deutscher Männer skandalöse Erscheinungen noch häufiger im Westen Deutschlands auf, wo ja Engländer und Franzosen stationiert waren und nach dem Abzug Tausende Kinder vaterlos bei ihren deutschen Müttern zurückblieben.

Natürlich machten es sich solche Autoren viel zu einfach, was die Motivation der Frauen betraf. Sicherlich gab es solche, die die Chance ergriffen, in einer schwierigen Zeit ein angenehmes Leben zu führen. Aber viele Frauen trieben die pure Not und Verzweiflung. Sie lebten in katastrophalen Verhältnissen, waren möglicherweise alleinerziehend, weil der Mann im Krieg geblieben war, mussten zusehen, wie sie sich und ihre Kinder ernährten und durchbrachten. Wenn sie keine andere Möglichkeit mehr sahen, rutschten sie in die Prostitution ab, entweder gelegentlich oder professionell. Vor die Wahl gestellt, sich einen festen Partner zu suchen oder dauerhaft wechselnde Kunden zu haben, entschieden sich einige für die erste Möglichkeit. Das war weniger gefährlich – Stichworte Kriminalität und Geschlechtskrankheiten. Mit Liebe hatte das freilich nur in den allerwenigsten Fällen etwas zu tun. Dagegen konnte es ein einträgliches Geschäft sein, als Valuta-Mädchen zu leben. 1920 illustrierten die *Lustigen Blätter* das Verhalten der Valuta-Mädchen in einer Karikatur. Zu sehen waren zwei junge, modisch gekleidete Berlinerinnen und im Hintergrund ein Mann. Der Untertitel lautete: „Mein Schwede ist abgereist. Jetzt kann ich mir zehn Deutsche suchen."

Die beschriebene Szene aus dem Hundekeller wirft jedenfalls ein grelles Licht auf eine Erscheinung der Inflationsjahre: Ausländer strömten zuhauf nach Deutschland, denn so billig wie hier konnten sie nirgendwo anders leben. Und je stärker die Mark ins Bodenlose sackte, desto angenehmer wurde es für Amerikaner, Briten, Holländer, Belgier, Skandinavier, Polen, Schweizer und andere. Während Deutschland unter dem Elend der Inflation ächzte, wurde es zu einem Paradies für Ausländer. „Hier war für sie der Himmel offen. Für sie floß hier Milch und Honig und Sekt und alles Gute in Hülle und Fülle“, beschrieb Hans Ostwald ihre erfreuliche Lage. Zu Hause ein kleiner Mann, dem es oft selbst schlecht oder mäßig ging, lebten sie in Deutschland in Saus und Braus. Wer daheim in einer ärmlichen oder bestenfalls mittelmäßigen Behausung lebte, konnte sich mit der zunehmenden Inflation in Deutschland spielend eine Luxussuite in einem edlen Hotel wie dem Adlon leisten. Und wer länger zu bleiben gedachte, mietete sich zu einem Spottpreis eine riesige Wohnung mit bis zu zwölf Zimmern in Kudamm-Nähe von einer Familie, die dringend Einnahmen benötigte und entweder nur noch einen kleinen Teil der eigenen Wohnung nutzte, um den Rest zu vermieten, oder gleich ganz ausziehen musste.

Deutsche, die nicht zu den erfolgreichen Raffkes gehörten, und das war ja die große Mehrheit, konnten sich immer weniger Dinge leisten. Ging es zunächst häufig noch um die Dinge, die das Leben verschönern, so waren es ab 1922 selbst für diejenigen, die eigentlich nie arm gewesen waren, Dinge des alltäglichen Lebens, die unerschwinglich wurden. Selbst die gut situierte Kundschaft des Kaufhauses des Westens an der Tauentzienstraße mied nun den Konsumtempel. Andrej Belyj stellte bei seinen Besuchen dort durchaus missmutig fest, dass in dem berühmten Kaufhaus praktisch keine Deutschen zu sehen seien. „Die Drehtüren des glitzernden KaDeWe lassen von morgens bis abends Scharen von Modenärrinnen und Modenarren ein, die der Aufzug in emsiger Beflissenheit in die riesigen vier Stockwerke weiterbefördert. Elegante Verkäufer und Verkäuferinnen überschütten einen mit Dingen, und nicht sofort wird ihnen auffallen, dass unter all den hier versammelten Personen, den Polen, Tschechoslowaken, Chinesen, Japanern und Russen nur eine einzige Nation fehlt: die deutsche Nation; letztere zieht entlegenere und billige Geschäfte um den Alexanderplatz und den Stettiner Bahnhof vor; das KaDeWe geht über den Geldbeutel der Deutschen; und sogar – so stellt sich später

Deutsche, die nicht zu den Raffkes gehörten, konnten sich immer weniger Dinge leisten.

heraus: Charlottengrad übersteigt ihren Geldbeutel; es ist vorzugsweise für die Russen da."

Während es für die Mehrzahl der Deutschen, die über keine oder kaum Devisen verfügten, immer schwieriger wurde, selbst die für das alltägliche Leben notwendigsten Dingen zu ergattern, war es für Ausländer mit Devisen einfach, nahezu alles zu bekommen. Amerikaner deckten sich vor allem mit Luxusdingen wie Schmuck, Juwelen und Pelzen ein, räumten aber auch auf dem Kunstmarkt ab. Für manchen Deutschen aus den besseren Kreisen, vorwiegend aus dem Adel, brachte das immerhin eine neue Betätigungsmöglichkeit mit sich, denn sie kannten sich damit aus und wussten, wo solche Kunstgegenstände zu holen waren und wer in solch großer Not war, dass er sich von einem Teil oder von seinem gesamten Bestand trennen musste. Der Agent ließ sich seine Provision selbstredend in Dollar, Pfund oder Gulden bezahlen und stieg somit in die Schicht der Devisenbesitzer auf. Doch auch viele Familien aus dem Mittelstand retteten sich durch den Verkauf von Antiquitäten, oft unersetzliche alte Familienstücke, über die Runden. Die Ausländer kauften

Der Wertverlust der Mark führte zu Hamsterkäufen durch Ausländer. Ein Laden in der Leipziger Straße protestiert dagegen.

eigentlich alles, was sie in die Hände bekommen konnten und was irgendeinen Wert für sie darstellte. Skandinavier und Asiaten bevorzugten Bücher und medizinische Instrumente. Schwedische oder norwegische Professoren kamen nach Berlin und fuhren mit großen Bücherkisten wieder nach Hause, Araber, Türken und Inder kauften massenweise Stahlwaren, Textilwaren und Produkte aus Edelmetall. Auch Porzellan war ein echter Renner.

Ein weiteres Phänomen trat auf, das viele Deutsche wütend machte, in Besorgnis versetzte oder in den finanziellen Ruin trieb: Viele Ausländer kauften Immobilien, und zwar in großem Maßstab. Zehntausende deutsche Immobilienbesitzer ließen sich blenden von den scheinbar riesigen Beträgen, die ihnen Ausländer für ihre Immobilien boten. Sie verkauften eine Wohnung mit dem Vorkriegswert von 100 000 Mark oder ein Haus, das 1914 vielleicht 200 000 Mark wert gewesen war, für eine oder zwei Millionen Mark, später auch noch für deutlich größere Summen. Sie glaubten, ein tolles Geschäft gemacht zu haben und mussten dann feststellen, dass die zwei Millionen bald nur noch 200 Goldmark wert waren und kurze Zeit später noch viel weniger. Gefördert wurde diese Entwicklung noch durch die staatliche Zwangsbewirtschaftung des Wohnraums, denn viele Hausbesitzer sahen zunächst keine Zukunft mehr im Immobilienbesitz und waren froh, ihr Eigentum loszuwerden. Bis dann das böse Erwachen kam, wenn sie, manchmal wenige Wochen später, erkennen mussten, was ihre Millionen real wert waren: praktisch nichts. Für viele Menschen war das besonders schlimm, weil sie mit dem Gewinn aus dem Hausverkauf ihren Ruhestand sichern wollten. Jetzt konnten sie sich von dem Geld nur noch ein Brot, bald bestenfalls ein Tram-Billett kaufen.

Bei diesen Ausländern handelte es sich, wie schon erwähnt, keineswegs nur um Menschen, die auch in ihren Heimatländern über Wohlstand verfügten. Viele waren daheim selbst arme Schlucker, und so stiegen, wie es in zeitgenössischen Berichten hieß, am Schlesischen Bahnhof arme Menschen in abgeranzten Anzügen und nur mit einem kleinen Köfferchen ausgestattet, aus und lebten kurz darauf in teuren Nobelhotels oder luxuriösen Wohnungen. Manch einer gründete auch ein Unternehmen, das Beziehungen ins Ausland pflegen sollte. Mit einem Dollar konnten während der Hyperinflation die gesamten Gründungskosten abgedeckt werden. Allerdings war solchen Unternehmungen meist kein Erfolg beschieden, spätestens mit der Stabilisierung der Markt gingen sie wieder ein. Und auch ausländische Studenten strömten ins Land, aus Südafrika, den USA oder Brasilien zum Beispiel. Auch sie konnten sich mit ihren meist ja sehr geringen Mitteln ein paradiesisches Leben leisten und nutzten das weidlich aus. „Während ihre deutschen Mitstudenten im gleichen zusammengeflickten Anzug im Hörsaal und Seminar, zur Geselligkeit und Theater gehen mußten, hatten sie eine ganze Kollektion von Anzügen zur Verfügung, hatten Cut, Smoking, Frack, drei und vier Sommermäntel und Pelze. Und wenn sie zu einem Fest, z. B. zum Presseball, gingen, fuhren sie vorher im Auto zum Admiralsbad und ließen sich dort rasieren, frisieren, maniküren, pediküren, nachdem sie ein wohlriechendes Bad genommen", hieß es in einem zeitgenössischen Bericht.

Andrej Belyj beobachtete diese Entwicklungen mit Entsetzen und auch einer gehörigen Portion Drama: „Organisierter Wahnsinn, Unsinn, Phantastik und Widerwärtigkeit – in all das beginnt Berlin, wenn man angespannt schaut, langsam zu verfallen; alles – ist verkehrt herum, und alles ist ver-rückt; in den luxuriösesten Restaurants haben die Negertrommeln die Herrschaft übernommen; bei den Klängen des Foxtrotts fressen großmäulige Spekulanten-Wilde aller Länder Eis mit Ananasfrüchten; es scheinen japanische und Gesichter von Negern unter ihnen auf; die Vertreter der eben noch höchsten Kultur aber, die Erben von Goethe, Novalis, Nietzsche und Stirner – wo sind sie?"

Wenn Belyj den stolzen und selbstbewussten Deutschen der Vorkriegszeit nachtrauerte, so machten manche Deutsche zu dieser Zeit einen Unterschied zwischen „Ausländern" und „Fremden". Ausländer, das waren die Armen, die aus Osteuropa kamen, denen man gerne eine staatsgefährdende Gesinnung nachsagte und die in vielen Fällen Juden waren. Davon gab es ja Hunderttausende an der Spree. Die Fremden dagegen waren die Bürger westeuropäischer Staaten, die über Geld verfügten – und zwar über Geld in anderen, stabilen Währungen. „Der Ausländer ist dem Staat eine Last", schrieb Joseph Roth im sozialdemokratischen *Vorwärts*, „den Fremden ist es fast der Staat". Die Ausländer seien aus eigener Not in Deutschland, die Fremden wegen der Not des Landes. Denn wer über US-Dollar, Pfund, Kronen und andere Währungen verfügte, konnte in Deutschland gut leben. Devisen waren alles, was zählte.

In welchen paradiesischen Verhältnissen die „Fremden" in Deutschland lebten, beschrieb Roth im Folgenden: „Die Fremden lagern in den großen Lederfauteuils der Hotelhallen, besichtigen ihre Fingernägel oder benagen sie – jeder nach seiner Fasson. Die Billigkeit deutschen Manikürgeräts verführt sie gelegentlich zum Gebrauch von Nagelfeilen, bei Tisch oder im Café. Die Hygiene ist überhaupt eine Angelegenheit der Valuta. Von Kellnern umwedelt, von Direktoren lächelnd begrüßt, von roten Liftboys umsäumt, horchen sie auf die Fünfuhrtee-Musik. Sie lieben ein fröhlich Lied, die Fremden, und bestellen beim Kapellenober akustische Leibleckerbissen; ein Vorspeisenpotpourri; eine Lehár-Cremetorte; eine Robert-Stolz-Konfitüre aus Wien, der Stadt der Sacheroperetten … Wenn alles flüstert, lärmen sie; wenn alles kniet, stehen sie; wenn alle spekulieren, warten sie; wenn alle schlafen, wachen sie; wenn die Mark fällt, steigen sie. Chauffeure, an die sie herantreten, surren mit angekurbeltem Diensteifer. Zigarrenhändler, die ihnen Tabak zeigen, greifen mit Händlerpolypenarmen gleichzeitig in alle Fächer ihrer Wände. Der Portier an der Drehtür schaufelt sie mit emsigen Trinkgeldrechten ins Innere. Der Photograph, bei dem sie sich porträtieren lassen, wird zu der vergrößerten Aufnahme seiner eigenen Freundlichkeit.“ Dieses Verhalten, das viele Deutsche mit der geballten Faust in der Tasche beobachteten, machte die Besucher aus dem Ausland nicht beliebt, aber jeder tanzte nach ihrer Pfeife. Da klang es geradezu tröstlich, wenn Roth seinen Lesern etwas in Erinnerung rief: Wenn diese „Fremden“ aber nach Hause zurückkehrten, „werden sie Obsthändler, Schweinezüchter, Gummiabsatz-Erzeuger, Reisende in Irrigatoren. Alle diese Menschen leben in Deutschland auch. Daher ist eine weitere Beschreibung überflüssig.“

Die Ausländer seien aus eigener Not in Deutschland, die Fremden wegen der Not des Landes.

Wie in einem Land, in dem Milch und Honig flossen und wo für Valuta alles zu haben war, lebten auch die Mitarbeiter der Botschaften und Konsulate und ihre Familien. Sie sahen offenbar keinen Grund, ihren relativen Reichtum in Berlin zu verbergen und feierten zahlreiche rauschende Feste, luden zu teuren Dinners und Bällen. Die *Weltbühne* nahm das Leben dieser Kreise inmitten eines finanziell und mental zunehmend ausgelaugten Deutschland und seiner verelendenden Hauptstadt Ende 1922 kritisch unter die Lupe. Seit dem Ende des Krieges und infolge des Auseinanderbrechens großer Staaten wie Österreich-Ungarn und Russland sowie dem Auftreten eher exotischer Kleinstaaten waren eine ganze Reihe neuer Vertretungen hinzugekommen beziehungsweise traten jetzt stärker ins Rampenlicht der Öffentlichkeit. Ja, selbst die Missionen dieser kleinen, unbedeutenden Staaten „treten jetzt, valutastark, stolz und selbstbewußt, im neuen, ach so fragwürdigen Berlin in die Schranken. Wenn es lange genug dauert, werden noch die Fürstentümer Monaco und Liechtenstein und die Negerrepublik Liberia ihre diplomatische Vertretung hersenden, und es werden sich sicherlich Snobs finden, die ihre Feste verschönern."

Bedenke man, so der Artikel, der gezeichnet war mit der Autorenzeile „von einem Deutschen", dass ein Jahresgehalt von 1000 englischen Pfund, von 10 000 holländischen Gulden, von 2500 Dollars für etwa 20 bis 30 Millionen deutsche Papiermark reiche, so werde man ohne weiteres begreifen, „daß man mit diplomatischen Valuta-Einkommen alle Schätze Deutschlands erwerben, daß man sich dafür herrliche Goldfuchsgespanne anschaffen, täglich Prunkfeste, Gelage, Maskeraden, Bälle, Redouten veranstalten und doch noch mächtig thesaurieren kann". Aber selbst viele Missionschefs mittlerer oder kleiner Staaten konnten mit den Millionen nur um sich werfen und führten große Häuser mit viel Dienerschaft und zwei Autos, be-

„Erst einen Dollar verbraucht und schon mehr als satt" – Karikatur auf den Kursverfall der Mark aus dem Jahr 1923

Der Valutastarke

„Erst einen Dollar verbraucht und schon mehr als satt."

schenkten ihre Frauen mit kostbarem Schmuck und Pelzen, die sie billig erwarben. Es sei Sache ihres Landes und des Geschmacks, ob sie Feste feiern, Sachwerte zu Spottpreisen erwarben und wie Gott in Frankreich lebten, fand der anonyme Autor des Artikels. Aber Deutsche sollten nicht an den schwelgerischen Festen bei Kriegs- und Nachkriegsgewinnlern teilnehmen. Letztlich war der Text in der *Weltbühne* aber doch mehr als eine Aufforderung an deutsche Politiker, Diplomaten und Geschäftsleute, sich von solchen Veranstaltungen fern zu halten; er war auch eine Kritik an den ausländischen Missionen, wenn es hieß, es „muß uns abstoßen, daß man – während unsre Intelligenz Hungers stirbt, unser Mittelstand physisch und moralisch zugrunde geht – aus unserem Münzelend sich mästet“. Und auch, wenn die Deutschen arm seien, so dürften sie am wenigsten bei „denen schmarotzen, deren Glanz und Elend seine Existenz von unsrer Misere hat“.

Mag das Verhalten der ausländischen Vertreter vielleicht ein Anschlag auf die Würde der Deutschen gewesen sein, so zeitigte es eine Folge, die viel schlimmer war als verletzter Stolz, der auch in dem Artikel der *Weltbühne* mitschwingt. Denn weil es den Ausländern in Deutschland und in Berlin so blendend ging, übersahen viele das Elend der einheimischen Bevölkerung. Und das galt auch für die Angehörigen der Botschaften und Konsulate, die verfälschende Berichte in ihre Heimat sandten. Diese Berichte hatten zur Folge, dass die Politiker der Siegermächte oft gar keinen realistischen Einblick in die Lebenswirklichkeit breiter Kreise der deutschen Bevölkerung hatten.

DER „VOLKSBEGLÜCKER“ MAX KLANTE

Krisenzeiten sind oft auch Zeiten für Glücksritter, und auch wenn Gier und der Wunsch nach dem schnellen Geld zu jeder Zeit virulent sind, so gilt wohl doch: Der kurzzeitige Aufstieg eines Mannes wie Max Klante war nur während der wirren Zeiten nach dem Ersten Weltkrieg möglich. Auch wenn es Nachahmer gab, bleibt Max Klante eine Ausnahmeerscheinung. Aber gerade als eine solche ist er ein Phänomen, das den Irrsinn der Inflationsjahre besser widerspiegelt als manch andere Erscheinung.

Kleingewachsen und schmächtig wurde er zu einem ganz Großen in Berlin, wenn auch nur für sehr kurze Zeit. Max Klante kam 1919 völlig abgebrannt in die Hauptstadt. Weil er Geld verdienen musste, war er bereits mit elf Jahren von der Schule abgegangen und hatte in Breslau im Betrieb seines Onkels gearbeitet, in dem Bürsten hergestellt wurden. Viel verdienen ließ sich mit diesem gesellschaftlich ziemlich weit unten angesiedelten Beruf nicht, und als sein Onkel auch noch pleite ging, musste Klante seinen schmalen Lebensunterhalt auf andere Weise verdienen. Er zog nachts durch die Breslauer Kneipen und verkaufte Zeitungen. Als 1914 der Krieg ausbrach, wurde er eingezogen und kehrte Jahre später von Tuberkulose gezeichnet zurück. Er versuchte, als Fotograf wieder Boden unter die Füße zu bekommen, doch das schlug fehl, und so zog er 1919 an die Spree. Hier kam er bald auf eine neue Idee, Geld zu verdienen, und zwar sehr viel Geld. Er interessierte sich für Pferdewetten, also zog es ihn auf die vier Berliner Pferderennbahnen Mariendorf, Ruhleben, Karlshorst und Hoppegarten, die mondänste von allen. An diesen Orten wurde nicht nur gewettet; sie waren auch Treffpunkte der besseren Gesellschaft.

Hier also war einer wie Max Klante, der an das große Geld wollte, genau richtig. Zugute kam ihm, dass er ein glückliches Händchen bei den Wetten hatte. Es war aber mehr als nur Glück, denn Klante analysierte die Rennpferde und ihre Ergebnisse ebenso genau wie die Jockeys und entwickelte daraus ein Wettsystem. Er gewann, und das erregte Aufsehen. Bald gab er – gegen eine ordentliche Beteiligung, versteht sich – den reichen Rennbahnbesuchern Tipps, und als auch sie Gewinne erzielten, sprach sich auf den Rennbahnen herum, dass dieser kleine, schmächtige, etwas komisch wirkende Mann mit der hohen Stirn und den einfachen Umgangsformen, der ganz definitiv nicht ihrer Klasse entstammte, helfen konnte, das viele Geld ihrer Besitzer weiter zu mehren. Und so baten immer mehr Wettende ihn um Tipps.

Das brachte Klante auf eine Geschäftsidee: Er gründete gemeinsam mit einem Kompagnon einen Wettbetrieb, die Max Klante & Co. GmbH, großspurig Klante-Konzern genannt. Aufgrund der guten Erfahrungen, die seine Kunden mit ihm gemacht hatten, gelang es ihm, rund 500 000 Mark einzuwerben, das war 1920, obwohl die Inflation schon Fahrt aufgenommen hatte, immerhin ein ordentliches Sümmchen für einen Geschäftsmann, der bis auf eine Reihe von Wetterfolgen nichts vorzuweisen hatte. Als Geschäftszweck gab er in den Büchern an, „durch die Gründung eines Rennstalls und eines Gestüts die inländische Pferdezucht zu heben." Im November 1920 schaltete er deutschlandweit Anzeigen in Tageszeitungen. Darin hieß es: „In der heutigen teuren Zeit liegt es wohl auch in Ihrem Interesse, sich eine dauernde Nebeneinnahme zu verschaffen. Diese bieten wir Ihnen, wenn Sie uns für unser Weltunternehmen Ihr Geld leihen, indem wir es Ihnen sehr gut verzinsen. Wir geben Anteilsscheine von 100 Mk, bis 50 000 Mk. heraus und zahlen für 100 Mk. Einzahlung am 1. Februar 100 Mk., am 1. März 100 Mk., am 1. April 100 Mk., also 3 mal 100 Mk., gleich 300 Mk. zurück, das sind 200 % Dividende. Der Einsatzbetrag verfällt dann zu unseren Gunsten und verliert der Anteilsschein seine Gültigkeit und kann durch einen neuen ersetzt werden. Für 1000 Mk. gibt es 3000 Mk., für 10 000 Mk. gibt es 30 000 Mk. zurück. Die Einzahlung muss bis spätestens 1. Dezember 1920 bei uns eingehen." Der Klante-Konzern hafte für das Einsatzkapital, sodass den Anlegern keinerlei Verlust entstehen könne, so versprach die Anzeige weiter. Im gänzlich unmöglichen Fall, dass sich der Klante-Konzern auflösen würde, erhielten sie ihr Geld zurück, soweit es nicht schon durch Dividenden abgedeckt sei. „Als ich dieses Unternehmen vor einem Jahr gegründet habe, glaubte Jedermann es wäre ein Schwindelunternehmen, fragen Sie heut unsere Teilhaber, nachdem diese bereits 400 % für Ihr (sic!) Geld Dividenden erhalten haben. Sie werden natürlich fragen, wie es möglich ist, so viel Dividenden zu zahlen, ich hoffe, daß es Ihnen genügt, wenn ich Ihnen sage, daß wir Rennpferde an- und verkaufen, selbst einen Rennstall besitzen und Ihnen versichern, daß wir durch Spekulationen und Verbindungen auf dem Gebiete des Rennsports im Jahre 1920 so viel erzielt haben, daß wir obige Dividenden auszahlen konnten." Zweiflern könne er gerne die Anschriften von 5000 Kunden zur Verfügung stellen, behauptete Klante weiter. Genannt wurden in der Anzeige 30 Einzahler aus ganz Deutschland, die zwischen 1000 und 20 000 Mark Dividende erhalten hätten. Diese Einzahler waren allerdings nicht überprüfbar, denn die Angaben beschränkten sich auf Einträge wie „Schulze, Berlin". In dieser Anzeige war das meiste gelogen, aber immerhin waren Klantes Wettgeschäfte auf der Rennbahn so erfolgreich gewesen, dass er sich inzwischen tatsächlich drei Rennpferde zugelegt hatte.

Klante interessierte sich für Pferdewetten, also zog es ihn auf die vier Berliner Pferderennbahnen.

Inzwischen brachte der Klante-Konzern auch eine eigene Gratiszeitschrift heraus. In der vierten Ausgabe vom Februar 1921 behauptete Klante, seine Gesellschaft verfolge auch einen ideellen Zweck: Sie wolle die kleinen Leute, Angestellte, Beamte, Kaufleute und Rentiers, die durch den Krieg viel verloren hätten, das Leben erleichtern. Neue Geschäftsbedingungen sahen vor, dass zukünftig nur noch Summen ab 500 Mark eingezahlt werden konnten. Der eingezahlte Beitrag werde nicht mehr verdreifacht, sondern nur noch verdoppelt.

Bereits zu dieser Zeit gab es Beschwerden von Bürgern, denen das ganze System merkwürdig vorkam, und auch die Behörden waren schon auf Klante aufmerksam geworden. Zunächst hatte das System zwar funktioniert, denn es zahlten so viele Menschen Geld ein, dass damit die Gewinne ausgezahlt werden konnten. Doch das ging nicht lange so weiter, weil sich trotz des anhaltenden Zulaufs die Zahl der Kunden nicht mehr permanent verdoppelte, was aber nötig gewesen wäre. Die Gewinne reichten bei weitem nicht mehr aus, die versprochenen Dividenden auszuzahlen, und so musste Klante auf die Neueinzahlungen zurückgreifen. Das konnte natürlich nicht lange gut gehen, und die Schwächen des Klante-Systems traten immer klarer zutage.

Max Klante aber interessierten diese Probleme scheinbar überhaupt nicht. Sein Auftreten wurde immer großspuriger und passte exakt in das Bild, das sich die Öffentlichkeit von den Raffkes machte. Klante kaufte weitere Rennpferde, bis sein Stall über zehn Tiere verfügte. Seine Jockeys waren an ihren blauen Jacken mit den gelben Schnüren auf der Rennbahn leicht zu erkennen. Der Chef selbst erschien unter dem Jubel der Umstehenden auf dem Rennplatz mit Ta-

Max Klantes Wettcafé Gallipoli

schen, die mit Geldscheinen vollgestopft waren, um persönlich Wetten abzuschließen. Auch wenn die Inflation bereits marschierte (was bei vielen späteren Betrachtungen über Max Klante oft vergessen wird), so waren die Summen doch für Normalsterbliche beeindruckend. Klantes Krawattennadeln bestanden aus Fünf- und Zehndollarnoten. Dass er sich tatsächlich binnen kürzester Zeit ein gewisses Vermögen erwirtschaftet hatte, ergibt sich auch aus einer Aufstellung des Landgerichts Berlin III, in der zu lesen ist: „Als das Unternehmen zusammenbrach, besaß die Gesellschaft nicht weniger als 3 Automobile, für die Klante nach seinen eigenen Angaben 40 000, 180 000 und 175 000 M verausgabt hat. Das Eine war ein Adler-Puppchen-Wagen, [...] das Zweite ein Excelsior-Luxusauto, das früher dem König der Belgier gehört haben soll und in luxuriöser Weise in lilafarbenem Samt, elektrischem Licht und Telefon ausgestattet war; das Dritte war ein sechssitziger 45 PS. Mercedes-Rennwagen.“ Zeitweilig habe Klante drei Chauffeure angestellt sowie einen Mann, dessen einzige Aufgabe es gewesen sei, die Hupe des einen Wagens zu betätigen, bei der es sich um ein ganz besonderes Objekt gehandelt haben soll, denn sie soll sich einst im Automobil Wilhelms II. befunden haben. Auch Zeugen meldeten sich schriftlich bei der Polizei, so berichtete beispielsweise der Portier Gustav Hofmann aus Köpenick, Klante habe regelmäßig im noblen Restaurant Fürstenhof in Karlshorst verkehrt, „und da wurde nur Sekt gekneippt. Alles was anwesend war, musste mittrinken. Kaum waren die Flaschen halbleer, da wurden schon wieder neue bestellt. Zum Schluß griff er in seine Geldtasche und warf eine ganze Hand voll Tausendmarkscheine zwischen seinen Saufkumpanen, so daß sich alles durcheinander wälzte.“ Der arme Briefschreiber war ein Opfer Klantes und ließ seinem Frust freien Lauf: „Als Unterbeamter wollte auch ich meine Lage ein bisschen verbessern. Ich vertraute auf die Zeitung, welche Klante unter dem Namen ‚Meldereiter‘ gegründet hat, worin er noch im Juli seine Geschäftslage als eine sehr günstige schilderte, trotzdem er wusste, dass die Pleite bereits vorhanden ist. Ein solcher Mensch müsste 20 Jahre Zuchthaus aufgebremst kriegen ...“

Der betrogene Portier stand nicht alleine da. Nach Schätzungen der Behörden investierten rund 80 000 Menschen in Berlin und andernorts ihr Geld in den Klante-Konzern. Darunter waren viele kleine Leute, die darauf bauten, dass ihre inflationsbedingt zunehmend prekäre Lage sich durch die versprochenen sagenhaften Dividenden aufbessern würde. Viele gaben ihre gesamten Ersparnisse hin. Aber auch Beamte, Ärzte, Anwälte, Unternehmer, Handwerksmeister und selbst Staatsanwälte und Polizeibeamte fielen auf Klantes Tricks herein. In Dresden soll praktischerweise direkt in einer Polizeidienststelle ein Wettbüro eingerichtet gewesen sein, damit die Beamten ihre Wetten während der Mittagspause abschließen konnten. In mehreren Städten richteten Klante und seine Mitarbeiter Wettbüros und -cafés ein, die meist einen mondänen, schicken und modernen Eindruck machten, von dem sich viele Besucher blenden ließen. Im Juni 1921, als der Klante-Konzern bereits in deutlichen finanziellen Schwierigkeiten steckte, kaufte er in der Großen Frankfurter Straße 121 (heute: Karl-Marx-Allee) das Café Rheingold und nannte es nach einem seiner Rennpferde in Café Gallipoli um. Im ersten Stock wurden Schalter für die Ein- und Auszahlungen errichtet, und zur Unterhaltung des Publikums spielte ein eigenes Orchester den Klante-Marsch. In seinem Büro ließ Klante ein Scherenfernrohr einbauen, durch das er den Betrieb im Café beobachten konnte. Zur selben Zeit kaufte er dem Fabrikbesitzer Max Wolk die Doppelvilla Röschen in der Karlshorster Wildensteiner Straße 18 mitsamt dem Mobiliar ab.

Unterdessen intensivierte die Polizei ihre Ermittlungstätigkeit. Es kam, das konnte gar nicht ausbleiben, zu einer ganzen Reihe von Nachahmern, und manche Wettbetriebe brachen schon nach sehr kurzer Zeit zusammen oder wurden von den Behörden geschlossen, während ihre Betreiber vor Gericht landeten. Klante versuchte, seine Anleger davon zu überzeugen, dass sein Unternehmen auf sicheren Füßen stehe, doch spätestens Ende August 1921 war der Klante-Konzern zahlungsunfähig. Spätere Untersuchungen des Gerichts ergaben, dass Klante etwa 37 Millionen Mark zur Verfügung standen, die Verbindlichkeiten aber zur selben Zeit bei 110 Millionen lagen. Schon im Juli hatte das Finanzamt zwölf Millionen Mark beschlagnahmt, weil der Klante-Konzern keine Steuern bezahlt hatte.

Es geschah aber etwas, das es so wohl nur in dieser Inflationszeit geben konnte, in der viele Menschen die Maßstäbe verloren und mit diesen auch die Vernunft. Mitte August, als längst unübersehbar war, dass der Klante-Konzern auf den Konkurs zusteuerte und weit davon entfernt war, die gegebenen Versprechungen erfüllen zu können, organisierte Max Klante eine große Versammlung im Zirkus Busch und vier Tage später eine weitere in Dresden. Er kündigte an, das Reich wegen angeblicher Geschäftsschädigung auf 15 bis 20 Millionen Mark verklagen zu wollen. Doch anstatt sein Geld zurückzufordern und ihn auszubuhen, jubelte das zahlreich erschienene Publikum ihm weiter zu. Klante, der sich selbst als „Volksbeglücker" bezeichnete, hatte bei vielen seiner Anleger noch immer viel Kredit. Nach seiner Rede überreichte man ihm Lorbeerkränze mit Schleifen, die Aufschriften trugen wie „Die dankbaren Mitglieder dem Idealisten in gebührender Anerkennung" oder „Ehre, dem Ehre gebührt. In Verehrung gewidmet vom Grafen Blücher". Bei wem es sich um diesen Mann handelte, konnte später nicht ermittelt werden, aber Zeugen behaupteten, Klante selbst habe sich am Kauf dieses Kranzes beteiligt. Manche der Anwesenden empfanden die Rede Klantes, der von sich in der dritten Person sprach, als wirr. Immerhin traf er aber den Ton der Zeit, wenn er seinen Zuhörern zurief: „Max Klante will sein Unternehmen von großkapitalistischen Einflüssen fernhalten. Für die Großkapitalisten und jüdischen Spekulanten, für die Schieber darf keine Möglichkeit sein. Volksgenossen, mit euren Darlehen wird der Konzern Fabriken, Häuser, Grundbesitz kaufen. Alles soll einer großen Genossenschaft der Volksaktionäre gehören. Max Klante ist durch die Armen groß geworden. Max Klante wird die Armen groß machen."

Überraschend bleibt, dass viele Menschen ihm immer noch vertrauten. Schon damals gab es Überlegungen, woran das liegen könnte. Der Berliner Arzt und Autor Gotthold Ludwig Mamlock, der 20 Jahre zuvor mit einem Buch über die Beziehungen des Preußenkönigs Friedrich dem Großen zur Medizin hervorgetreten war, führte als Grund eine Massenpsychose an. In einem Artikel im *Berliner Tageblatt* schrieb er, die Kollektivseele raube dem Einzelnen die Verantwortung, Überlegung und ruhige Kritik. Und weiter: „Es liegt hier ein Schulfall einer psychischen Epidemie vor, die mit der sinnlosen Hamsterwut, mit der Fox-Trott-Epidemie und ähnlichen Erscheinungen durchaus auf eine Stufe zu stellen ist." Alle Völker und alle Zeiten hätten derartige Vorgänge gekannt, und der Hexenwahn, die Kreuzzüge sowie die Tanzwut des Mittelalters seien nicht anders zu bewerten als Massensuggestionen, denen gegenüber jedes Predigen von Vernunft versage. „Massen sind im allgemeinen leichter suggestibel wie Einzelmenschen", fuhr Mamlock fort. „Man kann, wie wir schaudernd erlebt haben, mit verhältnismäßig wenig Phrasen Millionen zur Kriegspsychose anfachen. Je nach der Einstellung der Gemüter wird die chauvinistische, die religiöse oder eine sonstige, gerade zeitgemäße Idee die Massen fortreißen, und sie werden das eine Mal Scheiterhaufen, und das andere Mal eine 42-cm-Granate in Brand setzen. Das pflegt bis zur Selbstvernichtung zu gehen. Nicht viel

„Max Klante ist durch die Armen groß geworden. Max Klante wird die Armen groß machen."

anders ist die Spielwut, die jetzt gewissermaßen zu einer ‚Konzernomanie' ausgeartet ist; sie ist die typische Psychose für das Zeitalter der Valutaschwankungen und hat vielleicht eine Parallele in den fast gleichzeitigen krankhaften Massenspekulationen an der Börse." Vermutlich hatte Mamlock mit diesen Zeilen die Bedeutung Klantes und der vielen anderen Wettbetriebe, die es ihm mit dem stets gleichen Ergebnis nachmachten, voll erfasst.

Wenige Monate später ging auch ein Urteil der 11. Strafkammer des Landgerichts Berlin I davon aus, dass sich in Deutschland eine „Spekulationswut" breitgemacht habe. In dem Urteil über die Betreiber des Biedermann-Rennsport Konzerns, einem klassischen Nachahmerprojekt, hieß es: „Bei der heute in weiten Kreisen herrschenden Spekulationswut, die durch den Sturz der deutschen Mark und durch die politischen und wirtschaftlichen Verhältnisse hauptsächlich hervorgerufen ist, ist es wohl erklärlich, dass Leute ebenso wie zu einem Börsenspekulanten ihr Geld zu einem Renn-Wettspekulanten bringen." Der Umstand, dass die Geldgeber die Spekulation oder das Wetten wünschten, sei lediglich als Motiv zu bewerten, rechtlich aber bedeutungslos. Sie gäben das Geld dem Inhaber des Betriebs, damit dieser in der ihnen im Allgemeinen bekannten Art mit dem Geld arbeite. Der Betriebsinhaber sei aber völlig frei in der Auswahl und Abwicklung der Geschäfte und nicht verpflichtet, den Geldgebern Rechenschaft abzulegen. Einen sicheren Gewinn biete das System nicht. Die Betreiber wurden zu Gefängnis- und/oder Geldstrafen verurteilt – ein deutliches Zeichen, wohin die Reise auch bei Max Klante gehen würde.

Auch gegen Angestellte wurde ermittelt, einige kamen ebenfalls in Haft.

Er musste das Verfahren aus dem Gefängnis verfolgen, denn schließlich wurde er im September 1921 festgenommen und blieb bis zur Hauptverhandlung wegen Fluchtgefahr in Untersuchungshaft. Es dauerte erstaunlich lange, nämlich bis Dezember 1922, bis ihm der Prozess gemacht wurde, der die Öffentlichkeit stark interessierte. Auch gegen Angestellte wurde ermittelt, einige kamen ebenfalls in Haft. Im Laufe der Ermittlungen traten zahlreiche tragische Schicksale unter den rund 80 000 Anlegern zutage, von denen 60 bis 70 Prozent bis zu 2000 Mark eingezahlt hatten, also „kleine Leute" waren, die Klante nicht selten ihr gesamtes Erspartes anvertraut hatten. Dass die meisten von ihnen diese Ersparnisse in der Inflation alsbald ohnehin verloren hätten, sei hier nur der Vollständigkeit halber erwähnt; für die juristische und moralische Bewertung spielt diese Feststellung keine Rolle. Vor Gericht versuchten Klante und seine Anwälte, zu denen zeitweilig auch der neben Erich Frey bekannteste Berliner Anwalt Max Alsberg gehörte, die Verhandlung mit Tricks zu verhindern oder zu verzögern. Klante behauptete, er leide an schwerer Tuberkulose und ließ sich an manchen Verhandlungstagen auf einer Bahre in den Gerichtssaal tragen, auf der er auch während der Verhandlung liegenblieb. Gutachter bescheinigten ihm aber Verhandlungsfähigkeit. Im Januar 1923 wurde das Urteil gefällt: Klante bekam drei Jahre Haft wegen Betrugs, gewerbsmäßigen Glücksspiels und Vergehens gegen die Konkursverordnung. Nach den Erkenntnissen des Gerichts sollen in der Bilanz des in Konkurs gegangenen Klante-Konzerns 100 Millionen Mark gefehlt haben. In späteren Jahren wurde er mehrmals bei dem Versuch ertappt, erneut ins Wettgeschehen einzusteigen. Er starb am 7. Oktober 1950 vereinsamt und verarmt in Ost-Berlin. Sein Besitz soll lediglich aus einem Wettschein bestanden haben.

Max Klante und sein Wettkonzern sind zweifelsohne ein Ausdruck ihrer Zeit, also der Jahre 1920 bis 1923. So schrieb der Wirtschaftsjournalist Richard Lewinsohn unter seinem Pseudonym Morus völlig zu recht, längst sei doch ganz Deutschland eigentlich ein System Klante: „Derlei Mätzchen brauchen wir nicht mehr. Der Verfall der deutschen Mark sorgt dafür, daß jeder Besitz, zahlenmäßig, ins Riesenhafte wächst, daß jeder Pracher heute Millionär ist, daß jeder, der pumpt, verliert und jeder, der mit Leihgeld arbeitet, gewinnt ... In einer Zeit, wo das Fundament der Wirtschaft: die Währung ins Rutschen gekommen ist, bedarf es keiner Extra-Schiebung, um vorwärts zu kommen. Wer im Strom steht, wird mitgeschoben.“

„SO VERWIRREN SICH VOLLENDS DIE GEHIRNE“ – DIE INFLATIONSHEILIGEN

Vollkommen in die andere Richtung, nämlich gegen den Strom, bewegte sich eine andere Gruppe, die nicht die Hoffnung auf schnelle materielle Gewinne schürte, sondern die auf Erlösung, Sicherheit und Seelenheil. Scharlatane waren die einen wie die anderen, doch diese zweite Gruppe meinte es in ihrer verschrobenen Sichtweise immerhin ernst. Weil sie mit Rauschebart, abgeranzter Bekleidung und ohne festes Obdach durch die Lande zogen und ihre skurrilen, religiös angehauchten Lehren verbreiteten, wurden sie später Inflationsheilige genannt; der Begriff ist aber nicht zeitgenössisch. Es gab eine ganze Reihe solcher Männer wie Friedrich Muck-Lamberty, Max Schulze-Sölde und Gusto Gräser. Der bekannteste und wirkmächtigste aber war ein Mann namens Ludwig Christian Haeusser aus Bönnigheim. Diese Inflationsheiligen waren eine typisch deutsche Erscheinung, aber keine Berliner. Da sie aber auch in der Hauptstadt eine nicht unbedeutende Schar von Anhängern und Anhängerinnen hatten und wie die Tanzwut, die Spekulations- und Spielsucht und die Wettkonzerne zu den zeittypischen Erscheinungen der Inflationsjahre gezählt werden müssen, wollen wir kurz den Scheinwerfer auf sie richten und Haeusser in den Mittelpunkt stellen.

Geboren 1881 und als wissbegieriges Kind von einem verständnislosen Vater unterdrückt, baute sich Haeusser schon als junger Mann mit zum Teil zwielichtigen Mitteln in Paris einen florierenden Sekthandel auf. Er lebte auf großem Fuß, doch schon vor dem Krieg entdeckte er, dass das Leben mehr zu bieten haben müsse als Saus und Braus. 1917, als an den Fronten des Weltkrieges das Blut der Soldaten floss, stürzte Haeusser in eine Lebenskrise und stellte sich selbst eine neue Lebensaufgabe: die Suche nach der Wahrheit. Dafür verließ er im Jahr darauf Frau und Sohn, lebte eine Weile in Zürich in ärmlichen Verhältnissen, forderte Kaiser Wilhelm II. per Brief auf, den Krieg zu beenden und erklärte sich selbst zum neuen Heiland. Nachdem er eine Weile in der Aussteigersiedlung auf dem Monte Verità bei Ascona verbracht hatte und dort mit den Lehren Laotses in Kontakt gekommen war und nach seiner Ausweisung aus der Schweiz als unerwünschter Ausländer mutierte er zum Wanderprediger. Er tauschte seine ehemals ausgewählte und teure Kleidung gegen eine Kutte, ließ sich einen langen Rauschebart wachsen und predigte seine verworrene Lehre. Er sah sich selbst als religiösen Führer, der die Menschen zur inneren Umkehr und zur Selbstreinigung aufforderte. Schon als Kind hatte er einem naiven Gottesglauben angehangen, der sich jetzt mit den Lehren Laotses und dem Übermenschentum Friedrich Nietzsches zu einem eigentümlichen und antimaterialistischen Gemisch vermengte. Wie alle Inflationsheiligen predigte er einen radikalen Ich-Kult, stellte also sich selbst in den Mittelpunkt und forderte auch seine Zuhörer auf, nicht an Jesus, sondern an sich selbst zu glauben. Sein Endziel war nichts weniger als der vollkommene Mensch. Aufmerksamkeit erregte er auch durch die rabiaten Beschimpfungen seines Publikums, dem er zum Beispiel zurief: „Ihr Heuchler, ihr doppelzüngiges Otterngezücht, ihr Schlangenbrut, ihr überständigen Gräber, ihr wandelnden Abortgruben, ihr lebenden Leichname, ihr gehenden Gräber, ihr modernen Aasgeier, ihr verkörperten Sauställe, geht in Euch – schämet Euch." Ohne solche Ausfälle ging es in

Das zentrale Gebäude der Aussteigerkolonie Monte Verità am Lago Maggiore

dieser Zeit des Extremen eben nicht, das hatte Haeusser, der ein guter Redner gewesen sein soll und mit einem beachtlichen populistischen Gespür ausgestattet war, durchaus richtig erkannt.

Das kam gut an. Seine Anhängerschaft wuchs und wuchs. Dabei handelte es sich häufig um Proletarier und Menschen aus dem unteren Mittelstand, aber auch Intellektuelle und Bohemiens fanden sich unter ihnen. Das Verhältnis von Männern zu Frauen lag nach Schätzung des Historikers Ulrich Linse, der ein Buch über die Inflationsheiligen geschrieben hat, etwa bei drei zu zwei. Die Anhänger verteilten sich über ganz Deutschland mit einem leichten Übergewicht im Norden. Berlin war eines der wichtigsten Zentren der Haeusser-Anhängerschaft. Haeusser schien ihr mit seiner Abkehr vom Materialismus eine Lösung zu bieten. Und da er zugleich antidemokratisch und antirepublikanisch war, aber auch völkisch-national und proletarisch, gelang es ihm wie den anderen Inflationsheiligen auch, Menschen anzuziehen, die die Republik ablehnten, aber auch mit den Kommunisten nichts am Hut hatten und noch nicht bei den Völkischen und Nationalisten gelandet waren. Haeusser griff die „Verlogenheit“ der Parteien an, propagierte als Machtmittel „die Wahrheit“ und kündigte, inzwischen wieder in gediegenen bürgerlichen Stoff gekleidet, an, nach der von ihm angestrebten Machtübernahme die Gegner dieser Wahrheit umzubringen. Er bezeichnete sich selbst als „Wahrheitspräsident“ und wollte mal Deutschland, mal die Vereinigten Staaten von Europa regieren. Politisch ist Haeusser schwer einzuschätzen; er hatte Kontakte zu ganz rechten Kreisen ebenso wie zu Linksradikalen. Irgendwie stand er an der Schnittstelle zwischen beiden Extremen und bezeichnete sich selbst einmal als „Hakenkreuzlerkommunist“. Seine Anhänger sahen in ihm einen Propheten, viele taten es ihm gleich und gaben ihren Besitz auf, verkauften seine Schriften, organisierten Versammlungen und verwalteten die Spendengelder, die in wachsenden Summen bei ihm eingingen. Berlin gehörte zu den Zentren des Wirkens der Inflationsheiligen, die sich darauf verstanden, die Landbevölkerung ebenso wie die Stadtbevölkerung hinter sich zu scharen. Seit spätestens 1921 gehörten die Inflationsheiligen geradezu zum Alltag der Hauptstadt. So schrieb 1922 der Berliner Korrespondent der *Kölnischen Zeitung*: „Die Berliner Anschlagssäulen sind seit ein bis zwei Jahren regelmäßig bedeckt mit den Ankündigungen von Zukunftsjüngern und Propheten, die ihre Vorträge (oft zu beträchtlichen Eintrittspreisen) ankündigen. Immer spielen Schlagworte und Zitate aus der Bibel dabei eine große Rolle. Der alte Vorstellungskreis der Apokalypse hat, wie einst in früheren Krisenzeiten, neues Lebensblut gewonnen und prägt sich im Munde gewandter Redner den geängstigten Hirnen neu ein. Die Hauptsache ist starker Bartwuchs, Verzicht auf Kragen und Krawatte und ein unerschütterliches Selbstbewußtsein.“

> „Zeitsymptom! Die Welt ist krank, und wo die Ärzte versagen, haben die Charlatane alle Hände voll zu tun.“

Das Publikum laufe heute eben in die Hörsäle dieser Fantasten, berichtete das Blatt aus Köln weiter über die Hauptstadt. Denn die Menschen suchten in ihrer ungeheuren Ratlosigkeit nach einem Trost, einer Stütze. „Schon kurz nach dem Kriege, als man die Fruchtlosigkeit aller Anstrengungen eingesehen hatte, setzte diese Stimmung einer grenzenlosen Enttäuschung ein. Kommt nun, wie in den letzten Monaten, die immer steigende materielle Not, der aussichtslose Kampf gegen die Teuerung hinzu, so verwirren sich vollends die Gehirne. In einer Stadt wie Berlin hat die amtliche Kirche immer nur bestimmte Kreise zu fesseln gewußt. Den neuzeitlichen Erlösern mit dem langen Haarwuchs und den dreisten Phantasien läuft alles zu, die schwachen Naturen besonders, die nicht ohne Stütze sein können. Für den Geisteszustand im heutigen Deutschland ist dieses Prophetentum ein gefährliches Symptom. Man soll es nicht unterschätzen; es wird sich in Krisen, die noch kommen, noch mehr ausbreiten. ‚Die Zeit ist aus den Fugen‘, wie Hamlet sagt.“

Der Schriftsteller Artur Zickler wunderte sich 1922 im *Vorwärts*, dass der Zulauf zu diesen „Jesus im Zylinderhut“ in Berlin überraschend groß war, die Zahl der nicht nur Neugierigen, sondern auch „Gläubigen“ und „Zahlenden“ sei erstaunlich hoch. Zicklers Resümee: „Zeitsymptom! Die Welt ist krank, und wo die Ärzte versagen, haben die Charlatane alle Hände voll zu tun. Der Zug zur Mystik, zum Aberglauben, zur Wunder- und Erlösungsgläubigkeit ist die Parallele zur Alkoholseuche, die erschreckend grassiert [...] Neben den hirnrissigen Kleinbürgern füllt ein Proletariat die Abende der Haeusserianer, dessen geistige und körperliche Not erschütternd auf den Beobachter wirkt, und wenn man die schmutzigen, aber im Umfang beträchtlichen Geldscheinhaufen sieht, die am Eingang aus den Taschen der Verelendeten in die Kasse des vollbärtigen, eleganten Herrn Propheten (mit Gehrock und Zylinder) fließen, so fällt es schwer, Ohrfeigen für Barbarei zu halten.“

Frauen hatten noch einen anderen Grund, Haeusser zu folgen: Sie rissen sich darum, von ihm geschwängert zu werden, um ihm einen Sohn zu gebären. Er beanspruchte für sich das Recht, mit ihm willigen und hörigen Frauen den neuen Menschen zu zeugen – dessen Aufgabe es dann sein sollte, das deutsche Volk von seinen Leiden zu erlösen. Sexualität spielte eine sehr wichtige Rolle, denn Haeusser behauptete, er könne Frauen „heiligen“ und „reinigen“, „indem er den Heiligen Geist in Form seines Spermas in ihre Vagina fließen ließ oder ihnen seinen Speichel durch Cunnilingus übermittele“, wie der Ethnologe Hans Peter Duerr schrieb. Es gab eine ganze Reihe von Frauen, die das glaubten, und Haeusser redete ihnen ein, dass dieser Beischlaf keine Sünde sei. Schließlich sei er der „Vollendete“, der nichts wisse von Geschlechtlichkeit: „Sein Glied kann in voller Reinheit und Kindlichkeit zum Niederlegen des Samens dienen, ohne dass unlautere Begierde und unreine Wünsche dabei unterlaufen.“ In den wenigsten Fällen ging es Haeusser aber mit seinen häufig wechselnden Sexpartnerinnen um den Heiligen Geist; für gewöhnlich war sein Anliegen weltlicher Natur. Überall, wo Haeusser hinkam, habe er Jagd auf willfährige Frauen gemacht, die er mit „Bordellpraktiken“ beglücken konnte, wie ein Vertrauter später berichtete.

Und immer habe er es verstanden, seine Sexualpraktiken aufs Engste mit seiner Christusrolle zu verquicken, und so manche Frau habe davon geträumt, die neue Gottesmutter zu werden, so der Historiker Ulrich Linse. Ein Bekannter Haeussers, der ihm nach einem Vortrag sein Wohnzimmer zur Übernachtung zur Verfügung stellte, fühlte sich am nächsten Morgen schwer brüskiert von seinem Gast. War er zunächst noch hoch erfreut, den neuen „Christus" beherbergen zu dürfen, so warf er Haeusser am nächsten Morgen hochkant aus seiner Wohnung. Dieser hatte nämlich eine Prostituierte mitgebracht und behauptete, er werde sie durch Geschlechtsverkehr reinigen und wieder zur Jungfrau machen. Doch sein Gastgeber berichtete: „Was ich in dieser Nacht zu hören bekam, war gar nicht christlich. Ich war jetzt überzeugt, daß sie eine ehemalige Prostituierte, sogar eine mit besonders reicher Berufserfahrung sein mußte. Am nächsten Morgen wies ich ihm und seine Maria Magdalena die Tür."

Gerne beherzigte Haeusser den Rat des von ihm so hochgeschätzten Friedrich Nietzsche, dass ein Mann die Peitsche nicht vergessen solle, wenn er zur Frau gehe. Allerdings waren die Rollen bei ihm meistens anders verteilt als von Nietzsche gemeint – Haeusser, der sich auch in der Öffentlichkeit vollkommen nackt zeigte, ließ sich gerne von Frauen auspeitschen. Selten nahm er aber auch selbst die Peitsche zur Hand.

1922 wurde er politischer, gründete die Christlich-radikale Volkspartei, die Deutschland zur Wahrheit führen sollte. Er nannte sich nun „Oberster Kriegsherr der Wahrheitsarmee". Immer wieder kam er mit den Behörden in Konflikt, erhielt Redeverbote, die er ignorierte, und wurde in Anstalten eingewiesen und auf seinen Geisteszustand untersucht. In Oldenburg wurde er schließlich 1923 zu einer Gefängnisstrafe von einem Jahr und neun Monaten verurteilt, die er in der Vollzugsanstalt Vechta absitzen musste. Als er im Juli 1923 nach Berlin verlegt wurde, weil in der Hauptstadt ein Schöffengericht über seine Strafe befinden sollte, wurde er am Lehrter Bahnhof von einer größeren Anhängerschaft stürmisch begrüßt. Seine Hoffnung, auf freien Fuß gesetzt zu werden, wurde enttäuscht. In der Haft wurde er depressiv und krank; zudem wurde er von einem regelrechten Schreibzwang befallen. Auf Klo- und Packpapier sowie losen Zetteln – insgesamt 2413 – schrieb er das von ihm so betitelte Dritte und Vierte Testament, das von seinen emsigen Anhängern in Buchform herausgegeben wurde.

Nach seiner Entlassung aus der Haft 1924 gründete er den Haeusserbund als politische Organisation. Im selben Jahr trat er bei den beiden Reichstagswahlen an. Allerdings ohne großen Erfolg: Im Mai erhielt er knapp 25 000 Stimmen, bei den Wiederholungswahlen im Dezember knapp 10 000. Sein Ziel, die Macht in Deutschland zu übernehmen, hatte sich als vollkommen illusorisch erwiesen. Gleichwohl darf man die Größe seiner Anhängerschaft während der Inflationsjahre nicht unterschätzen. Wie viele von ihnen ihn auf dem Höhepunkt der Inflation gewählt hätten, muss dahingestellt bleiben. 1924 hatte sich die Währung schon stabilisiert, und damit besserten sich auch zunehmend die Zustände in Deutschland. Damit war Haeusser und den anderen Inflationsheiligen die Grundlage für ihre Erfolge entzogen. Einige wurden Jahre später im Zuge der Weltwirtschaftskrise nochmals an die Oberfläche gespült, allerdings konnten sie jetzt deutlich weniger Anhänger abgreifen. Inzwischen gab es einen Mann, den Ulrich Linse durchaus auch zum Umfeld der Inflationsheiligen zählt, der die frustrierten und verängstigten Massen einsammelte: Adolf Hitler. So jemanden hatte es in der Zeit zwischen 1920 und 1923 noch nicht gegeben. Hausser selbst erlebte die Weltwirtschaftskrise nicht mehr, er starb 1927 in Berlin. Zu seiner Beerdigung erschienen noch einmal mehrere Hundert Anhänger, anschließend verlor der Hauesserbund aber jegliche Bedeutung und löste sich 1930 auf. Doch in den Jahren der Inflation gaben die Inflationsheiligen ihren Anhängern Halt, schienen die richtigen Antworten auf die Enthemmung, die Unsicherheit, die Bodenlosigkeit und den ungezügelten Materialismus zu geben.

Porträt des „Inflationsheiligen“ Ludwig Christian Haeusser im Jahr 1927

SCHLUSS

Reichskanzler Gustav Stresemann brachte die ersten Maßnahmen zur Währungsstabilisierung auf den Weg.

uf dem Höhepunkt der Hyperinflation gab es schließlich nur noch Verlierer. Seit Jahren litten die Rentner und Sozialhilfeempfänger, der Mittelstand und die Arbeiter, die Beamten und Angestellten, die Kriegsgeschädigten und nicht zuletzt viele Kinder. Kleine und große Vermögen waren vernichtet, Millionen Menschen, die sich sicher gefühlt hatten, standen plötzlich ohne Altersvorsorge da. Die so häufig wechselnden Reichsregierungen hatten dieser Abwärtsspirale bewusst nichts entgegengesetzt, die Reichsbank hatte das Treiben sogar durch das immer schnellere Ankurbeln der Gelddruckmaschinen befeuert. Der Staat hatte davon profitiert, weil er sich seiner Schulden entledigen und hoffen konnte, dass die Entente-Mächte angesichts der grassierenden Not in Deutschland ihre Reparationsforderungen mäßigen würden. Kritik daran hatte es schon länger gegeben. Schon im Juli 1922, kurz nach der Ermordung Rathenaus, forderte der britische Botschafter Lord d'Abernon, dass angesichts der Währungskrise ein sofortiges Handeln notwendig sei. Immer wieder kritisierte er in seinen Tagebuchaufzeichnungen die „fieberhafte Tätigkeit der Notenpresse" als Haupthindernis bei der Behebung der Währungskrise. Auch andere Menschen mit Verstand kritisierten das unbedingte Festhalten von Reichsregierung und Reichsbank an der Notenpresse, aber, so glaubte der klarsichtige Brite: „Eine chirurgische Operation wird notwendig sein, um diese Einsicht in das Hirn der maßgebenden Leute einzuhämmern – ohne Schädeltrepanierung wird es nicht gehen." Doch es dauerte von diesem Zeitpunkt an noch 15 Monate, bis es so weit war, und es brauchte einen völligen Absturz ins Bodenlose, bis die Verantwortlichen sich endlich zu einem harten Schnitt entschließen konnten. Deutschland könne mit Recht den Anspruch darauf erheben, „daß im ganzen Lauf der Geschichte kein Hund seinem Schwanz so schnell nachgelaufen ist, wie es die Reichsbank tut. Der Mißkredit, in den sie ihre eigenen Noten bringt, wächst sogar noch schneller als der Notenumlauf. Die Wirkung ist größer als die Ursache: der Schwanz dreht sich schneller als der Hund", so Lord d'Abernon.

1923 eskalierte die Lage der Republik vollends, das Land versank im Chaos und drohte auseinanderzubrechen. Politische und gewalttätige Angriffe wie der KPD-Aufstand in Hamburg, der Hitler-

Putsch in München, die Separatistenbewegungen im Westen und die Bildung der Regierungen in Thüringen und Sachsen unter Teilhabe der Kommunisten, Streiks und Hungerkrawalle schienen seine Existenz zu bedrohen. Allenthalben verlor der Staat jede Autorität bei den Menschen, weil er nicht mehr ansatzweise die Grundbedürfnisse großer Teile der Bevölkerung schützen konnte. Jetzt trat aber noch etwas anderes ein: Auch die wichtige Exportindustrie, die von der stetigen Geldentwertung profitiert hatte, weil sie ihre Produkte im Ausland zu Dumpingpreisen verkaufen konnte, wurde nun von dem Strudel erfasst. Seit Anfang 1923 setzte sich nämlich im Geschäftsverkehr mehr und mehr die Dollar- oder Goldmark-Rechnung durch, und damit wurde die „Waffe der Inflation", von der Hugo Stinnes gesprochen hatte, nicht nur stumpf, sondern richtete sich gegen die, die sie selbst benutzt hatten. Am 12. August trat die Regierung unter Reichskanzler Wilhelm Cuno zurück, ein national-konservatives Kabinett der Fachleute, das Deutschland in die außenpolitische Konfrontation, in wirtschaftliches Unheil und in innenpolitisches Chaos geführt hatte, wie es die Historikerin Monika Büttner präzise zusammenfasste. Innerhalb von nur 24 Stunden bildete der Vorsitzende der Deutschen Volkspartei, Gustav Stresemann, ein neues Kabinett, in dem neben seiner eigenen Partei, der DDP, das Zentrum, die Bayerische Volkspartei und nun auch die SPD vertreten waren. Stresemann tat, was unerlässlich war: Er beendete den passiven Widerstand an Rhein und Ruhr gegen Franzosen und Belgier, der ohnehin erstarrt und finanziell nicht mehr tragbar war. Damit war ein wesentliches Hindernis zur Stabilisierung der Währung aus dem Weg geräumt, denn eines war klar: Ohne eine drastische Beschränkung der Staatsausgaben war eine solche Stabilisierung gar nicht zu erreichen.

Und der neue Kanzler, einst glühender Monarchist, jetzt „Vernunftrepublikaner", führte endlich die notwendigen Schritte zur Stabilisierung der Währung durch. Am 30. Juli 1923 hatte der britische Botschafter Lord d'Abernon gemutmaßt, dass die deutsche Regierung die Währung binnen sechs Wochen vollkommen stabilisieren könnte. Damit lag er ziemlich gut. Zum 15. Oktober wurde die Deutsche Rentenbank gegründet, das Grundkapital betrug 3,2 Milliarden Rentenmark. Das Geld kam nicht vom Staat, sondern musste durch eine Zwangsanleihe in Form einer Grundschuld von allen landwirtschaftlichen und gewerblichen Betrieben aufgebracht werden. Mit diesem fiktiven Geld gab die Rentenbank unter dem Namen Goldmark Rentenbriefe heraus. Diese dienten als Deckung für klein gestückelte Rentenbankscheine, die Rentenmark.

Eine Rentenmark hatte den gleichen Wert wie eine Goldmark oder – Stand 28. November – eine Billion Papiermark. Der US-Dollar wurde auf einen Wert von 4,2 Rentenmark festgesetzt und entsprach damit exakt dem Vorkriegswert. Obwohl die Deckung der Rentenmark durch Grundvermögen rein fiktiv war und Gegenwerte nicht realisiert werden konnten, gelang es sehr bald, sie stabil zu halten. Das wurde durch eine strikte mengenmäßige Begrenzung erreicht, eine Begrenzung des Kreditvolumens für Staat und Wirtschaft auf jeweils 1,2 Milliarden Mark und durch eine drastische Beschneidung der öffentlichen Ausgaben. Am 30. August 1924 konnte die Rentenmark, die von Anfang an nur als Übergangswährung konzipiert war und nie zum gesetzlichen Zahlungsmittel erklärt wurde, durch die Reichsmark abgelöst werden. Dabei handelte es sich um eine Goldkernwährung, die zu 40 Prozent durch Gold oder in Gold tauschbare Devisen gedeckt sein musste und international konvertierbar war. Für eine Rentenmark gab es eine Reichsmark, die alte Papiermark wurde im Verhältnis eins zu einer Billion getauscht. Bis zum Juli des folgenden Jahres wurden alle anderen Zahlungsmittel eingezogen. Die Inhaber von Bankguthaben gingen leer aus, ebenso erlitten die Inhaber staatlicher Schuldverschreibungen, Hypothekengläubiger und auch die Inhaber von Industrieobligationen und ähnlichen Papieren schwere Verluste.

> Ohne drastische Senkung der Staatsausgaben war eine Stabilisierung gar nicht zu erreichen.

Es war ein Zufall, dass überraschend just im Augenblick der Stabilisierung am 20. November Reichsbankpräsident Rudolf Havenstein starb – jener Mann, der für viele als ein Hauptverantwortlicher all des Elends galt, weil er die Druckerpressen immer weiter befeuerte, statt sie zu stoppen. Und es war ebenfalls ein Zufall, dass Hugo Stinnes, jener größte, geradezu legendäre Inflationsgewinner am 10. April 1924 ebenfalls starb. Zu dieser Zeit beruhigte sich das Leben in Deutschland. Die Reichstagswahlen vom Mai wurden, obwohl sie einen Rechtsruck brachten, nicht zu Frustwahlen, wie es manche Demokraten befürchtet hatten. Bei den vorgezogenen Neuwahlen im Dezember desselben Jahres schien sich auch die politische Lage zu beruhigen, denn die demokratischen Parteien gewannen Stimmen zurück. Es begann das, was heute als die „Goldenen Zwanzigerjahre" beschrieben wird.

Doch zurück zum Herbst 1923. Es war nicht so, dass mit dem Tag, an dem die Rentenmark das Licht der Welt erblickte, plötzlich alles gut war. Im Gegenteil. Banken und Unternehmen brachen zusammen, die Arbeitslosenzahl blieb hoch. Nachdem die neue Regierung die Personalabbauverordnung erlassen hatte, konnten auch Beamte entlassen werden – vorher ein undenkbarer Gedanke. Zwischen Oktober 1923 und April 1924 mussten 6300 städtische Beamte in der Hauptstadt den Dienst quittieren; diejenigen, die bleiben durften, mussten massive Gehaltskürzungen hinnehmen. Auch das Gesetz über den Achtstundentag, eine der wichtigsten sozialpolitischen Errungenschaften der Revolution, wurde per Notverordnung mit einem Federstrich außer Kraft gesetzt. Aber immerhin gab es wieder Waren, vor allem Lebensmittel, in den Geschäften zu kaufen, die allgemeine Stimmung beruhigte sich allmählich, das Börsen- und Spekulationsfieber verschwand ebenso wie die extremen Auswüchse der Tanz- und der Sexwut. Berlin blieb ein Sündenbabel, das machte für viele gerade seinen Reiz aus, und daran hat sich bis heute nichts geändert. Aber das Extreme der Inflationsjahre begann die Leute zu langweilen, die neue Normalität kannte zwar auch nackte Busen, über die sich manch konservativer Beobachter empören konnte, aber letztlich blieb doch alles im Rahmen. Zumindest, bis ab Ende 1929 wieder eine Zeit der Extreme einsetzte.

Berlin blieb ein Sündenbabel, das machte für viele gerade seinen Reiz aus.

Doch obwohl sich die Lage nur langsam entspannte, machte sich allmählich Optimismus in der Hauptstadt breit. „Berlin, diese Stadt der angeborenen Skepsis, trägt jetzt einen Schimmer von Zuversicht im Antlitz“, glaubte das *Berliner Tageblatt* eine Woche vor Weihnachten feststellen zu können. „Wenn man zwischen fünf und sieben durch die Straßen geht, spürt man diese Wandlung am deutlichsten. Es ist, als wäre die Gesellschaft nach schwerster Krankheit noch nicht genesen, aber auf dem Wege dahin; als seien die ersten Ausgehstunden ärztlich verordnet worden.“ Das Elend der Arbeitslosen sei zwar noch nicht geringer geworden, aber die Mehrheit derjenigen, die Arbeit hätten, fühle sich schon entschieden wohler, seit ihnen das Pflaster einer stabilen Währung auf die Wunden geklebt werde. „Das Fieber hat nachgelassen, und die Angst vor dem Morgen ist einer ruhigeren, selbstverständlicheren Disposition gewichen …“ Das war ein Anfang, nicht mehr, aber auch nicht weniger. Die Probleme wurden allmählich wieder banaler. So gab es zu Weihnachten in Berlin einen großen Mangel an Weihnachtsbäumen, wie der bekannte Reporter Paul Schlesinger alias Sling in der *Vossischen Zeitung* berichtete. Er jedenfalls kam von der verzweifelten Suche nach einem Weihnachtsbaum anstatt mit einer Tanne am Ende mit drei Karpfen nach Hause, denn die gab es immerhin zu kaufen – und bekam von seiner Frau einen ordentlichen Rüffel. Gleichwohl entwickelte sich der Kunde in den Geschäften, der gerade noch ein Dasein als Bettler gefristet hatte, langsam wieder zu dem, was er doch eigentlich sein sollte: der König. „Seit der Papierschein Dauerwert hat, ist aus dem gedemütigten Kunden wieder eine umworbene Persönlichkeit geworden“, hielt Stadtkämmerer Friedrich A. Lange in seinem Tagebuch fest.

Weihnachten kam, und das Leben normalisierte sich. Die Menschen rieben sich die Augen angesichts all der Waren, die mit dem neuen Geld plötzlich wieder zu haben waren. Alfred Döblin, der noch drei Monate zuvor die hektische Trostlosigkeit der Straßen rund um den Alexanderplatz und im Scheunenviertel beschrieben hatte, ging auch jetzt wieder durch die Straßen spazieren. Doch das Bild stellte sich jetzt, an Weihnachten 1923, anders dar. „Es waren erstaunliche Weihnachten. Aber jetzt ohne die Erregung der Entwertungskrise. Eine Sehenswürdigkeit, auch eine Hörenswürdigkeit, der Potsdamer und Leipziger Platz, der Alexanderplatz. Buden, üppiger Straßenhandel, alle Artikel. Denn plötzlich gibt es alles, sogar Apfelsinen – ja, das war eine Rarität die Jahre; man durfte sie nur hinter Schaufenstern angucken. Bücher sind über Nacht billig, kaufbar. Man kann im Café sitzen, sogar ein Stück Kuchen essen, ohne die Grundlage seiner Existenz zu vernichten; man kann skrupellos Elektrische fahren. Der Krieg ist überstanden; der Feind außer Landes: die Valuta.“

Verstanden die Menschen, warum die Lage sich plötzlich so anders darstellte? Warum die Mark nicht immer weiter im Abgrund versank? „Ja, aber warum stürzt sie nur nicht? Wer oder was hindert sie daran?“, fragte sich Alfred Döblin. „Wir haben keine klügeren Politiker bekommen; die Parteien schlafen auf ihren Programmen, ein prinzipientreuer Schlaf; die Geschäftsleute und das Verdienen ist noch da, an der Grenze hat Herr Clemenceau noch das selbe gefährliche Gesicht, und doch ist die Valuta verjagt?! Ohne Reisen des Kanzlers, ohne den Völkerbund, ohne Anleihen des Auslandes und Wohltätigkeit. Aber warum? Und warum nicht früher? Ich gestehe: Diese Frage interessiert mich mehr als die nach der Kriegsschuld. Sie interessiert mich lebhaft.“

Die Erfahrung der Inflation, erst der schleichenden, dann der ruckelnden und schließlich der sich überstürzenden, hinterließ tiefe Wunden in den Seelen der Deutschen. So war sich Sebastian Haffner über die Bedeutung des Jahres 1923 vollauf im Klaren, wenn er schrieb: „Dieses phantastische Jahr ist es wahrscheinlich, was in den heutigen Deutschen jene Züge hinterlassen hat, die der gesamten übrigen Menschheit unverständlich und unheimlich und die auch dem normalen ‚deutschen Volkscharakter' fremd sind: jene hemmungslos zynische Phantastik, jene nihilistische Freude am ‚Unmöglichen' um seiner selbst willen, jene zum Selbstzweck gewordene Dynamik. Einer ganzen deutschen Generation ist damals ein seelisches Organ entfernt worden: ein Organ, das dem Menschen Standhaftigkeit, Gleichgewicht, freilich auch Schwere gibt, und das sich je nachdem als Gewissen, Vernunft, Erfahrungsweisheit, Grundsatztreue, Moral oder Gottesfurcht äußert. Eine ganze Generation hat damals gelernt – oder zu lernen geglaubt – daß es ohne Ballast geht. Im Jahre 1923 aber wurden seine höheren Weihen ausgeteilt."

Die Menschen stehen im November 1923 vor der Ausgabe der Rentenmark in der Oberwallstraße Schlange, um die neue Währung zu ergattern.

Und danach? Der Tag, an dem die deutsche Inflation beendet war, hätte ein Wendepunkt in der Geschichte werden können,

meinte der Österreicher Stefan Zweig. „Als mit einem Glockenschlag je eine Billion emporgeschwindelter Mark gegen eine einzige neue Mark eingelöst wurde, war eine Norm gegeben. Tatsächlich flutete der trübe Gischt mit all seinem Schmutz und Schlamm bald zurück, die Bars, die Schnapsbuden verschwanden, die Verhältnisse normalisierten sich, jeder konnte jetzt klar rechnen, was er gewonnen, was er verloren. Die meisten, die riesige Masse, hatte verloren." Haffner glaubte, kein Volk der Welt habe erlebt, was dem deutschen „1923"-Erlebnis entspräche. „Den Weltkrieg haben alle erlebt, die meisten auch Revolutionen, soziale Krisen, Streiks, Vermögensumschichtungen, Geldentwertungen. Aber keins die phantastische, groteske Übersteigerung von alledem auf einmal, die 1923 in Deutschland stattfand. Keins diesen gigantisch karnevalistischen Totentanz, dieses nicht endende blutig-groteske Saturnalienfest, in dem nicht nur das Geld, in dem alle Worte entwertet wurden. Das Jahr 1923 machte Deutschland anfällig – nicht speziell für den Nazismus, aber für jedes phantastische Abenteuer.

Schließlich sollte es aber doch der Nazismus werden. Nachdem im Oktober 1929 mit dem „Schwarzen Freitag" an der New Yorker Börse eine Weltwirtschaftskrise von ungeahnter Wucht ausbrach und Deutschland wieder so schlimm traf wie kein anderes Land, verloren viele Menschen endgültig das Vertrauen in die Demokratie und die demokratischen Parteien. Es gab aber einen Unterschied zu den Jahren 1919 bis 1923: Diesmal stand mit Adolf Hitler ein Mann bereit, der all die Unzufrieden, Wütenden, Entmutigten, Enttäuschten und zunehmend Enthemmten einsammelte und ihnen eine neue, scheinbar leuchtende Perspektive bot. Tatsächlich führte er Deutschland in den schlimmsten Abgrund, in dem dieses Land versinken konnte. Vielleicht hätte Adolf Hitler sein Ziel, die Macht in Deutschland zu übernehmen, um sein dämonisches Werk auszuführen, nicht erreicht, hätte es die Inflation der Jahre 1919 bis 1923 nicht gegeben. Diesem Gedanken nachhängend, überlassen wir das Schlusswort dieses Buches Stefan Zweig, der schon 1940 schrieb: „Nichts hat das deutsche Volk – dies muß immer wieder ins Gedächtnis gerufen werden – so erbittert, so haßwütig, so hitlerreif gemacht wie die Inflation. Denn der Krieg, so mörderisch er gewesen, er hatte immerhin Stunden des Jubels geschenkt mit Glockenläuten und Siegesfanfaren. Und als unheilbar militärische Nation fühlte sich Deutschland durch die zeitweiligen Siege in seinem Stolze gesteigert, während es durch die Inflation sich einzig beschmutzt, betrogen, erniedrigt empfand; eine ganze Generation hat der deutschen Republik diese Jahre nicht vergessen und verziehen ..."

LITERATUR (AUSWAHL)

D'Abernon, Viscount: Ein Botschafter der Zeitwende. Memoiren. Band 2: Ruhrbesetzung. Leipzig o. J.

Adlon, Hedda: Hotel Adlon. Das Berliner Hotel, in dem die große Welt zu Gast war. 4. Auflage München 1981

Azzolini, Manuela: ‚Not kennt kein Gebot' – Frauenalltag und Frauenkriminalität zwischen 1914 und 1924. Bielefeld 1998

Belyj, Andrej: Im Reich der Schatten. Berlin 1921–1923. Frankfurt am Main 1987

Bisky, Jens: Berlin. Biographie einer großen Stadt. Berlin 2019

Boegel, Nathalie: Berlin. Hauptstadt des Verbrechens. Die dunkle Seite der Goldenen Zwanziger. München 2018

Böß, Gustav: Die Not in Berlin. Tatsachen und Zahlen. Berlin 1923

Büttner, Ursula: Weimar. Die überforderte Republik 1918–1933. Bonn 2008

Döblin, Alfred: Die Vertreibung der Gespenster. Autobiographische Schriften. Betrachtungen zur Zeit. Aufsätze aus Kunst und Literatur. Berlin (Ost) 1968

Engelbrecht, Ernst: 15 Jahre Kriminalkommissar. Ernstes und Heiteres aus meiner kriminalistischen Berufsarbeit. Berlin o. J.

Erman, Hans: Berliner Geschichten. Geschichte Berlins. Historien, Episoden, Anekdoten. Tübingen/Basel 1960

Erster Verwaltungsbericht der neuen Stadtgemeinde Berlin für die Zeit vom 1. Oktober 1920 bis 31. März 1924. Heft 12: Verwaltungsbezirk Prenzlauer Berg. Berlin 1924

Fergusson, Adam: Das Ende des Geldes. Hyperinflation und ihre Folgen für die Menschen am Beispiel der Weimarer Republik. München 2011

Fischer, Lothar: Anita Berber. Ein getanztes Leben. Berlin 2014

Frey, Erich: Ich beantrage Freispruch! Die Erinnerungen des berühmten Berliner Strafverteidigers. Berlin 2019

Friedrich, Otto: Morgen ist Weltuntergang. Berlin in den Zwanziger Jahren. Berlin 1998

Fuhrer, Armin: Emil Ludwig. Verehrt, verfemt, verbrannt. Reinbek bei Hamburg 2021

Gaettens, Richard: Inflation in Deutschland. Historie der Vermögensvernichtung 1914–1948. Bochum 2012

Glatzer, Ruth: Berlin zur Weimarer Zeit. Panorama einer Metropole 1919–1933. Berlin 2000

Gordon, Mel: Sündiges Berlin. Die Zwanziger Jahre: Sex, Rausch, Untergang. 5. Auflage Wittlich 2020

Haffner, Sebastian: Geschichte eines Deutschen. Die Erinnerungen 1914–1933. München 2000

Heller, Leo: Berliner Razzien. Reportagen aus der Unterwelt der 1920er-Jahre. Berlin 2021

Hirschfeld, Magnus (Hrsg.): Zwischen zwei Katastrophen. 2. Auflage Hanau am Main 1966

Ehrenburg, Ilja: Menschen, Jahre, Leben. Autobiographie. München 1962

Jenčík, Joe: Anita Berber. Studie. München 2014

Kähler, Hermann: Berlin. Asphalt und Licht. Die große Stadt in der Literatur der Weimarer Republik. Berlin (Ost) 1986

Kisch, Egon Erwin: Razzia auf der Spree. Berliner Reportagen. Berlin/Weimar 1986

Kleindienst, Jonas: Die Wilden Cliquen Berlins. „Wild und frei“ trotz Krieg und Krise. Geschichte einer Jugendkultur. Frankfurt am Main 2011

Lange, Annemarie: Berlin in der Weimarer Republik. Berlin (Ost) 1987

Lange, Friedrich A. Lange: Gross-Berliner Tagebuch 1920–1933. Berlin 1951

Linse, Ulrich: Barfüßige Propheten. Erlöser der zwanziger Jahre. Berlin 1983

Ludwig, Andreas/Schaulinski, Gernot: Metropole Berlin. Traum und Realität 1920/2020. Berlin 2020

Mann, Klaus: Der Wendepunkt. Ein Lebensbericht. Reinbek bei Hamburg 1999

Martynkewicz, Wolfgang: 1920. Am Nullpunkt des Sinns. Berlin 2019

Mendelssohn, Peter de: Zeitungsstadt Berlin. Menschen und Mächte in der Geschichte der deutschen Presse. Überarbeitete und erweiterte Auflage Berlin/Wien 1982

Merz, Kai-Uwe: Vulkan Berlin. Eine Kulturgeschichte der 1920er-Jahre. Berlin 2020

Mommsen, Hans: Aufstieg und Untergang der Republik von Weimar 1918–1933. 3. Auflage Berlin 2009

Neckarsulmer, Ernst: Der alte und der neue Reichtum. Berlin 1925

Nippold, Robert/Pofalla, Boris: Es wird Nacht im Berlin der wilden Zwanziger. Köln 2020

Ostwald, Hans: Sittengeschichte der Inflation. Ein Kulturdokument aus den Jahren des Marktsturzes. Berlin 1931

Ricci, Simone: Waste Paper. The German Hyperinflation of 1923. o. O., 2021

Sabrow, Martin: Die verdrängte Verschwörung. Der Rathenau-Mord und die deutsche Gegenrevolution. Frankfurt am Main 1999

Scholz, Robert: Ein unruhiges Jahrzehnt: Lebensmittelunruhen, Massenstreiks und Arbeitslosenkrawalle in Berlin 1914–1923. In: Gailus, Manfred (Hrsg.): Pöbelexzesse und Volkstumulte in Berlin. Zur Sozialgeschichte der Straße (1830–1980). Berlin 1984, S. 79–123

Schumann, Dirk: Der aufgeschobene Bürgerkrieg. Sozialer Protest und politische Gewalt in Deutschland 1923. In: Zeitschrift für Geschichtswissenschaft 6/1996, S. 526–544

Statistisches Reichsamt (Hrsg.): Statistisches Jahrbuch für das Deutsche Reich. Dreiundvierzigster Jahrgang 1923. Berlin o. J.

Stiftung Jüdisches Museum Berlin (Hrsg.): Berlin Transit. Jüdische Migranten aus Osteuropa in den 1920er Jahren. Göttingen 2012

Stürickow, Regina: Pistolen-Franz & Muskel-Adolf: Ringvereine und organisiertes Verbrechen 1920–1960. Berlin 2019

Taylor, Frederick: Inflation. Der Untergang des Geldes in der Weimarer Republik und die Geburt eines deutschen Traumas. München 2013

Wehler, Hans-Ulrich: Deutsche Gesellschaftsgeschichte. Vom Beginn des Ersten Weltkrieges bis zur Gründung der beiden deutschen Staaten 1914–1949. Bonn 2009

Zweig, Stefan: Die Welt von Gestern. Erinnerungen eines Europäers. Frankfurt am Main 1981 (Deutsche Erstausgabe: Stockholm 1944)

Xammar, Eugeni: Das Schlangenei. Berichte aus dem Deutschland der Inflationsjahre 1922–1924. Berlin 2007

BILDNACHWEIS

akg-images: Titelbild, 2, 7 (World History Archive), 12, 14, 23, 24, 27, 29, 30, 33, 34, 38, 40, 44, 49 (arkivi), 52, 56 (World History Archive), 63, 69, 72, 75, 78, 83, 86 (holzmann-bildarchive.de/HDB), 91, 111, 116, 120, 130 (Horst von Harbou/ Stiftung Deutsche Kinemathek), 150 (Peter Weiss), 155 (TT News Agency/SVT), 159, 172 (arkivi), 175 (Imagno/Madame d'Ora), 178 (Walter Limot), 182, 187, 230, 236 – **Archiv Elsengold Verlag:** 199 – **picture-alliance:** 11 (ullstein bild/Gircke), 18 (ullstein bild), 60 (dpa), 94 (ullstein bild/Gircke), 97 (ullstein bild/Gircke), 98 (ullstein bild), 102 (ullstein bild), 108 (ullstein bild), 124 (arkivi), 139 (ullstein bild), 148 (ullstein bild), 153 (ullstein bild), 162 (ullstein bild), 169 (ullstein bild), 194 (TopFoto), 196 (ullstein bild/Herbert Hoffmann), 203 (Mary Evans Picture Library), 206 (ullstein bild), 218 (ullstein bild), 225 (dpa/Ticino Turismo) – **Polizeihistorische Sammlung Berlin:** 136 – **ullstein bild:** 55 (Atelier Balassa), 66 (Süddeutsche Zeitung Foto/Scherl), 105 (Süddeutsche Zeitung Foto/Scherl), 118, 127, 143 (Kluger & Szigethy), 165, 190 (Aura Hertwig), 210, 214, 229 (Rudolph Duehrkoop)

IMPRESSUM

Gestaltung und Satz: Goscha Nowak, Berlin
Printed in the Czech Republic

ISBN 978-3-96201-086-7
www.elsengold.de | www.wasmitgeschichte.de

Titelbild: Ein Plakat wirbt 1921 für ein „Schönheitsballett".

Abbildung auf S. 2: Spielgeld: Kinder bauen 1923 einen Turm aus wertlosen Banknoten.